本书系2021年度教育部高校思想政治理论课教师研究专项课题一般项目"优秀文化典故资源提升高校思政课教学魅力的路径研究"（项目批准号：21JDSZK002）的最终成果

思政文库

优秀文化典故资源融入高校思政课教学研究

谭绍江 著

九州出版社
JIUZHOUPRESS

图书在版编目（CIP）数据

优秀文化典故资源融入高校思政课教学研究／谭绍
江著 . -- 北京：九州出版社，2024.7. -- ISBN 978-7-
5225-3105-2

Ⅰ. G641

中国国家版本馆 CIP 数据核字第 2024Q30F39 号

优秀文化典故资源融入高校思政课教学研究

作　　者	谭绍江　著
责任编辑	田　梦
出版发行	九州出版社
地　　址	北京市西城区阜外大街甲 35 号（100037）
发行电话	（010）68992190/3/5/6
网　　址	www.jiuzhoupress.com
印　　刷	唐山才智印刷有限公司
开　　本	710 毫米×1000 毫米　16 开
印　　张	15
字　　数	269 千字
版　　次	2024 年 7 月第 1 版
印　　次	2024 年 7 月第 1 次印刷
书　　号	ISBN 978-7-5225-3105-2
定　　价	95.00 元

目　录
CONTENTS

绪　论

立德树人是我们社会主义教育事业的根本任务。高校所开设的思想政治理论课（简称"思政课"）则是实现立德树人这一根本任务的关键课程。高校思政课建设是一个系统工程，需要充分借助来自社会各领域的资源予以加强。这其中，源自我们民族历史和社会实践中的丰富的优秀文化资源正是其中的必选内容。习近平强调指出，"还有中华民族几千年来形成了博大精深的优秀传统文化，我们党带领人民在革命、建设、改革过程中锻造的革命文化和社会主义先进文化，为思政课建设提供了深厚力量"①。优秀传统文化、革命文化和社会主义先进文化中可用于思政课的资源灿若繁星，从何种角度出发予以最合理利用，并针对性地解决高校思政课教学中的现实难题，是我们需要持续探索的重要命题。

一、问题的提出

在中国特色社会主义事业高速发展的历史进程之中，在党中央亲切关怀与指导之下，新时代高校思政课建设取得了可喜的进步，各方面成就是毋庸置疑的。但同样不应忽视的是，当前的高校思政课建设方面依然存在着一些亟待化解的困难。这其中，如何持续提升高校思政课的教学魅力正是值得重视并优化解决的迫切问题。

教学魅力是一切优秀教学活动不断追求的品质，当然也是高校思政课教学不可缺少的追求目标。但审视现实，无论教师还是学生，都不得不承认，教学魅力与思政课教学之间存在着不小的张力，一般而言，教师在教学中施展教学魅力的必备前提是能熟练掌握驾驭课程。做不到这一点，教学魅力无从谈起。而高校思政课要求高，这就使得老师们无法轻易掌握思政课的关键，不容易驾轻就熟地讲好思政课，也就客观上导致了许多老师在进行思政课教学时难以发

---

① 习近平．思政课是落实立德树人根本任务的关键课程 ［J］．求是，2020（17）：8.

挥教学魅力，形成一种高校思政课与教学魅力之间的"张力"。习近平指出，"讲好思政课不容易，因为这个课要求高"。① 这里所说的讲好思政课要求之高包含很多内容。从这种高要求导致与教学魅力间产生张力的角度来看，主要是两方面内容。一方面就是思政课教学涉及的知识面非常宽，几乎涉及哲学社会科学各领域的内容。"思政课教学涉及马克思主义哲学、政治经济学、科学社会主义，涉及经济、政治、文化、社会、生态文明和党的建设，涉及改革发展稳定、内政外交国防、治党治国治军，涉及党史、国史、改革开放史、社会主义发展史，涉及世界史、国际共运史，涉及世情、国情、党情、民情，等等。这样的特殊性对教师综合素质要求很高。"② 过于宽广的知识面要求导致了对教师综合素质的极高要求。如果教师在知识面上达不到思政课教学所要求的基本线，甚至存在着明显的知识短板，那么教师在教学中必然要对很多知识内容进行模糊处理。这就意味着教师在教学中做到"讲完整""讲清楚"尚且有难度，遑论达到更高水平的教学魅力了。另一方面就是思政课教学主要是对思想理论的讲述，抽象性高。"理论课具有抽象性，不易形象化教学，也不易学习掌握。"③高度的抽象性使得思政课教学很难实现形象化教学，很难做到易教易学，这就与生动形象、深入浅出和通俗易懂这些教学魅力的主要表现产生直接冲突。

在这种情形下，我们引入优秀文化典故资源，将其合理融入高校思政课教学之中，正是一种"对症下药"的解决方案。文化典故是各种文化中极具典型性，广为传颂的人物、事件及习俗的总称，是某种文化独特风采和魅力的凝结成果。从某种意义上说，一种文化所具备的魅力往往集中体现于其所包含的"典故"之中。我们现在大力提倡的中华优秀传统文化、革命文化和社会主义先进文化本身就与高校思政课教学内容具有相当程度的重合，其中包含的丰富多彩的"典故"资源具备着独特的文化魅力。

激发各种优秀文化典故特有的文化魅力并融入新时代高校思政课教学，对于我们提升思政课教学魅力具有重要价值。首先，这一做法有利于拓展优秀文化资源融入高校思政课教学的路径。我们从"文化典故"入手，既对优秀文化资源之价值精华予以有效提炼，又足以贯穿性把握各类优秀文化资源的共同特征，合理运用于思政课教学。其次，这一做法有利于系统性建构高校思政课教学魅力的提升机制。我们研究总结文化典故资源的生成路径，凸显文化魅力的

---

① 习近平. 思政课是落实立德树人根本任务的关键课程 [J]. 求是，2020 (17)：8.

② 习近平. 思政课是落实立德树人根本任务的关键课程 [J]. 求是，2020 (17)：8-9.

③ 刘建军. 论高校思想政治理论课的课程属性和教学难度 [J]. 广西大学学报（哲学社会科学版），2020，42（02）：1-5.

构成因素与传播路径，并以此系统性建构高校思政课教学魅力的提升机制。最后，这一做法为高校思政课教学应对"西化"思潮挑战提供必要方式。我们通过将文化典故资源中的永恒魅力持续引入高校思政课教学之中，以此感召引领青年大学生在"乱花渐欲迷人眼"的"西化"思潮挑战环境中坚定文化自信，锤炼科学理想信念。

二、文献综述

目前关于优秀文化融入高校思政课教学以及提升思政课教学魅力方面的研究成果已有不少，但涉及"优秀文化典故运用于高校思政课魅力提升"的成果尚待加强。

国内学界相关研究大致上可以概括为两个方面：即关于优秀文化融入高校思政课教学的研究和提升高校思政课教学魅力的研究。

优秀文化融入高校思政课教学是近年学界关注的热点问题。学界从 20 世纪 80 年代初期已有所探讨，主要是从审美教育角度将优秀文化引入思政课教学。如加强思政课的自豪感、崇高感、幸福感、光荣感等审美教育，[①] 以文化中美的"典型"增强学生审美与"审丑"的能力[②]，促进思政教育"情理交融，通情达理"等。[③] 进入 21 世纪，特别是习近平提出"文化自信"理念以来、2014 年教育部下达"完善中华优秀传统文化教育指导纲要"之后，国内学术界掀起了相关研究的热潮。其内容大致可以归纳为三方面。一是全面阐释优秀文化融入高校思政课的重要价值。既有从宏观层面审视思政教育的文化视野[④]、探索中国传统文化与思政教育的关系[⑤⑥]、中国传统文化与马克思主义的关系[⑦]、聚焦革命文化资源与思政教育的融合问题[⑧]，也有微观层面研究优秀文化对于高校思政课

---

① 曹利华. 爱国主义教育与审美教育［J］. 学习与研究，1984（2）：29-31.
② 陆道廉. 论思想政治工作中的美育疏导［J］. 南京师大学报，1990（4）：19-23.
③ 宋人鳌. 对德育中某些矛盾的哲学思考［J］. 辽宁教育学院学报，1992（2）：8-14.
④ 沈壮海. 思想政治教育的文化视野［M］. 北京：人民出版社，2005：1.
⑤ 顾友仁. 中国传统文化与思想政治教育［M］. 合肥：安徽大学出版社，2011：1.
⑥ 靳义亭. 传统文化融入高校思想政治教育研究［M］. 北京：中国社会科学出版社，2016：1.
⑦ 陈先达. 马克思主义和中国传统文化［M］. 北京：人民出版社，2015：1.
⑧ 陈世润. 中国特色社会主义道路与红色资源开发利用研究［M］. 北京：人民出版社，2015：1.

教学的价值，包括增强人文底蕴①、提升大学生情商②、丰富思政课的形式和内容③、达成教育目标④。二是细致探索优秀文化融入高校思政课的主要类型。包括根据思政课各门课特点实施融合：融传统文化于"毛泽东思想和中国特色社会主义理论体系概论"课⑤，廉洁文化于"思想道德修养与法律基础"课⑥，融优秀传统文化、革命文化于"中国近现代史纲要"课⑦⑧。根据优秀文化特色实施融合：将红色资源全面纳入高校思政课教学中⑨、融入现场教学⑩、进入教学的设计⑪；融儒家的审美观思想⑫、心理教育思想⑬于思政课教学中。三是多角度探讨优秀文化融入高校思政课的有效路径。遵循实效性、辩证性、开放性和贴近现代生活的原则⑭；遵循"习近平的系列讲话"和"社会主义核心价值观要求"⑮；归纳出直观讲授、隐性融合、实践调研三种途径⑯；打造"思政故

---

① 刘红英．问题与对策：高校思政课中的价值观教育［J］．中国特色社会主义研究，2008（3）：108-109.

② 董宇艳．中华传统道德文化与情商培育研究［J］．文化学刊，2012（4）：5-7.

③ 张师帅．论优秀传统文化在大学生思想政治教育中的价值及其实现［J］．国家教育行政学院学报，2015（8）：56-61.

④ 巴晓津．中华优秀传统文化教育与大学生思想道德素质的培养［J］．思想理论教育导刊 2014（7）：72-75.

⑤ 于伟峰．"概论"课教学与大学生中国优秀传统文化教育［J］．河北师范大学学报（教育科学版），2010（4）：106-110.

⑥ 石开玉，张传恩．中国优秀传统文化融入高校"思想道德修养与法律基础"课刍议［J］．信阳农林学院学报，2015（1）：134-136，139.

⑦ 卢勇．"中国近现代史纲要"教学与大学生社会主义核心价值观的培育——基于传统文化的视角［J］．戏剧之家，2015（10）：210，217.

⑧ 徐德莉．中华民族优秀传统文化融入"中国近现代史纲要"的教学机制探析［J］．贵州民族研究，2015（1）：205-208.

⑨ 李康平．红色资源研究与高校思想政治教育［J］．高校理论战线，2007（3）：43.

⑩ 匡胜．提升干部院校现场教学水平的思考——以中国井冈山干部学院为例［J］．中国井冈山干部学院学报，2009（3）：113.

⑪ 张泰城．论红色资源的教育教学方式［J］．中国井冈山干部学院学报，2015（6）：138-144.

⑫ 梁哲．先秦儒家审美教育哲学与高校审美教育［J］．河南教育，2011（8）：3-4.

⑬ 陈伟．儒家心理教育思想及其对现代思想政治教育的启示［D］．湘潭：湖南科技大学，2011.

⑭ 卢先明．依托中国传统文化增强高校思想政治教育实效性［J］．湖南师范大学教育科学学报，2010（4）：47-50.

⑮ 张咸杰，张立兴．中华优秀传统文化融入高校思想政治理论课研究——以"思想道德修养与法律基础"课为例［J］．思想教育研究，2016（11）：77-80.

⑯ 刘涛．爱国主义传统融入高校思政课教学路径探析［J］．教育教学论坛，2020（17）：45-46.

事"、建设"思政故事库"①；从顶层设计、实施创新、个体互动打造出融入高校思政课的主题文化教育②；采取实地参观考察、传统节日调查活动③、唐宋诗词地理游学方式引入思政课第二课堂④等，十分丰富。

学界对高校思政课教学魅力的提升问题的研究呈现日益丰富的状况。从魅力的内容结构来看，思政课教学魅力包括理论、知识、艺术、人格四种魅力⑤；表现出艺术科学性、创造性、审美性、教育性⑥；涵盖职业素养、政治素养、美师爱心⑦。从魅力提升的重点来看，首重教师"人格魅力"，对学生情感提升、品德培育、学业发展和心理健康作用重大⑧，是构成师生亲和力的重要因素⑨；次重以文化来感染人、感召人、感化人⑩；而阻碍教师教学魅力的因素包括职业倦怠、学校管理缺失、社会不良风气⑪。从魅力提升的形式来看，包括教师提升自身品德修养、优化教学话语⑫；以逻辑转换重塑思政课教学的理性魅力⑬；提升政治自信、学术魅力、职业自信和人格魅力⑭。诸如启发式、案例式、多媒体

---

① 姚洪越."思政故事"助力习近平新时代中国特色社会主义思想进课堂探析［J］.思想政治教育研究，2020（2）：34-36.
② 李艳，李玥.以主题文化教育推动新时代高校思政课建设［J］.思想政治教育研究，2020（2）：23-27.
③ 孙慧明.优秀传统文化融入思政课教学的三重逻辑［J］.河南农业，2020（15）：23-26.
④ 侯仕福.中华优秀传统文化融入思政课教学的探索与思考——以唐诗宋词为例［J］.林区教学，2020（5）：5-7.
⑤ 陈秉公.创造"思想道德修养与法律基础"课的教学魅力［J］.思想理论教育，2007（7）：47-51.
⑥ 杜利娟.高校思想政治理论课教学艺术的特征与功能［J］.安徽工业大学学报（社会科学版），2009（5）：127-128，130.
⑦ 徐苗.论教师人格魅力与思政课教学有效性的关系［J］.高教学刊，2016（16）：221-223.
⑧ 奥伦.新形势下高校教师人格魅力的塑造研究［D］.长春：吉林农业大学，2013.
⑨ 张青.亲和力：提升高校思想政治理论课教学质量的重要维度［J］.思想教育研究，2017（9）：80-84.
⑩ 骆郁廷，陈娜.论"化人"之"文"［J］.思想理论教育导刊，2016（11）：120-125.
⑪ 张东亮.当前高校思想政治理论课教师教学魅力状况的调查分析与对策研究——以河南12所高校为例［J］.成都理工大学学报（社会科学版），2016（3）：92-97.
⑫ 邵璀菊.增强高校思想政治理论课教学魅力的途径探析［J］.开封大学学报，2012（2）：62-64.
⑬ 葛笑如.逻辑转换：重塑思政课教学的理性魅力——以"毛泽东思想和中国特色社会主义理论体系概论"为例［J］.中国农业教育，2014（4）：63-67.
⑭ 熊晓琳，任瑞姣.关于思想政治理论课用好课堂教学主渠道的思考［J］.思想理论教育，2018（6）：68-71.

运用、语言生活化、时尚化等方式亦多有探讨。

　　国外学界尚未见与我国高校思政课及其教学魅力直接相关的研究，但亦可通过相关研究提供思想借鉴和方法论启示。将传统文化融入德育课程教学是西方国家高校的一贯做法。教师在教学中引导学生进入各种以生活事件、寓言故事、历史事件等为题材的道德情境中，培养学生相关伦理道德意识①。韩国、新加坡的教育中还吸收来自中国的儒家文化传统②。教师教学魅力的研究也较受重视。"教师魅力"（charisma teacher）于 20 世纪初已经受到关注，瑟缪尔·斯迈尔斯③提出过"五要素"论——勇气、自我控制、责任感、诚信与乐观（1904）。有学者强调"无论什么也比不上一位聪明的、智力丰富的诲人不倦的教师，使学生感到那样赞叹和具有吸引力"④。之后，亦有学者提出教师"教学魅力"的"三要素"论——知识、教学技能和品德⑤。

　　学界现有研究成果可圈可点，但亦须深化，大致有三个方面：第一，概览式探讨较多，精准定位的研究较少。大多数研究对优秀文化资源进行"打包"式处理，并粗线条地勾勒其融入高校思政课的一般性方法途径，尚需更精准研究。第二，条块分割式研究较多，统一贯穿式研究较少。现有研究大都采取了将优秀传统文化、革命文化、社会主义先进文化分别融入高校思政课研究的视角，较少将三种优秀文化进行统一贯穿后再融入高校思政课教学进行研究的视角。第三，通过优秀文化来提升高校思政课教学魅力的研究不多见，特别是从挖掘优秀文化典故的魅力来增强教学魅力的整体性研究尚付阙如。如何有效提升高校思政课的教学魅力是新时代高校思政课建设的"痛点"问题，如何科学精准地将优秀文化资源融入高校思政课教学实践更是高校思政课建设的战略问题。

三、主要研究思路

　　整个研究紧扣"提升高校思政课教学魅力"这一主题，以习近平新时代中

---

① 刘志超. 西方国家学校德育教育的启示与借鉴［J］. 当代世界与社会主义，2008（6）：76-79.

② 李望舒. 当代国外思想政治教育之比较及对我国的启示［J］. 思想政治课教学，2004（6）：44-46，34.

③ 斯迈尔斯. 品格［M］. 聂永革，译. 北京：中国发展出版社，2004：1-2.

④ 苏霍姆林斯基. 给教师的建议：下［M］. 杜殿坤，译. 北京：教育科学出版社，1981：290.

⑤ NEWMAN J W. *American's Teachers：An introction to education*［M］. California：Addison Wesley Longman, Inc, 1998：85-87.

国特色社会主义思想为指导，结合新时代高校思政课建设的新要求，细致探讨优秀文化典故资源融入高校思政课教学魅力提升的要素构成、魅力特点和实施路径，探索建立相应的长效机制。

第一方面是新时代高校思政课教学魅力提升的现状和困境研究。借助已有研究，我们尝试对高校思政课教学魅力提升所面临的困境进行类型学分析。首先是教材内容结构方面存在的促进教学魅力和制约教学魅力的因素。从促进方面来看，高校思政课的教材内容具有权威性、准确性，教材结构具有严谨性、均衡性。从制约方面来看，高校思政课的教材内容理论厚重、表达抽象、缺少鲜活案例，教材结构相对刻板，部分地方存在跳跃、不连贯的问题。这其中的困境可概括为"原生困境"。其次是教学管理设计方面的制约因素。高校思政课的课程多、课时量大，当前各高校对于思政课的教学管理设计仍然存在相对僵化的问题，制约思政课教学发挥机动灵活的魅力。这其中的困境可概括为"次生困境"。再次是教师自身素养的制约。面对网络原住民的"00后"学生群体，高校思政课教师的权威下降、出现本领恐慌，当然也就制约了自身施展魅力的能力。这其中的困境可概括为"内部困境"。最后是教学环境条件的制约。在移动互联网大潮影响下，社会生产生活方式变化迅疾，提升思政课教学魅力的难度剧增。这其中的困境可概括为"外部困境"。

第二方面是优秀文化典故资源的要素构成及其魅力特点的研究。首先是阐析"文化典故"的构成要素，凸显"典故"之"典"。我们尝试在研究中扼要梳理中华优秀传统文化、革命文化和社会主义先进文化中的重要典故，从其生成情境的典型性、生成意象的典范性、契合大众心理的典切性等方面总结其基本要素。其次是对优秀文化典故资源的类型分析。结合马克思主义唯物史观的相关原理，我们对文化及其所形成的典故进行分类把握。主要包括物质生产活动文化典故、风土文化典故和人物文化典故在内的物质性文化典故和包括社会意识形式文化典故、社会心理文化典故在内的精神性文化典故。再次是探寻"文化典故"的魅力特点及其展现。主要包括文化典故的意象趣味魅力和思维凝聚魅力。前者主要体现于韵律节奏、夸张、联想、想象艺术手法等方面。后者主要体现于价值吸引、情怀感召和文化认同诸方面。

第三方面是运用优秀文化典故资源促进高校思政课教学魅力提升的对策研究。首先是建立优秀文化典故融入教材体系向教学体系转化的机制，提升高校思政课教学的"基础魅力"。我们尝试从优秀传统文化、革命文化和社会主义先进文化中提炼相应"典故"融入不同课程的教学设计，让"平面""静止"的理论内容"饱满""活动"起来。其次是建立优秀文化典故融入高校思政课的

7

课堂教学过程的机制，提升高校思政课教学的"现场魅力"。一方面，我们尝试以"四步渐进"方法来设计课堂教学的主要环节，将优秀文化典故资源融入其中，提升课堂教学魅力。另一方面，我们探索研究习近平运用"文化典故"的规律、特点、路径并应用于课堂教学，活学活用。最后是建立优秀文化典故融入高校思政课实践教学机制，提升高校思政课教学的"全天候魅力"。文化典故源于社会实践，也长期活跃于社会实践。高校教师带领学生走出课堂，到街头里巷、大城小村乃至网络世界中去发现文化典故、检验思想理论。以实践之活水滋润理论之魅力。

第四方面是建立优秀文化典故融入高校思政课教师的培训和激励机制，提升高校思政课教学的"可持续魅力"。高校及地方教育主管部门将文化典故培训纳入思政课教师培训体系中，在培训方案编制、教材编写、行程规划等方面增加风土典故、人物典故、语言典故、叙事典故和精神典故相关内容。

探索优秀文化典故资源融入高校思政课教学之中提升教学魅力，是践行马克思主义基本原理同中华优秀传统文化相结合论断的必要创新实践。习近平总书记指出，"'第二个结合'是又一次的思想解放，让我们能够在更广阔的文化空间中，充分运用中华优秀传统文化的宝贵资源，探索面向未来的理论和制度创新"。① 我国大气磅礴的数千年文明发展史、近代革命史、中国特色社会主义建设史中蕴含丰富优秀文化典故资源。这些典故资源本身充满魅力，正是新时代高校思政课教学的改革创新迫切所需之财富，思考研究这一问题意义重大、前景广阔。

---

① 习近平. 在文化传承发展座谈会上的讲话［J］. 求是，2023（9）：6.

第一章

新时代高校思政课教学魅力提升的现状和困境研究

新时代高校思政课提升教学魅力是一个刚需性"痛点"问题。解决问题的入手处当然是分析问题。借鉴前人已有研究，结合高校思政课教学现状，可以从类型学角度将这些问题概括为四个主要方面。这四个方面分别是教材内容形式对思政课教学魅力提升的影响制约、课堂教学管理设计对思政课教学魅力提升的影响制约、教师自身素养对思政课教学魅力提升的影响制约和教学环境条件对思政课教学魅力提升的影响制约。

第一节　教材内容形式对提升思政课教学魅力的影响制约

高校思政课的教材内容结构与思政课教学魅力之间存在一种既对立又统一的辩证关系。二者相统一的方面，即思政课教材内容结构可以对教学魅力提升产生积极影响的方面，主要表现在教材内容具有权威性、准确性，教材结构具有严谨性、均衡性。二者相对立的方面，即思政课教材内容结构对教学魅力提升造成困境的方面，主要体现在教材内容理论厚重、表达抽象、缺少鲜活案例，教材结构相对刻板，部分地方存在跳跃、不连贯。

一、思政课教材内容结构与教学魅力的统一性

思政课教材内容与结构都通过各自特点来实现与教学魅力的统一，其主要作用是实现内容与形式的统一。正是教材内容的权威性、准确性，决定了教材结构的严谨性、均衡性；教材结构的严谨性、均衡性则反过来保障教材内容的权威性、准确性。二者共同对思政课教学魅力产生积极效果。

（一）教材内容权威准确与教学魅力的统一

内容权威准确是产生魅力的重要源泉。如前所述，具有魅力的事物往往是可以帮助人答疑解惑的事物。一般而言，学习者对于教材的好感首先就表现在

对其内容的权威性、准确性方面。某种意义上讲，只要某一门课程有教材，那么该教材内容在权威性、准确性方面就足以成为教学魅力的主要支柱。如果教材内容都存在瑕疵纰漏，课程的魅力显然将大打折扣。

高校思政课教材的编写规格高、汇集学界顶尖专家、内容更新频率快，同时在审核方面还有多层权威把关。基于这些原因，高校思政课教材内容的权威性、准确性比其他任何一门课的教材都要高，也因而具备了较可靠的魅力基础。具体来说，高校思政课教材内容因权威性、准确性而具备的魅力可以从两个方面予以概括。

第一方面，教材对于课程的核心概念范畴做出了全面准确的科学解读，使得读者足以确立起基本信赖，为理解把握相关思想理论找到一个坚实依靠。

对于"马克思主义基本原理"（以下简称"原理"）课程而言，马克思主义、马克思主义基本原理就是课程最核心要紧的范畴。23 年版教材在开篇的导论部分用五个目的篇幅围绕核心范畴做了全面解读。在全书的开头，开宗明义地给出了"马克思主义"这一概念的最全面概括。相比于过去的教材（即 2021 年本之前的教材而言），增加了"是无产阶级政党和社会主义国家的指导思想"① 这一内容，不仅对"马克思主义"的概况更全面，而且及时反映社会现实发展需求、吸收了业界最新研究成果，同时也在一定意义上回应了社会上部分人群中存在的"非马克思主义"乃至"反马克思主义"错误思想。其后，教材对"马克思主义"的组成部分及其关系进行了简要叙述，帮助读者形成整体印象。"马克思主义基本原理"也是课程着重阐述的核心范畴，教材从基本立场、基本观点、基本方法三个前后关联的内容予以说明，并对三个方面内容进行简要概括，同样帮助读者对于整本书要掌握的主要知识有了初步感受。围绕第一目对两大核心范畴的解读，"导论"部分的第二目从历史发展的纵向角度介绍了马克思主义的创立和发展，并对长达两百年的思想历程进行梳理总结，充分展示重要节点和主要成果，有助于读者形成对于马克思主义的立体印象。"导论"的第三目突出重点，阐述马克思主义具有科学性、人民性、实践性和发展性四个鲜明特征。这个部分吸收了习近平在纪念马克思诞辰 200 周年大会上讲话中的最新表述，将原先教材所总结的马克思主义五个鲜明特征重新解读为"4+1"的结构，把革命性界定为人民性、实践性和发展性三个特征的集中体现，使得整个内容更为合理清晰。"导论"的第四目结合国际国内的现实、结合过去将来的需求，从三个方面总结性阐释马克思主义的当代价值，使得读者更明确

---

① 本书编写组．马克思主义基本原理［M］．北京：高等教育出版社，2023：2.

了抽象的思想如何落地的问题。

在"毛泽东思想和中国特色社会主义理论体系概论"（以下简称"概论"）课程的 23 年版教材中，编写者同样安排了一个五目篇幅的导论，这比之前版本有较大改动。导论内容对于本门课程最核心范畴"马克思主义中国化"做了细致解读。第一目"马克思主义中国化时代化的提出"是讲源头和基本内涵。与以往教材的不同之处在于，此版教材充分吸收了习近平在建党百年纪念大会上重要讲话、党的二十大报告等重要文件的主要精神，从中华民族的辉煌历史讲起，讲到近代国家蒙辱、人民蒙难和文明蒙尘的劫难，由此提出"中国社会向何处去？中国的出路究竟在哪里？"① 的问题。这个安排更符合马克思主义理论一贯的"从问题出发"的思想风格，也与"原理"课教材提出的"资本主义向何处去、人类向何处去"② 问题形成了前后呼应。此外，在叙述十月革命给我们送来马克思列宁主义这一重要的思想序幕之前，教材对当时广泛传播的各种思潮也做了简要概述，这也使得马克思列宁主义在中国登场的背景显得更为丰满，一定意义上削弱了突兀感。同时，其所列出的改良主义、自由主义、社会达尔文主义等当时风行一时的思潮即使在今天仍有不小的影响力，把他们当年和马克思主义"同场竞技"的状况予以展现，在重现历史的同时，也启示今天的人们特别是青年学生应更加清醒地看待这些带有误导性的思潮。从教学来讲，实际上也给了教师更多可以发挥的空间，可以借这个部分把相关问题展开解释和澄清。本目内容对"马克思主义中国化"这一核心范畴的内涵从三个层次展开完整阐述。其中的第一层次是坚持"把马克思主义基本原理同中国具体实际结合、同中华优秀传统文化相结合"③，这也是对习近平最新表述的吸收运用，彰显及时性、权威性。第二层次强调"马克思主义必须中国化才能落地生根、本土化才能深入人心"。④ 此版教材是从"本土化"这个角度来阐释"马克思主义中国化"的必要性及其意义，这就比以往教材在此问题的探讨上更细致、更有针对性。第三层次探讨了马克思主义中国化包含着"马克思主义时代化的意蕴"⑤问题。这也是对党的二十大精神和研究成果的最新吸收。在此版教材的探

① 本书编写组. 马克思主义基本原理［M］. 北京：高等教育出版社，2023：1.
② 本书编写组. 马克思主义基本原理［M］. 北京：高等教育出版社，2023：5.
③ 本书编写组. 毛泽东思想和中国特色社会主义理论体系概论［M］. 北京：高等教育出版社，2023：2.
④ 本书编写组. 毛泽东思想和中国特色社会主义理论体系概论［M］. 北京：高等教育出版社，2023：2.
⑤ 本书编写组. 毛泽东思想和中国特色社会主义理论体系概论［M］. 北京：高等教育出版社，2023：3.

讨中，既说明了"马克思主义中国化时代化"命题的提出缘由及主要意义，也从两方面对"推进马克思主义中国化时代化"①的内涵进行简要解读。第二目"马克思主义中国化时代化的内涵"详细阐释了相关问题。教材内容在延续以往从"运用马克思主义解决中国问题""将中国实践经验上升为理论"和"将马克思主义植根于中华优秀传统文化土壤"三个层次来阐释相关命题内涵之外，更进一步强调了如何"推进马克思主义中国化时代化"②的问题。第三目"马克思主义中国化时代化的历史进程"是讲历史进程与成就。教材在此部分的叙述主线是从"第一次飞跃"和"新的飞跃"两个大的阶段来构建整个内容。接下来就以党领导人民进行革命、建设和改革实践的阶段时间历程为线索，以每阶段解决的主要矛盾、主要问题为聚焦，以中国人民"站起来""富起来""强起来"的成就为主要内容，有条不紊地阐述了具体每个理论成果形成的简要历程和主要内涵，同样起到了把全书主体展现给读者的效果。在本目结尾部分，教材频频引用习近平在党的二十大报告提出的"中国共产党为什么能，中国特色社会主义为什么好，归根到底是马克思主义行，是中国化时代化的马克思主义行"③等"金句"，不仅紧跟时代发展步伐，而且行文更有气势，也更彰显出思想的冲击力。第四目"马克思主义中国化时代化理论成果及其关系"与以往教材相似，亦是从"一脉相承又与时俱进""中国特色社会主义理论体系在新的历史条件下进一步丰富和发展了毛泽东思想"等角度对其中关系进行阐释。

在"中国近现代史纲要"（以下简称"纲要"）课程的 23 年版教材中，编写者同样安排了一个三目篇幅的"导言"。其开篇就十分明确地界定了本门课程最基本、最主要的范畴——"中国近现代史"的分期问题。这个问题看似属于常识问题，但在现实生活中，由于年代久远、许多学生对历史学科接触少等原因，许多同学对此问题是模糊的。教材这一做法就很直观地解决了这个现实问题。其后的叙述也遵循这一朴实有效的原则，按照"近代史""现代史"的界定分别展开综述。第一目"中国近代史综述"事实上讲了三个阶段，先是简要叙述了鸦片战争之前的中国与世界，没有展开，但点到为止的阐释可以为读者进入近代史做好铺垫。接着就在"从鸦片战争到五四运动前夜"中较详细地阐

---

① 本书编写组．毛泽东思想和中国特色社会主义理论体系概论 [M]．北京：高等教育出版社，2023：3．

② 本书编写组．毛泽东思想和中国特色社会主义理论体系概论 [M]．北京：高等教育出版社，2023：5．

③ 本书编写组．毛泽东思想和中国特色社会主义理论体系概论 [M]．北京：高等教育出版社，2021：9．

述了旧民主主义革命时期的历程。内容详略合理、明白准确，将近代史开端的标志、中国成为半殖民地半封建社会的主要表现，特别是阶级关系的内涵展开恰如其分的阐述，尤其最后着重强调了旧民主主义革命失败的根源在于没有触动旧中国半殖民地半封建社会的统治根基，既删繁就简地抓住了旧式革命的本质，又为新民主主义革命的出场做了说明。"以从五四运动到中华人民共和国成立"为标题更详细阐述了新民主主义革命时期历程。这部分叙述有一个重要特点是采取了将时间线索和重要问题交错融合展开叙述。从时间线来看，教材基本保持了十月革命、五四运动、党的成立和领导人民革命这个基本线条，但并没有平铺直叙，而是在讲到党领导人民革命的时候，将当时存在的三种建国方案进行了对比、对革命根本问题即政权问题做了单独讲解，这是突出重点来答疑解惑的科学安排。第二目"中国现代史综述"吸收习近平重要讲话精神，对于新中国成立后的历史按照三个阶段来叙述。第一部分"社会主义革命和建设时期"，着重讲了社会主义改造和其后的社会主义建设成就，特别是吸收习近平讲话精神，强调"中国人民不但善于破坏一个旧世界、也善于建设一个新世界"①，凸显此段历史的亮点。第二部分"改革开放和社会主义现代化建设新时期"，扼要叙述 1978 年改革开放以来，党领导人民取得的历史性突破，强调此一时期"为实现中华民族伟大复兴提供了充满新的活力的体制保证和快速发展的物质条件"②，与下一阶段历史密切衔接。第三部分"中国特色社会主义新时代"着重总结党的十八大以来党领导人民取得的伟大成就，特别是庄严宣告，"中国共产党和中国人民正信心百倍推进了中华民族从站起来、富起来到强起来的伟大飞跃。""实现中华民族伟大复兴进入了不可逆转的历史进程"③，彰显了此一阶段国家发展历史所蕴含的充沛"自信"底蕴。

在"思想道德与法治"（以下简称"德法"）课程的 23 年版教材中，编写者在"绪论"部分所安排的也是三目篇幅内容。第一目"我们处在中国特色社会主义新时代"主要是结合青年学生自身成长需要通过时代条件叙述，将读者引入到自身成长环境。第二目"新时代呼唤担当民族复兴大任的时代新人"，这就将视角从对时代的关注迁移到青年自身成长的关切上来了。在这里面，"立大志、明大德、成大才、担大任"④ 正是时代新人所应达到的目标，也是本门课程内容关涉的主要内容。教材内容对于"立大志"是从理想信念方面来阐释，

---

① 本书编写组．中国近现代史纲要 [M]．北京：高等教育出版社，2023：8.
② 本书编写组．中国近现代史纲要 [M]．北京：高等教育出版社，2023：8.
③ 本书编写组．中国近现代史纲要 [M]．北京：高等教育出版社，2023：10.
④ 本书编写组．思想道德与法治 [M]．北京：高等教育出版社，2023：5.

突出了实现中华民族伟大复兴的历史使命作为崇高理想信念对于大学生人生成败的决定性作用。对于"明大德"则从锤炼品格、道德水准和精神风貌方面来阐释。对于"成大才",主要强调了大学生素质强弱、本领高低,对于民族复兴大任的直接影响。对于"担大任",突出强调了大学生具备担当精神、奉献精神、实干精神,是实现中华民族伟大复兴梦想的必备要素。第三目"不断提升思想道德素质和法治素养",从唯物史观角度对"思想道德""法律"两大核心范畴及其内在关系进行了科学阐释。两者都是重要的社会调节手段,本质上都是上层建筑的组成部分,但是二者在调节领域、方式、目标上存在差异。二者的相互关系表现在思想道德建设为法治建设提供思想指引、价值基础,法治建设则为思想道德建设提供制度支撑和法律保障。与其他几门课不同之处是,"思想道德与法治"教材大量使用了古代经典名句和诗句,更增强了可读性与文学水平。

第二方面,各门教材围绕课程核心思路建立起较完备的框架结构,有助于读者拥有一个可信的储备资源库,获得更多释疑解惑的权威信息。

"原理"课程的核心思路即揭示自然、人类和思维发展一般规律,发现社会主义必然代替资本主义、最终实现共产主义的历史结论,解答无产阶级怎样实现自身解放、全人类解放,达到每个人自由而全面发展的终极问题;解答无产阶级政党和社会主义国家怎样以马克思主义指导国家建设发展的重大问题;解答全体人民怎样在马克思主义指引下创造美好生活的现实问题。围绕这一核心思路,"原理"课程教材的主干内容梯次展开。其架构仍然沿用了长期以来"模块式"组合的方式,按照马克思主义主要的组成部分马克思主义哲学、马克思主义政治经济学和科学社会主义三个部分来依次安排章次。对应课程的核心思路,马克思主义哲学部分主要聚焦于"揭示自然、人类和思维发展一般规律"的内容,分为三章。第一章"世界的物质性及发展规律"包括了对哲学部分的总概括,同时也有侧重点。相对而言,这部分所讲的理论知识更多是在揭示"自然发展"的一般规律。第二章"实践与认识及其发展规律"包括的内容也很多,而相对侧重点就在于揭示"思维发展"一般规律。第三章"人类社会及其发展规律"包括内容亦很多,相对的侧重点当然就是揭示"社会发展"的一般规律。提供理论基础,马克思主义政治教学展开主体分析,科学社会主义得出结论。马克思主义政治经济学部分主要聚焦于"社会主义必然代替资本主义、最终实现共产主义"这一内容。第四章"资本主义的本质及规律"是马克思主义政治经济学的主要部分,大体上概括了马克思所著经典《资本论》的主要内容,从商品经济入手,进一步把握资本及其制度的本质,通过揭示其无法克服的"增殖"本性及所内在的基本矛盾，得出其必然灭亡的命运。第五章"资本主义的发展及其趋势"是马克思主义政治经济学的另一部分，主要聚焦于19世纪末至21世纪以来资本主义发展的实际经历及其特点，特别是进入垄断资本主义阶段后仍不断发生的重大危机，从而进一步确认其必然灭亡并被社会主义取代的命运。相对而言，第四章偏重于理论的推演，第五章偏重于实践的检验。科学社会主义部分主要聚焦于"解答无产阶级怎样实现自身解放、全人类解放，达到每个人自由而全面发展的终极问题，解答无产阶级政党和社会主义国家怎样以马克思主义指导国家建设发展的重大问题，解答全体人民怎样在马克思主义指引下创造美好生活的现实问题"的相关内容。从章次内容来看，第六章"社会主义的发展及其规律"用三节内容阐明"重大问题"和"现实问题"的答案。第七章"共产主义崇高理想及其最终实现"用了两节内容扼要阐明了"终极问题"的答案。当然以上的区分都是相对的，并非为了呼应内容把章节完全生硬地切割，而是在总体统一的情况下进行了有侧重点的展开。

"概论"课程的核心思路就是"导论"中所着重强调的"马克思主义中国化的历史进程及其理论成果"，采取了时间线索和理论成果内容相结合的做法来组织教材内容。其中的一个核心聚焦点就是"解决中国实际问题"。以此为遵循，本课程教材章次安排有一个显著特点，即按照马克思主义中国化理论成果所包含的"毛泽东思想""中国特色社会主义理论体系"思想内容，在内容相近的几章开头专设一章"总论"性的内容，使得相关思想内容显示度更高、更鲜明。第一章"毛泽东思想及其历史地位"主要统摄了前四章内容，第五章"中国特色社会主义理论体系的形成发展"主要统摄了后四章内容。从逻辑线索上看，每种思想都按照"思想的形成""思想的主要内容"和"思想的历史地位"三方面展开。在"思想的形成"部分，教材将每种思想产生的历史条件予以分析，事实上也就抛出了此思想所要解决的主要问题。同时，所阐述的思想形成历程也是此思想解决主要问题的发展阶段，通过了解历程，读者对所解决问题把握得更深入。"思想的主要内容"将该思想成果的核心观点、主要特征、组成要素全面阐述，相当于让读者形成整体印象，特别是将过去可能了解过的只言片语连成脉络。"思想的历史地位"是对思想的科学评价。教材内容站在极其宏阔的历史发展潮流之中来确定某一思想成果的历史定位，更全景式展现思想成果内部各要素之间、思想成果之间、思想成果与历史事实之间的密切联系，使读者在学习思想的同时，也掌握了整个历史发展的辩证图景。

"纲要"课教材的核心思路就是"导言"部分阐述的"中国近现代史，就其主流和本质来说，是中国人民为救亡图存和实现中华民族伟大复兴而英勇奋斗、艰辛探索并不断取得伟大成就的历史"① 内容，以此将跨度近一百八十年的近现代史用十章内容合理组织起来。围绕这一核心思路，教材安排的逻辑线索大体上呈现出"磨难—探索—道路—成就"的脉络。第一章"进入近代后中华民族的磨难与抗争"虽归属于"近代史"部分，而内容上则是整个近现代的开篇。其内容通过对"磨难"原因及表现的详细阐述，已然将"中华民族为何要复兴""中华民族是否能复兴"做了初步分析，也开启了接下来一百多年历史的发展主题。第二章"不同社会力量对国家出路的早期探索"和第三章"辛亥革命与君主专制制度的终结"都属于"探索"内容，虽然这些探索都在进行艰苦斗争之后以失败告终，但客观上为找到正确道路打下了必要基础。从第四章"中国共产党和中国革命新局面"到第七章"为建立新中国而奋斗"则侧重于"道路"部分，同时包含着"成就"。从"道路"来看，重点反映了中国共产党诞生以后，带领中国人民艰苦奋斗、浴血奋战，在新民主主义革命的伟大实践中逐步找到了一条革命新道路，推翻了三座大山，基本解决了近代中国面临的主要难题，建立了新中国。这其中特别强调这条"道路"的取得历程之中，党领导人民获得了一条宝贵的方法论，这就是"把马克思主义普遍原理与中国具体实际相结合、与中华优秀传统文化相结合"的方法论。从"成就"来看，每个章次中都用一定的节次专门阐述相关的成就。第四章第二节中所阐述的成就即第三目"中国共产党第一次全国代表大会的召开与中国共产党的成立"。第六章第五节"抗日战争的胜利及其意义"更是用三个目次讲到这一重大成就，特别强调这一胜利是"中华民族从近代以来陷入深重危机走向伟大复兴的历史转折点"②。第七章第四节"建立人民民主专政的新中国"整节内容的主题都是在阐述"建立新中国"这一伟大成就，在讲到"中国革命胜利的意义"时，着重强调了，这一胜利"为实现国家富强和人民幸福，实现中华民族伟大复兴，开辟了广阔道路"③。第八章"中华人民共和国的成立与中国社会主义建设道路的探索"又侧重于"探索"部分，同时也包含着"成就"。在已经找到正确革命"道路"的基础上，继续"探索"。当然并非意味着原来的"道路"失效了，而是因为进入了新的时期，需要结合新的历史条件与问题，继续探索新的道路。在新中国成立后，我们面临着如何在落后国家进入社会主义社会和建设社会主义的新问题，当然要进行新的探索。这种做法仍然坚持了"把马克思主义普遍

---

① 本书编写组．中国近现代史纲要［M］．北京：高等教育出版社，2023：1.

② 本书编写组．中国近现代史纲要［M］．北京：高等教育出版社，2023：165.

③ 本书编写组．中国近现代史纲要［M］．北京：高等教育出版社，2023：190.

原理与中国具体实际相结合、与中华优秀传统文化相结合"的宝贵方法论,本质上也是继续遵循马克思主义原理"实事求是""具体问题具体分析"的核心与灵魂。这部分的"成就"即实现了社会主义改造,建立了社会主义制度。教材第八章第三节"初步确立社会主义基本制度"用三个目次内容详细阐述了这一伟大成就,在阐述社会主义基本制度确立的伟大意义时,着重强调了"建立符合中国实际的先进社会制度"① 是实现中华民族伟大复兴的重要前提。第九章"改革开放与中国特色社会主义的开创和发展"与第十章"中国特色社会主义进入新时代"的侧重点则在"成就"方面,同时也涉及"道路"方面。从"成就"来看,第九章第二节"改革开放和社会主义现代化建设新局面"、第三节"把中国特色社会主义推向 21 世纪"、第四节"在新的形势下坚持和发展中国特色社会主义"按照基本相同的主题从改革开放、现代化建设、祖国和平统一大业和党的建设几个方面阐述不同时期的成就。第十章的三节的主要内容都是在阐述中国特色社会主义进入新时代以来所取得的伟大成就,包括"开拓中国特色社会主义更为广阔的发展前景""把新时代中国特色社会主义不断推进"和实现"开启全面建设社会主义现代化国家新征程"。从"道路"来看,第九章第一节"历史性的伟大转折和改革开放的起步"的主要内容即阐述了党领导人民开创了中国特色社会主义道路,在第二、三、四节中用一部分内容阐述党领导人民坚持和发展了中国特色社会主义道路。第十章中则在各节中均涉及以习近平同志为核心的党中央领导人民开启新时代中国特色社会主义建设道路的内容,特别是对全面建设社会主义现代化国家新征程的开启,更是历史性贡献。

　　"思想道德与法治"课的核心思路就是"绪论"部分阐述的"新时代呼唤担当民族复兴大任的时代新人"② 内容,以此为目标,从"新人"成长所需的主要素质来组织整个教材内容。其内容展现出一条围绕"人"的问题链,大体可以概括为"人生是什么? 人的理想是什么? 人需要什么样的精神? 人需要追求什么样的价值? 人怎样做到有道德? 人怎样做到守法律?"第一章"领悟人生真谛 把握人生方向"正是以"人生"为主要探讨对象。既从中外思想史上回顾了各种关于"人是什么"的思想观点,更着重阐述马克思主义对"人的本质"的科学看法,并以此确定科学人生观,探讨人生价值及其评价,创造有意义人生等重要话题。从整个内容逻辑上看,第一章属于"总纲",提出总问题,进行

---

① 本书编写组 . 中国近现代史纲要 [M]. 北京:高等教育出版社,2023:215.
② 本书编写组 . 思想道德与法治 [M]. 北京:高等教育出版社,2023:5.

总回答。后面各章主要内容，特别是所要阐述的主要立场、宗旨，都包含在了第一章之中。第二章"追求远大理想 坚定崇高信念"、第三章"继承优良传统 弘扬中国精神"和第四章"明确价值要求践行价值准则"从逻辑上可以看成相对综合的一个整体，属于一个小板块。从内容阐述和定位来看，各章所阐述的"理想信念""中国精神""价值准则"总体上侧重于对人在精神层面的要求，注重于建设青年人高尚丰富的精神世界。之所以将"理想信念"作为第二章，就在于"理想信念"是人精神世界的中心，是起到脊梁、支撑作用的东西。"中国精神"放在第三章，凸显了其作为人精神世界的主体内涵，特别是重点阐述其中的爱国主义，更是一种将历史优秀传统与时代精神紧密结合的宝贵精神财富。"价值准则"放在第四章，带有一定总结性质，属于人精神世界的归宿、落脚点。同时其中包含着一定规范，逐渐向下一章过渡。第五章"遵守道德规范 锤炼道德品格"和第六章"学习法治思想 提升法治素养"可以看成另一个小板块，两章主要内容侧重探讨人实际的言行规范，分别从道德和法律两个层面展开。除了对个人规范的探讨之外，也涉及了道德与法律在国家治理层面的表现。

第三方面，各门教材在进行理论编写的同时，还特别设置课程学习方法和要求，为读者准备了初步的学习指南，同样起到减小学生学习障碍、增强学习兴趣的意义。"原理"课"导论"的第五目"自觉学习和运用马克思主义"根据马克思主义原理的特点，结合当代马克思主义的发展，从四个方面提出大学生如何学好马克思主义的要求。其中，第一条要求"努力学习和掌握马克思主义的基本立场观点方法"，着重针对理论本身，指导学习者掌握理论的主要角度。第二条要求着重强调要"努力学习和掌握马克思主义中国化时代化的理论成果"，具有极强的新时代意义，同时也将本门课程与"概论"课程进行相应的联系。第三条要求"坚持理论联系实际的马克思主义学风"，着重针对实践问题，指导学习者在弄清马克思主义的实践来源的基础上，善于结合现实学以致用。第四条要求"自觉将马克思主义内化于心、外化于行"，是针对学习者个人的升华要求。对学习者来说，马克思主义不仅只是对于自己生活有实际作用的某种工具性理论，更应该成为个人思想精神层面的重要内核。学到这个程度，才算真正是学好了马克思主义基本原理。"概论"课"导论"部分第五目"学习本课程的要求和方法"，也用较简洁的话语对学习者有所指导。从该课程的要求来看，既强调了学习者需要重视马克思主义中国化历程中的理论成果、历史成就、基本方略，又再次强调从中进一步深化马克思主义基本立场、观点和方法的要求。从学好该课程的方法来看，也体现出一个"理论本身—培养思维—联系实际"的逻辑思路。"纲要"课的"导论"部分第三目"学习中国近现代史的目的和要求"同样对此简要说明。在提出"以史鉴今，资政育人"的总体要求之下，还从五个方面提出具体要求。其中，前三条要求是就历史内容本身来讲，分别是针对近代新民主主义革命历史的学习、社会主义改造和改革开放历史的学习和中国特色社会主义新时代历史的学习。第四条要求是就历史所取得的理论成果来讲，与"概论"课的学习紧密衔接。第五条要求是就唯物史观的学习来讲，与"原理"课的学习紧密衔接。同时还涉及在现实中反对历史虚无主义的问题。"德法"课在"导言"部分第三目"不断提升思想道德素质和法治素养"也简短涉及学好本门课程的要求。

（二）教材结构严谨均衡与教学魅力的统一

任何事物形成吸引人的魅力，既要通过内容的内在吸引，也要借助形式结构的外在吸引。思政课教材结构以严谨、均衡为特点，与其权威、准确的内容相匹配，在很大程度上符合此类形式审美要求，同样可以产生魅力。

首先，各门教材的章、节、目篇幅分配和标题拟定都经过精心设计，充分体现严谨、均衡特点。

"原理"课教材总字数为31万字，主体内容总页码350页，除"导论""第七章"内容略少外，其余六章每章所占篇幅在45至59页之间，相对较均衡。其中，第二章"实践与认识及其发展规律"（54页）、第三章"人类社会及其发展规律"（59页）、第四章"资本主义的本质及其规律"（54页）篇幅相对多一些，这里面也反映了对马克思主义基本原理中重点内容的加倍重视。第二章的重要性在于讲到了"实践观""实践观点是马克思主义首要的和基本的观点"[①]；第三章的重要性在于阐述了唯物史观，第四章的重要性在于阐述了剩余价值学说，"唯物史观和剩余价值学说是马克思一生的两个伟大发现"[②]。其余四章篇幅都在40页上下，控制精准。每章标题设定也紧扣"导论"对马克思主义的定义的相关表述，用词严谨统一，显示出精心打磨的用心。第一章"世界物质性及发展规律"、第二章"实践与认识及发展规律"、第三章"人类社会及其发展规律"、第四章"资本主义的本质及规律"和第六章"社会主义的发展及其规律"都以"规律"为中心词，正呼应定义中"关于自然、社会和人类思维发展一般规律"[③]的内容。从第四章、第五章"资本主义的发展及其趋势"，第六章到第七章"共产主义崇高理想及其最终实现"，呼应定义中"关于社会主义必然

---

① 本书编写组. 马克思主义基本原理 [M]. 北京：高等教育出版社，2023：15.

② 本书编写组. 马克思主义基本原理 [M]. 北京：高等教育出版社，2023：7.

③ 本书编写组. 马克思主义基本原理 [M]. 北京：高等教育出版社，2023：2.

取代资本主义、最终实现共产主义"①　的内容。再细看每章的节、目，可以发现，所有章下内容都分成了三节，仅从目录上看就非常醒目协调。每一节、每一目的标题内容也经过仔细锤炼，字数控制合理，21 个节标题字数大多在 12 字以下，少数节标题复杂一点，字数最多 21 字，即全书最后一节"共产主义远大理想与中国特色社会主义共同理想"，亦是因完整表达重要范畴所必需的字数。各目的标题字数比节标题字数稍多，但多数也集中在 10 至 20 字之间，字数最多的标题 24 字，也是全书最后一目的标题"坚定理想信念，投身新时代中国特色社会主义伟大事业"。这样的字数既能确保内容清晰，又有助于读者相对快速地把握内容。

　　"概论"课程教材总字数为 24 万字，主体内容总页码 266 页，"导言"内容略少，主体 8 章按照本身内容多少和地位轻重做了针对性篇幅安排。篇幅超过 30 页的有 4 章，包括第五章"中国特色社会主义理论体系的形成发展"、第六章"邓小平理论"、第七章""三个代表"重要思想"、第八章"科学发展观"。可以看出，其中有些章次是对某一思想成果的集中表述，内容带有整体归纳性，需要较多篇幅。有些章次是属于该项思想成果中相对重要的部分内容，也需要较多篇幅来展开。其余每章所占篇幅在 26 页左右，篇幅同样都与相应内容和地位相符合。

　　"纲要"课教材总字数 36 万字，主体内容篇幅 411 页。除开"导论"部分外，本门课程章次内容首先考虑到了近代史与现代史这两大部分的内容划分。其中，近代史篇幅为 193 页，现代史篇幅为 217 页，大体平衡。具体到每大部分内部的章次也体现出更细致的考虑。近代史部分时间跨度近 110 年，跨越旧民主主义革命和新民主主义革命两个大的革命时期，中间的奋斗历程艰苦复杂，更经历了古代中国到近代中国的艰难转折，涉及的重要时间点、事件、人物也极其繁多，因而这一部分共有七章内容。现代史部分时间跨度是 70 多年，也就是新中国的年龄，相对而言，这部分历史虽然也经历过几个不同时期，但时间线索相对集中，重大历史事件、历史人物稍简略一些，因而这部分共有三章内容。再从每章的篇幅分布来看，教材整体上聚焦中华民族伟大复兴的主题，凸显我们在复兴历程上取得的最新重大成就，同时也更接近民族伟大复兴的时代，因而将现代部分的三章安排了远远超过近代史部分各章的篇幅。现代史部分的三章分别是第八章"中华人民共和国的成立与中国社会主义建设道路的探索"、第九章"改革开放与中国特色社会主义的开创和发展"和第十章"中国特色社

---

　　①　本书编写组．马克思主义基本原理［M］．北京：高等教育出版社，2023：2.

会主义进入新时代"，篇幅都在 50 页以上，特别是后两章的篇幅分别达到了 70 页与 100 页。相比之下，近代史部分的七章篇幅都在 30 页上下，篇幅最多的第一章"进入近代后中华民族的磨难与抗争"，也只有 36 页，远远小于后面三章的规模。这样的篇幅安排展现出一种均衡中表现重点的结构，表现出历史类课程的特点。

"德法"课教材总字数 22 万字，篇幅 251 页。除开"绪论"部分外，本门课程章次篇幅首先要考虑了"思想道德"与"法治"两大部分的分配。这两方面虽然都是青年学生思想政治素质不可缺少的内容，但从思想政治理论课的主体性质来看，侧重点仍在"思想道德"方面。因而，"思想道德"部分是本课程一贯以来的主要部分，一共安排了五章内容，篇幅占 3/4，近 190 页；"法治"部分篇幅占 1/4，安排 1 章内容。具体到前 5 章之间，则第五章"遵守道德规范 锤炼道德品格"篇幅最大，共 51 页。其余四章篇幅都在 30 页上下，相对较均衡。本门教材在标题上是所有教材中最注重协调审美的，包括"绪论"在内，各章标题都巧妙地凝练为两个六字短句，读来朗朗上口，在清晰展现内涵的同时，亦饱含语言韵味。每章的节次安排、目次安排同样注重形式匀称统一。除了第六章安排了四节之外，其余各章都保持了三节的规模；每节的目次绝大多数都是三个。只有第二章"追求远大理想 坚定崇高信念"的第一节"理想信念的内涵及重要性"，第四章"明确价值要求 践行价值准则"的第三节"积极践行社会主义核心价值观"是两个目次，第三章"继承优良传统 弘扬中国精神"的第一节"中国精神是兴国强国之魂"、第二节"做新时代的忠诚爱国者"，第五章第三节"投身崇德向善的道德实践"是四个目次。总体上形成一种"三三"制规模，即便是从目录一眼看去，形式结构亦显得十分规范舒适。

其次，各门教材还根据自身内容特点，在密集的文字叙述中穿插辅助材料，进一步丰富形式，强化结构。

"原理"课教材主要穿插栏目是"经典著作引言"和"经典名词解释"。"经典著作引言"占主要部分，全书共数十处，主要是在理论难点处列出经典原文，让读者品味马克思主义经典作家思想的原汁原味，帮助读者深入理解经典思想，同时也以这种结构进一步增强内容的权威性、准确性。如教材"导论"中讲到"马克思主义的基本特征"时，就直接列出了习近平在纪念马克思诞辰 200 周年大会上讲话的相关原文，让读者快捷地把握了教材确定马克思主义鲜明特征的经典来源，同时也能通过原文的内容讲述加深对其特征的理解。教材第一章第三节"唯物辩证法是认识世界和改造世界的根本方法"讲到"唯物辩证法是客观辩证法与主观辩证法的统一"这个知识难点时，以较长篇幅列出了马克思在《资本论》第一卷中对此问题的论证表述，特别是还原了当时马克思在批判黑格尔唯心辩证法过程来解决"客观辩证法"和"主观辩证法"的关系问题，这就让读者明白了问题的提出原因、来龙去脉，不至于感到突如其来。"经典名词解释"在本教材中运用了 18 处，其中"马克思恩格斯的著作""人类对物质微观结构层次的认识"这两处名词主要用于拓宽读者的学习视野，增加一定的探索兴趣；"实现自由的三重含义""共产主义的含义"这两处名词在拓宽学习视野之上，还有助于增强读者对于重要的问题进行思考能力，对于平时司空见惯却未深思的问题进行思考深度；"要素价值论、供求价值论和效用价值论错在哪里？"这一处名词解释在拓宽视野、增强思考之外，又多了一层廓清迷雾、扫除误区的作用，这里面所列举的几种"价值论"正是当今西方经济学界热烈追捧的理论，国内外一些人经常拿着其中一些观点来唬人和误导人，教材此处用大半页的篇幅予以针锋相对、有理有据地批判，起到很好的思想引领效果。总的看来，本书运用这些小栏目所进行的穿插叙述频次恰当，约 8 页每次，大致上保持了对读者产生文字阅读疲惫感节奏的针对性。

"概论"课教材中穿插的小栏目包括"经典名词解释""经典著作引文""重要图表"三种。"经典著作引文"数量最多，接近 50 个，其特点包括还原思想理论的原初场景和强化重要思想理论的政治意义两方面。从还原思想理论的原初场景来看，本门课程的思想理论成果源于党领导人民从事长期的革命、改革和建设实践，一些实践距离当代年轻人生活已经比较久远，通过经典思想引文，能够从原汁原味的经典表达中领会到那种实践需求。教材第二章第二节"新民主主义革命的总路线和基本纲领"，讲到"新民主主义革命的对象"时，列出了毛泽东的经典讲话，"谁是我们的敌人？谁是我们的朋友？这个问题是革命的首要问题。中国过去一切革命斗争成效甚少，其基本原因就是因为不能团结真正的朋友，以攻击真正的敌人。"① 这段讲话对于从事相关研究或者年龄稍长的人来说是耳熟能详的经典话语，但对于青年学生则可能是比较陌生的。将其放在此处，既能让学生们熟悉内容，而且能充分体会到讲话中那种思辨力、理论说服力和语言表达的简练有力，同时也能很快把握到关于新民主主义革命相关问题的真实内涵，不会觉得问题云山雾罩。事实上，当代中国在处理很多国际国内问题时往往也是在毛泽东这句经典表述指导下来实施的，其现实意义很强。同样本章的第三节，讲到"新民主主义革命的三大法宝"时，教材也以

---

① 本书编写组．毛泽东思想和中国特色社会主义理论体系概论［M］．北京：高等教育出版社，2023：45.

较长的引文列出毛泽东讲话，"一个有纪律，有马克思列宁主义的理论武装的，采取自我批判方法的，联系人民群众的党。一个由这样的党领导的军队。一个由这样的党领导的各革命阶级各革命派别的统一战线。这三件是我们战胜敌人的主要武器。"① 讲话虽较长，但读来并不觉得累赘，而是很顺畅地进入理论的场景之中，并且多少可以体会毛泽东讲话时的氛围。通过对这段引文的品读，读者不仅明白了"三大法宝"是指哪些，何以如此重视"三大法宝"，而且深切把握了"三大法宝"之间必然的逻辑关联，而不是强行把三个不相干的东西拉来凑成的结构。从强化重要思想理论的政治意义来看，本课程所讲述的众多内容，不仅仅是一种理论，更要凸显其中鲜明的政治意义，展现正确的政治立场。教材列出的很多经典思想引文，通过对很多重要讲话的全面展现，强化了其中的政治意义。教材第七章第二节"'三个代表'重要思想的主要内容"讲到"建立社会主义市场经济体制"时，列出了江泽民讲话原文，"我们搞的是社会主义市场经济，'社会主义'这几个字是不能没有的，这并非多余，并非'画蛇添足'，而恰恰相反，这是'画龙点睛'。所谓'点睛'，就是点明我们市场经济的性质"。② 这个讲话中不仅从理论上讲清社会主义市场经济范畴的内涵，更着重强化了社会主义市场经济所包含的社会主义立场问题，强调对这一政治立场的坚守，揭露一些人打着市场经济的幌子来抛弃社会主义的问题，也防止青年学生读者被某些混淆是非的理论给引入歧途。"重要图表"接近 30 个，其特点在于梳理抽象理论的逻辑线索和具象化复杂政策的主体结构两方面。"经典名词解释"数量最少，其特点主要在于展现思想理论中经典范畴的核心内涵与相关知识补充。教材第一章第二节"毛泽东思想的主要内容和活的灵魂"在讲到"革命军队建设和军事战略的理论"时，列出了"三湾改编"这个名词解释。这一解释既起到帮助青年一代读者熟悉党史、近现代史中经典范畴的作用，也发挥着通过故事典故加深对于毛泽东军事思想乃至人民解放军成长历程和根本特质的领会。

"纲要"课教材中穿插的小栏目包括"历史资料""历史图片""数据表格"三种。"历史资料"栏目占据了绝对多数，有近 60 处。这些资料最亮眼之处正在于其新颖的表现形式，不是像其他教材那样直接把文字内容列在教材纸面上，而是在所列资料处放置了一个二维码，读者用手机扫描才能在手机屏幕上看到

①　本书编写组. 毛泽东思想和中国特色社会主义理论体系概论［M］. 北京：高等教育出版社，2023：64.

②　本书编写组. 毛泽东思想和中国特色社会主义理论体系概论［M］. 北京：高等教育出版社，2023：207.

这些资料内容，是极具创意的"线上""线下"创新型教材形式。同时，从教材篇幅表现来说，二维码所占面积很小，这样就有利于增加资料的数量，特别是可以将一些较长篇幅的历史文献放置其中，充分利用了线上空间。也正因为资料形式的创新，使得教材所展示内容十分丰富。教材第一章第二节"西方列强对中国的侵略"在讲到"军事侵略"时，使用了"中国近代主要不平等条约简况"的资料二维码，扫描后读者可以非常清晰地看到1840年至1915年近代各列强国签订的重大不平等条约的内容及其影响，从中更立体地掌握列强侵略对中华民族造成的侵略伤害。教材第六章"中华民族的抗日战争"第二节"中国人民奋起抗击日本侵略者"在讲到"全民族同仇敌忾，奋起抗战"时，特意列出了一份"英雄母亲邓玉芬为抗战把5个儿子送上前线"的资料。其中讲述了一个普通华北农妇的壮烈抗日故事。密云水泉峪村普通农妇邓玉芬在抗战爆发后先后将儿子们送上抗日战场，最终全家人连她丈夫在内共6人为抗战献出生命。里面不仅概述了其他几人的牺牲情形，特别详细描述了小儿子死去的悲惨过程，读来让人悲愤痛惜，对这位平凡而伟大母亲的敬仰油然而生。通过这一个英雄的故事，折射出中华民族抗战中气壮山河的精神气节，教育效果上佳。其余几十处资料二维码都在不同章节发挥着相似的作用。"图片数量"栏目数量其次，共有20多张，内容主要包括了历史人物、历史证物、历史场景等多种类别。人物中既有林则徐、康有为、梁启超这些单个历史人物，也有中国首批赴美留学幼童这样的历史群像。历史证物包括《〈资政新篇〉书影》《孙中山手迹》《〈中华民国临时约法〉》这样的文件照片，也包括《上海中共一大会址和嘉兴南湖红船》《黄埔军校》《遵义会议会址》这些重大历史遗址照片。很多照片都是通过普通人生活来印证历史大事的珍贵记载。教材第七章第四节"建立人民民主专政的新中国"讲到"南京国民党政权的覆灭"内容时，配发了一张"上海解放后解放军战士席地而睡"的经典历史照片。图像清晰可见一排排解放军战士躺在大街上睡觉，此时无须文字描述，人民解放军"全心全意为人民服务"的根本宗旨跃然纸上，也无声阐述着"人民就是江山，江山就是人民"的真理。教材第八章第一节"中华人民共和国的成立和新生人民政权的巩固"讲到"捍卫巩固新政权的斗争"内容时，教材配发了"四川省合川县南津乡农民焚烧地主的土地契约书，庆祝土改胜利"的历史照片，形象展示了新中国成立初期党领导人民完成反封建的民主革命遗留任务的伟大历程。照片上百姓们挂满笑容的面孔真实展示了人民翻身做主人、当家作主后的喜悦情感，说明了人民政权坚不可摧的根基所在。"数据表格"栏目最少，仅有8处，但都是在能反映历史关键时刻的重要数据。教材第六章第四节"抗日战争的中流砥柱"讲到党领导的全面抗战路线时，列出了一张"全民族抗战时期中国共产党领导的人民军队主要战绩统计（1937.9—1945.10）"的表格，其中非常细致地列出了在全面抗战的八年时间中，人民军队毙伤、俘虏、投降反正的日军、伪军各自的人数及总数，里面的人数精确到了个位数，显示出对数据真实性的重视，特别是里面投降反正的日军人数仅746人，符合日军士兵受武士道思想控制比较顽固的特点，也是二战时与日军交战各国军队的总体印象，也从侧面印证了数据的可靠性。这个数据表有力回应某些历史虚无主义者对人民军队的无端怀疑。一段时间以来，有些人特别是网络上某些群体对于人民军队抗战成果总是各种指责、怀疑，有好事者甚至编造出人民军队只消灭很少日军这样的无耻谎言，在青年学生中也造成了很坏的影响。此次教材用真实精准的数据说话，确实是一次及时的回击和正面教育。本章第五节"抗日战争的胜利及其意义"在讲到"中国人民抗日战争在世界反法西斯战争中的地位"时，也列出一个"中国战场1937—1945年抗击日军陆军兵力的情况"表格，可以和上一表格进行印证，同时，也从侧面承认了国民党军队在抗战中的作用与贡献，体现出对历史的尊重。

"德法"课教材中穿插的小栏目最丰富，类型多而且穿插频率高。类型一共包括"图说与图片""经典著作引文""资料拓展""问题明辨""数据表格"五种，绝大部分页面都有这些小栏目，十分引人瞩目。"图说与图片"形式最鲜活，总共40多处。其中广泛涉及了新中国各个时代的模范人物、世界史上影响较大的励志人物、不同时期的历史成就，甚至还为一些专门问题设计了漫画图片。教材第一章"领悟人生真谛 把握人生方向"第二节"正确的人生观"中讲到如何进行正确人生评价时，列出了新中国著名的劳动模范掏粪工人时传祥的历史图片，重点简要介绍他"宁愿一人脏，换来万人净"的高尚精神与人生贡献。他的事例广为流传，但在21世纪年轻人视野中仍是相对陌生的形象。通过了解这样一位了不起的劳动工人的故事，很好反映了教材所讲的"评价人生价值的根本尺度"要求，更可以引发年轻学生思考自身人生。教材第三章"明确价值要求 践行价值准则"的第二节"社会主义核心价值观的显著特征"在讲到"彰显人民至上的价值立场""因真实可信而具有强大的道义力量"时，列出了多张图片，分别展现了援鄂医疗队员陪同病人看夕阳、火神山医院建设的"中国速度"，时效性突出，读者们都是其中经历者，可以很快形成共情共鸣。"经典著作引文"数量极多，总共50多处。这些引文最大特点就是时效性突出，很多都是习近平最新的重要讲话摘录，与现实问题结合紧密。教材绪论"担当复兴大任 成就时代新人"讲到"时代新人"怎样立大志、担大任时，用中等篇幅列出习近平在新冠疫情抗击中的重要讲话，其中有对抗疫医务人员中的大量

"90 后""00 后"的表扬，特别强调"青年一代不怕苦、不畏难、不惧牺牲，用臂膀扛起如山的责任，展现出青春激昂的风采，展现出中华民族的希望!"①通过正在进行中的伟大抗疫斗争青年表现来凸显青年担大任的要求，契合实际，让青年学生感同身受，教育效果突出。绪论讲到道德与法律的关系时，也引用了习近平讲话，"法律是成文的道德，道德是内心的法律""法安天下，德润人心"②，这些表述都以简明、形象而又深刻的语言让读者很快把握住道德与法律的逻辑关系。"资料拓展"总共 30 多处，既有古今中外历史文化的介绍，也有重要范畴、观点的细致阐述，帮助读者增加对教材内容的理解。教材第一章第一节"人生观是对人生的总看法"中讲到"马克思主义关于人的本质的认识"时，特意列出了"历史上关于'人是什么'的代表性观点"，将古代中国著名的孟子性善论、荀子性恶论，古希腊柏拉图、亚里士多德，近代德国费尔巴哈等观点一一点出，在丰富读者历史视野的同时，也启发大家对此问题的思考。"问题明辨"数量不多，总共就 10 多处，但意义重大。其中都是对社会上较流行的错误观点进行辨析。教材本章第二节讲到"正确人生态度"时，以半页的篇幅列出来一个明辨问题"当代青年能否选择'躺平'"。在问题辨析中，教材既如实分析了"躺平"态度出现的原因及其中的争议之处，也站在年轻人成长的立场上阐明了对待"躺平"的应有态度。这一问题为教学提供了较大的展开空间。教材第二章"追求远大理想 坚定崇高信念"的第二节"坚定信仰信念信心"讲到"增强对中国特色社会主义的信念"内容时，也以半页篇幅来明辨问题"为什么说中国特色社会主义是社会主义而不是其他什么主义"。这里面也涉及了一个经常被人有意无意误导的问题。从 20 世纪 90 年代苏联解体和东欧剧变以来，国际上对于社会主义的探讨愈发陷入混乱，各色思想打着社会主义旗号鱼目混珠。这种混乱也不断传入国内，造成一定程度上的思想混乱。一些人出于各种不可告人的目的，故意歪曲解释"中国特色社会主义"的特征与内涵，其本质仍是攻击、否定我国的社会主义制度。本教材列出问题并予以科学解释很有必要。其内容从"领导制度""国体政体""意识形态""根本立场"各个方面论证了中国特色社会主义对科学社会主义基本原则的坚持和丰富发展。教材第六章第二节"坚持全面依法治国"讲到中国特色社会主义法治道路必须坚持"中国共产党领导"原则时，鲜明列出了明辨问题"为什么说'党大还是法大'是个伪命题"，非常具有现实意义和思想理论意义。一段时间以来，坊间

---

① 本书编写组.思想道德与法治［M］.北京：高等教育出版社，2023：5.
② 本书编写组.思想道德与法治［M］.北京：高等教育出版社，2023：9.

和学术界对于"党大还是法大"的问题讨论非常热烈，但限于理论水平及某些敌对势力的干扰，绝大部分讨论都根本没有触及问题的本质，而是陷入无休止的概念争论与思想困惑之中。不要说普通大学生、一般群众，即便一些马克思主义理论学界、法学界、政治学界学有专长的学者们往往都对此莫衷一是。此版教材将问题鲜明地摆出来，不仅显示出毫不回避的底气，而且确实在理论分析与现实探讨上将问题做了十分深入的解答。不仅揭露了问题本身"政治陷阱""伪命题"① 的属性，而且延伸到现实中"法大还是权大"② 的真命题，让读者彻底恍然大悟，也让在此问题上混淆视听者无处遁形。"数据表格"数量最少，共有 8 处，也都能起到将重要问题化繁为简的效果。教材"绪论"讲到时代新人如何"立大志"时，列出一张"新时代两步走战略"的表格，将 2020 至 2050 年我国社会主义现代化强国建设历程所划分的两个阶段的时间节点醒目列出，主要任务目标内容也从中一目了然。这就使得青年学生所立的"大志"，有实实在在、可以触摸到的内容，而不显得空泛。教材第六章"学习法治思想 提升法治素养"第二节在讲到"习近平法治思想的形成和意义"时，用 8 个方框并列组成的框架图将习近平法治思想的形成历程清晰列出，从中可以便捷把握思想的整个脉络。从 2014 年党的十八届四中全会到 2022 年党的二十大，8 年时间分成八个阶段，每个阶段取得的成果也历历在目，不仅让读者理清线索，而且通过这种立体化方式去把握思想历程，可以加深对其思想意义的领会。

二、思政课教材内容形式与教学魅力的对立性

高校思政课教材从整体上看，无论内容还是结构，都有其独到之处，与教学魅力存在着统一性，一定程度上有助于提升教学魅力。但是也不可否认，高校思政课教材与教学魅力客观上仍然存在着不小的对立方面，制约着教学魅力的持续提升，是需要通过教学创新予以解决的问题。

思政课教材与教学魅力的对立在教学内容与形式上都有所表现。从教材内容来看，主要体现在部分教材内容理论厚重、表达抽象、缺少鲜活案例等。从教材形式来看，主要体现在部分教材形式结构过于追求规范统一、灵活性不足等。如果我们将教材本身对教学魅力形成的制约困境的因素进行归类，可以将其统称为"原生困境"。

---

① 本书编写组 . 思想道德与法治［M］. 北京：高等教育出版社，2023：205.
② 本书编写组 . 思想道德与法治［M］. 北京：高等教育出版社，2023：205.

（一）教材内容与表达对教学魅力的制约

第一方面，教材对部分思想理论的阐述非常厚重、厚实，产生对本科思政课"深入浅出"教学要求的制约，影响教学魅力的发挥。从思想阐述来看，越厚重越显出理论的分量与水平。这种特点突出表现在，对某一熟知概念进行源远流长的理论追溯，对某一看似简单的概念进行十分繁复的剖析。但是，当要把这种厚重、厚实延伸到实际的教学之中，特别是延伸到本科生教学之中时就会遇到较大的制约障碍。一方面，大多数本科生尚无较多的理论积累，短时间内难以真正明白理论追溯的具体实质；另一方面，大多数本科生所习惯的思维仍是常识思维，无法真正理解简单概念背后那些繁复剖析的意义。"原理"课程教材第二章"实践与认识及其发展规律"第一节"实践与认识"在讲到"科学的实践观及其意义"的内容时，用了 4 页的篇幅展开较厚实的理论阐述。在"科学实践观的创立与发展"这一内容中，教材对马克思恩格斯以前的中外哲学对"实践"的探讨有所追溯。教材先列举中国古代哲学实践观的情况并指出其不足。中国哲学中曾经用"实行""行"来解释实践，但是这种"行"的范围比较狭窄，主要是指道德伦理行为。从思想论证来看，这样的探讨很有必要，但若用于教学中则魅力锐减。因为，当前社会对"实行""行"的理解与马克思主义所说的实践在内涵上基本上一致，这也是年轻大学生们头脑中已经形成的固有印象。现在却要告诉他们二者内涵不一致，这就已经让他们感到困惑。如果再进一步解释历史上对"行"的相对狭隘理解，则会加重困惑。脱离开对中国古代思想史、社会史的整体把握，要弄清中国古代哲学家所讲的"知行"之"行"的确切含义及其流传演变，弄清何以古代之"行"与马克思主义哲学所讲之"实践"存在着根本的差异，确实是有难度的。更何况，道德伦理行为即便在当今来看也仍然是与每个人生活息息相关的重要事项，在某些情形下恰恰是当代社会所严重缺乏、亟待加强的社会要求，把"行"界定于道德伦理行为范围内又何陋之有呢？相比之下，把"实践"范围扩大到物质生产实践方面，其先进性又如何鲜明体现呢？不把这些问题都讲解清楚，本课程这一内容的教学显然难以产生真正魅力；而要把这些问题都讲清楚，则教材内容又相对局限。其后，教材又列举了西方哲学史上典型的实践观及其缺陷。包括康德把实践当作理性先天的道德活动，黑格尔把实践当作主体自我实现的精神活动，费尔巴哈把实践与物质性活动相联系但又局限于日常生活活动。就教学来看，解释西方哲学史上的实践观比解释中国古代哲学实践观更棘手。中国古代的"知行"之说虽有复杂之处，但学习者多多少少对其有所了解，即使用生活常识去对接，也马马虎虎可以说得通。然而对于西方哲学史上这些"理性先天的道德活动"

"主体自我实现的精神活动"① 的说法,学习者几乎是闻所未闻的。费尔巴哈所说的仅局限于日常生活的实践观之内涵容易理解,但又显得太简单。要想真正把其中的含义说明白,估计必须把古希腊以来的西方哲学史进行清晰的梳理,这显然也超出了本门课程所能容纳的教学篇幅。更大的问题在于,即便说清了其中线索,再进一步弄清马克思恩格斯的"实践"究竟比之前这些人的实践观从什么方面完成了超越同样存在困难。主要原因还是在于,当代社会已经比古代、近代社会进步太多,大家总体上对于"实践"的重视与理解都远远超过了曾经的时代。经过了系统的中学文科学习的大学生们,对于"实践"内涵的理解更是达到了较高的程度,在这种情况下,如果仍然只是平铺直叙地阐述马克思恩格斯"实践"范畴超越唯心主义、超越旧唯物主义的思想史功绩,那么很难不给人以"老调重弹""故弄玄虚"的感受。后文中用四个方面介绍了"科学实践观的意义",内容同样极为庞杂。第一方面意义指出,"旧唯物主义没能科学地理解人类实践的本质,不懂得实践在社会生活和认识活动中的决定意义。与旧唯物主义不同,唯心主义抽象地发展了主体的能动方面,但它也不理解现实的感性活动对世界、对认识的根本意义。科学实践观克服了旧唯物主义的缺陷,批判并超越了唯心主义,实现了哲学史上的革命"。② 旧唯物主义究竟是在何种程度上没有科学理解人类实践的本质,很难用三言两语讲清,如同前文对费尔巴哈"实践"范畴的理解一样。对其过于简略的评价,容易让人觉得费尔巴哈等唯物主义哲学家思维水平低于常识。唯心主义为什么是"抽象地发展"了主体的能动方面同样不易理解,他们为什么不理解"现实的感性活动"的根本意义呢?唯心主义中有些派别不正是极端地相信个人感觉吗?相信感觉,为何又不理解"感性活动"?教材第三章"人类社会及其发展规律"第一节"人类社会的存在与发展"在讲到"人类普遍交往与世界历史的形成发展"时,也从较厚重的角度探讨了马克思恩格斯的交往思想。在"交往及其作用"中,教材站在唯物史观角度,对交往的定义、交往与社会生产力发展的关系、交往种类和交往对社会生活的影响都进行了比较详细的论述。学习者通过这些内容可以形成对交往的大体印象,但是问题在于,如何将教材所说的"交往"与学习者日常生活中的"交往"进行顺利对接。正常的成年人都肯定参与了大量日常交往,通过各种资料也很容易了解民族之间、国家之间的交往,何以这个非常普通的日常行为会在马克思主义哲学中上升到如此高的地位呢?这是大多数学

---

① 本书编写组. 马克思主义基本原理 [M]. 北京:高等教育出版社,2023:70.
② 本书编写组. 马克思主义基本原理 [M]. 北京:高等教育出版社,2023:72.

习者无法迅速理解的地方。这里面的反差就在于，马克思恩格斯所处的时代，世界各国交往还没有达到今天这样普遍的程度，很多国家、民族内部的交往也还处于较为初级的阶段，这种情形下马克思恩格斯强调交往、研究交往的意义就很突出。但缺乏对那个时代背景的把握，就很难对教材中所细致讲述的交往产生重视，或者说，即便在老师的强调下产生重视，也仍然带有"莫名其妙"的感觉。接下来教材讲到"世界历史的形成与发展"，这部分对学习者而言相对更能接受一些，毕竟大多数学习者凭常识能明白世界历史作为研究对象的高层次、复杂性，不会有"交往"所带来的那种"日常用语对接"的难题。但从教材内容展示来看，依然有过于厚重而减弱吸引力的问题，这主要在于对"世界历史"范畴的理解。凡是接受过中学教育的学习者，基本会形成"世界历史古已有之"的思维，因为中学历史教科书正是从古埃及、古希腊、古罗马这样一路讲下来的。而"原理"课教材却明确提出"在马克思、恩格斯看来，资本主义生产方式的发展和交往的普遍化推动了历史向世界历史的转变。人类历史向世界历史的转变是资本主义生产方式出现和向世界扩张的结果"。① 也就是说，在马克思恩格斯的理论中，人类社会在进入资本主义社会之前没有世界历史，只有国别历史和民族历史。教师在教学中让学习者彻底弄清并接受这一观点殊为不易。这同样涉及对人类历史学相关范畴的溯源、对马克思恩格斯所说的"世界历史"与资本主义世界市场关系的密切关联，否则即便把教材上的内容原原本本讲完，也无法消除学习者内心的疑惑。

第二方面，教材对部分思想理论的阐述过于抽象，产生对本科思政课"生动具体"教学要求的制约，影响教学魅力的发挥。"原理"课程教材第一章"世界的物质性及发展规律"第三节"唯物辩证法是认识世界和改造世界的根本方法"在讲到"辩证的逻辑思维方法"内容时，分别对"归纳与演绎""分析与综合""抽象与具体""逻辑与历史"四对范畴进行阐述。其中阐述"抽象与具体""逻辑与历史"两对范畴时，用语较为抽象。教材这样解释，所谓感性的具体，"是人的感觉器官所得到的生动而具体的知觉表象"②，这里面使用"知觉表象"来解释"感性具体"，符合西方近代认识论的术语，但对于学习者的理解习惯来看，则是起到相反的作用，把相对容易理解的词语变得抽象和难以理解了。"抽象是通过分析把整体分解成各个部分，区分开必然的、本质的方面和偶然的、现象的方面，从中抽取出各个必然的、本质的因素，以达到对具体事

---

① 本书编写组. 马克思主义基本原理 ［M］. 北京：高等教育出版社，2023：143.
② 本书编写组. 马克思主义基本原理 ［M］. 北京：高等教育出版社，2023：60.

物的某一本质方面的认识。"① 这就是从具体到抽象的过程。为什么"抽象"可以把事物的整体分解成各个部分，还可以将本质与现象、必然与偶然区分开来并抽取"必然、本质的因素"？这个过程仅从教材内容表述来看是语焉不详的，甚至表现出一定程度的随意性。"但是要真正达到对具体事物全面深刻的认识，还必须运用综合的方法，把对事物各方面的本质的认识联系起来，形成关于事物整体的统一的认识，使抽象的规定在思维的具体中再现出来。"② 这就是从抽象上升到具体。这种具体认识是多样性的统一，是事物自身各方面矛盾组成的对立统一的整体在思维中的再现。按照一般人的理解和教材之前内容的解释，思维相对来说是比较抽象的，那么，为什么又可以把事物的本质在"思维的具体中再现出来"。本来这段话是要解释清楚"抽象与具体"，特别是要解释清楚什么是"思维的具体"，结果却直接使用"思维的具体"来解释自己，缺乏相应哲学基础的学习者看到这一段，同样也是困惑满腹，颇感挠头。紧接着此段文字，教材又阐述了"逻辑与历史"这一对范畴。在上文尚未讲清"抽象与具体"的基础上，此段又将"逻辑与历史"的关系切入进来，很难不让人产生"横插一杠"的感觉。"辩证思维中的历史范畴，一是指客观实在自身的历史，二是指反映客观实在的认识的历史。逻辑这一范畴则是指概念由抽象到具体的运动，以及逻辑范畴之间的次序、关系等"。③ 在这里，教材又用了上文的"抽象与具体"来解释"逻辑"，是希望将唯物辩证法四对范畴之间存在的紧密联系表述清楚，想要体现出四者环环相扣、不可或缺的特点。但关键是，上文关于"抽象与具体"并未说清却又拿来作为证据，这难免让学习者感受到思维不顺畅。"逻辑的东西和历史的东西是辩证统一的。'历史从哪里开始，思想进程也应当从哪里开始，而思想进程的进一步发展不过是历史过程在抽象的、理论上前后一贯的形式上的反映'。"④ 这里引用马克思恩格斯的经典原文阐述逻辑与历史的统一性，形式上介绍了二者之间"基础"与"思维再现"的关系，但由于没有讲清何谓"逻辑"，所以学习者仍然存在着一个"何以如此"的困惑。换句话说，"逻辑"似乎只是马克思恩格斯为"思维再现"起的一个主观名字而已。"原理"课程教材第二章"实践与认识及其发展规律"第一节"实践与认识"讲到"旧唯物主义与辩证唯物主义对认识本质的对比"时，主要内容的

---

① 本书编写组 . 马克思主义基本原理 ［M］. 北京：高等教育出版社，2023：60.
② 本书编写组 . 马克思主义基本原理 ［M］. 北京：高等教育出版社，2023：60.
③ 本书编写组 . 马克思主义基本原理 ［M］. 北京：高等教育出版社，2023：60-61.
④ 本书编写组 . 马克思主义基本原理 ［M］. 北京：高等教育出版社，2023：61.

表述也比较抽象。教材介绍旧唯物主义的特点时，用"照镜子"概括其"感性直观"的特点准确生动，可以让学习者很快明白其中道理。但是在后面概括旧唯物主义认识论的两大缺陷中的"离开辩证法来考察认识问题"时却不能将"照镜子"这一生动形象进一步结合起来，留下困惑。教材指出，"二是不了解认识的辩证本性，离开辩证法来考察认识问题，因而把复杂的认识过程简单化，把活生生的认识运动凝固化，把多方面的认识要素片面化。最根本的是它看不到主观和客观之间的矛盾及其相互作用，没有把认识看作一个不断发展的过程，而是认为认识是一次性完成的"。① 如果将"照镜子"用到上面这段解释中去就会出现漏洞。为何"照镜子"就是"复杂的认识过程简单化""多方面的认识要素片面化"，为何"认为认识是一次性完成的"？如果用生活中照镜子来对照，显然照镜子可以照出复杂的东西，可以照出多方面的要素，更是可以反复照镜子，并非只是一次性的。可能教材考虑到这些问题，因而没有将"照镜子"说法拿到这里面来。但这是回避了问题，从讲清道理的要求来看，并没有解决问题。

第三方面，教材对部分知识细节的表达方式存在各种不足，产生对本科思政课"量体裁衣"教学要求的制约，影响教学魅力的发挥。这些表达方式的不足大体上包括表达过于重复、过于单薄简略和过于专业化、复杂化等。

教材对部分知识细节表达过于重复，其主要后果是带来学习疲倦效应，冲淡学生的阅读学习兴趣。"德法"课程的第一章第一节"人生观是对人生的总看法"中已经较为详细地论述了人生价值的主要内涵，并且明确强调了社会价值的决定性意义，"没有社会价值，人生的自我价值就无法存在"②。此处事实上已经在展开何谓正确的人生价值、如何进行正确人生价值评价的探讨了，或者说，这些内容讲清楚对学生来说，问题便已理解了。而在后面第二节"正确的人生观"中，又用了较大篇幅来阐述"高尚的人生追求""人生价值的评价与实现"，其中内容与第一节所讲的内容观点都是相似的。从教学角度看，对一个容易理解的问题反复叙说，显然会造成听者的疲倦。本课程第三章"继承优良传统 弘扬中国精神"在第一节"中国精神是兴国强国之魂"中讲到"实现中国梦必须弘扬中国精神"时，已经分别对"弘扬以爱国主义为核心的民族精神"和"弘扬以改革创新为核心的时代精神"做了比较详细的介绍，学习者在此处已然明白了"爱国主义""改革创新"的主要内涵，明确了做爱国者、做改革者的

---

① 本书编写组．马克思主义基本原理［M］．北京：高等教育出版社，2023：48.

② 本书编写组．思想道德与法治［M］．北京：高等教育出版社，2023：19.

主要要求。而本章第二节"做新时代的忠诚爱国者"和第三节"让改革创新成为青春远航的动力"内容中又用了更大量的内容来强调同样的两件事情。虽然从具体内容来看，第二节和第三节比第一节中的要求更丰富、更细致，但仍然不能减弱给学习者所带来的"重复表达"的消极效应。对于教学来看，也确实容易影响对同一个问题的连贯性讲述，减弱了教学魅力。"纲要"课程的第一章"进入近代后中华民族的磨难与抗争"与第二章"不同社会力量对国家出路的早期探索"、第三章"辛亥革命与君主专制制度的终结"在内容表达上有不少重复。第一章第二节"西方列强对中国的侵略"借助大量史实从军事侵略、政治控制、经济掠夺和文化渗透四个方面介绍了近代西方列强对中国的侵略与压榨，内容充实，说理有力。但是，一些著名史实与第二章内容发生断点式重复，减弱了整体的论证效果，也在某种程度上打乱了历史叙述脉络。教材在讲到军事侵略中的"侵占中国领土，划分势力范围"时，列举了1895年日本强迫清政府签订的《马关条约》，关于这一屈辱条约的前因后果则没有细说。到了本书第二章第二节"洋务运动的兴衰"中讲到洋务运动失败时，又将导致《马关条约》的前因——甲午战争一笔带过；到了第二章第三节"维新运动的兴起和夭折"时，再次强调戊戌维新运动与甲午战争惨败所导致的灾难性后果相关。同时，此处与第一章第四节"反侵略战争的失败与民族意识的觉醒"中所讲的"反侵略战争的失败及其原因"所涉及的清廷挪用海军军费为慈禧太后办生日庆典等腐败事情相关，也与"救亡图存和振兴中华"所涉及的中国人普遍的民族意识觉醒内容重复。第一章第二节还讲到了1898年德国强租胶州湾所引起的列强瓜分狂潮，这一事件同样与第二章所讲的戊戌维新运动关系密切，事实上这正是引起维新派上书光绪帝百日维新的直接导火索。第一章第三节"反抗外国武装侵略的斗争"中讲到"义和团运动与列强瓜分中国图谋的破产"以1900年八国联军侵华战争为主要内容，叙述了爱国军民拼死抵抗迫使侵略者打消瓜分中国念头的英勇历程，但略过了《辛丑条约》的签订及其产生的严重后续历史影响。直到第三章第一节"举起近代民族民主革命的旗帜"中讲到"辛亥革命爆发的历史条件"时，才又专门阐述这一重大事件所引起的民族危机、社会矛盾。

教材对部分知识细节表达过于单薄简略，其主要后果是带来学习懈怠效应，不能充分满足学习者的解惑需求。"原理"课程的第一章讲到"唯物辩证法"总特征之一的"联系"范畴，其特点总结为"客观性""普遍性""多样性""条件性"四个方面。这四个方面内容如果只看教材上的文字叙述是比较单薄的。对于已经成年的大学生来讲，他们完全可以凭生活常识瞬间明白其中含义，这就难免会产生对教材内容的轻视与忽略，进而只是表面知道了某些表述，实际上没有真正把握"联系"范畴的哲学内涵，没有理解"联系"作为"唯物辩证法"总特征的重要地位，特别是在生活工作中仍然因为把相关道理抛诸脑后而犯错误。在讲到"发展"范畴时也存在过于简略的类似问题，当然其所带给学生的感受与"联系"相反。如果说阐述"联系"时由于内容单薄容易让学生忽略，则阐述"发展"时由于内容简略让学生感到困惑。虽然教材提到了发展的实质是"新事物的产生和旧事物的灭亡"，但没有进一步对"灭亡"这一关键性哲学范畴进行解读，同学们看过之后，往往还是用日常思维去理解"灭亡"，把"灭亡"简单等同于"死亡""灭绝"。这就导致对后文所讲的新事物代替旧事物那种"灭亡"时陷入困惑，特别是在之后的第三目中讲到"否定之否定规律"的灭亡时更加感到不可理解。"德法"课程教材第六章"学习法治思想 提升法治素养"的第一节"社会主义法律的特征和运行"在讲到"我国社会主义法律的本质特征"时，列举了中国特色社会主义法律体系的构成内容，用拓展内容展示了"以宪法为核心，以宪法相关法、民法商法、行政法、经济法、环境资源法、社会法、军事法、刑法、诉讼与非诉讼程序法等多个法律部门的法律为主干，由法律、行政法规、地方性法规等多个层次的法律规范构成的有机统一整体"①，这个安排很必要也很形象，但存在的问题就是过于简略。整个教材内容除了对宪法有较详细介绍之外，对于其他的法律部门几乎没有再介绍，包括广义法律的几种形式也没有过多介绍。这就使得对非法学专业的学生、课外没有过多法律知识的学生对此难以真正看懂。各种内涵丰富、具有现实意义的法律在学习者心中仍然仅以模糊的概念的形式存在，并不能在他们思想中形成太深刻的印象。与此相应，在本章内容的第四节"自觉尊法学法守法用法"讲到"不断提升法治素养"时，也用了几个词语介绍了如何维护自身权利的手段："如自力救济、协商、和解、调解、仲裁、诉讼等"②。毫无疑问，这几种手段是现实中常见的、非常有意义的法律手段，但是仅仅把名称列出来却没有相应的解释，那么这些手段对学生所产生的吸引力和实际价值显然也会大打折扣。如果学习者对于一些主要法律范畴没有真正明白，对主要的法律手段没有真正弄懂，那么他们在此基础上所形成的法治意识也仍只是泛泛之论，很难成为指导实际行动的真正原则。

教材对部分知识细节表达过于专业化复杂化，其主要后果是带来学习畏难

---

① 本书编写组．思想道德与法治［M］．北京：高等教育出版社，2023：194.
② 本书编写组．思想道德与法治［M］．北京：高等教育出版社，2023：250.

效应，容易打击学习者的学习信心。大篇幅过于复杂和专业化的知识积聚在学习者面前，使得非专业同学很难在短时间内领会繁复的含义，学习信心受挫，甚至失去对学习的兴趣。"纲要"课程教材中第十章"中国特色社会主义进入新时代"中有很多内容带有极强的专业性。第一节"开拓中国特色社会主义更为广阔的发展前景"的第三目中讲到"经济新常态"这一问题，其中就用了一句"经济结构从增量扩能为主转向调整存量、做优增量并举的深度调整"①，这一连串的经济学术语展现在读者面前，会让读者感到晦涩难懂，特别是许多同学缺少经济学基础、缺乏对日常经济形势热点关注，更是感到不知所云，甚至望而生畏。一些表述的政策性极强，下文讲到"深化供给侧结构性改革"内容中列举了"去产能、去库存、去杠杆、降成本、补短板"五条具体措施，每条措施事实上都是一个"政策工具包"，显然是面对实际发展中的困难所提出的针对性措施。但青年学生没有从事实际工作的经验，无法切身理解每条措施的实际效用，把握不了措施之间的内在关联。这些政策究竟是什么意思，有何必要性、可能性，读者几乎是一头雾水。

（二）教材形式结构对教学魅力的制约

从教材形式结构来看，思政课各门课程的教材以其严谨均衡的特点已然对增强教学魅力产生了积极作用。但也毋庸讳言，各门课程教材出于各种原因，在形式结构上也仍然存在着制约教学魅力的因素。然而，当我们来仔细审视某些部分的章节安排与内容的匹配度时，特别是与实际的教学要求相对应时则会发现一些缺憾。

第一方面，部分教材章节安排在追求形式规范方面略有"过度"，一定程度上牺牲了理论内容的连贯性、整体性，也对教学中魅力的发挥形成困扰。"原理"课程教材的前三章都是马克思主义哲学部分的内容。从长期以来的经典划分规则来看，进一步划分为唯物辩证法、实践认识论和唯物史观的板块也是科学合理的。教材以此划分并安排三章节次同样颇费心思。为了达到三章节次的结构统一，教材给前三章均分配了三节，看上去确实较为整齐规范。但事实上这些形式结构的统一在某种意义上是牺牲了内容的整体性的。教材第一章第三节"唯物辩证法是认识世界和改造世界的根本方法"与第二章第三节"认识世界和改造世界"明显在叙述逻辑上出现了瑕疵。从事情的先后来讲，应该是先明白"认识世界与改造世界"，再来讨论"认识世界与改造世界的根本方法"才更顺畅。教材的安排则恰恰与此相反。此外，教材第一章第二章的第三节都

---

① 本书编写组．中国近现代史纲要［M］．北京：高等教育出版社，2023：319．

带有总结性质，属于归纳方法论的做法。但教材第三章"人类社会及其发展规律"的第三节"人民群众在历史发展中的作用"却并没有进行这种总结，与前两章在内容上产生反差，同时，也使得第三章内容从结构上看没有叙述完整。我们推测造成这种缺憾的原因，很显然与过度追求三章结构形式整齐统一有关，即要将前三章都安排成三节内容。如果跳出这一要求来看，本教材前三章的内容是可以调整得更为顺畅的。比如，前两章均删去第三节，保留两节来集中阐述各自板块的主要原理。到了第三章再统一安排一个第四节，集中阐述马克思主义哲学所体现的各类方法论。甚至可以更灵活一些，在第三章后面设置一个单独的"小结"性部分，集中阐述方法论，效果会比目前这样的安排显得更合理。

　　"原理"课程教材第四章与第五章也存在类似问题。这两章整体上可以划分为马克思主义政治经济学板块，主要内容都与资本主义的必然灭亡命运密切相关。如果说从理论阐述更合理的角度来看，应该是把资本主义经济基础和上层建筑分开来阐述，再通过分析二者辩证关系揭开资本主义社会各种现象背后的本质与秘密，合理总结把握其历史趋势与命运。但是教材在安排第四章的节次时，为了让第四章与第五章乃至前面各章保持相同"三节"这个相对稳定的结构，将两章都设置为三个节次。这里面第四章的第三节"资本主义上层建筑"的内容就与整个叙述逻辑产生了不协调。因为第四章第一节"商品经济和价值规律"、第二节"资本主义经济制度"都是在讲资本主义的经济基础，第三节的主要内容属于资本主义上层建筑。紧接着后面第五章第一节"垄断资本主义的形成与发展"主要内容又是经济基础的内容。按目前的布置，就造成了一个关于资本主义经济基础叙述的"断点"，也就是在没有完全讲完资本主义经济基础相关内容的情况下，"插叙"了资本主义上层建筑的内容。虽然这样做也不失为一种叙述思路，但相比而言，并非最佳选择，不利于学习者获得一个相对顺畅的线索，更不利于教师从宏观、整体的角度来把握这一部分的教学思路。

　　第二方面，教材部分章节形式结构缺少相应的灵活性，没有完全做到形式服务于内容的要求，也对教学魅力产生消极影响。"原理"课程教材第一章"世界的物质性及发展规律"第一节"世界的多样性与物质统一性"分为三个目展开，分别是"一、物质及其存在方式""二、物质与意识的辩证关系"和"三、世界的物质统一性"。从形式上看，三目的排列很整齐，标题也很完满，从"物质"讲到"物质与意识"，再讲到总结性的"世界统一于物质"。但仔细审视其中的课程内容，则发现了存在一些不足。这就是在第一目"物质及其存在方式"内容的最前面，事实上并没有讲标题所表示的内容，而是在讲"哲学基本问题"。这个内容属于整个马克思主义哲学部分的总括性阐释，理论上讲应该可以包含前三章的全部内容。但现在却单独放在了第一章第一节的第一目当中，整个知识点的地位大大下降。而且，由于这个部分在第一目下面并没有被纳入知识序号中，所以只是以一种"前缀"的形式放在了"（一）哲学的物质范畴"之前，用了一页的篇幅简单进行了介绍。这就不仅是地位下降的问题，而且导致问题的内容本身也没有展示清楚。具体来看，这部分以"前缀"存在的内容十分单薄，存在着三个重大缺陷。一是"哲学"概念讲的太少，只是简单地分析了哲学的定义，而对于哲学定义中的关键范畴"世界观"一句话带过。对哲学起源、发展历程等十分必要的内容只字未提，没有让读者建立起一个立体、综合、丰富的"哲学"形象。二是"哲学基本问题"介绍太简单。除了把问题本身及其包含的内容概括进行介绍之外，对于其中更深层的含义完全没有展开。让读者难以理解为什么这是"基本问题"。三是对哲学派别分析过于粗疏。教材只是根据哲学基本问题简要说明了"唯物主义"唯心主义"可知论""不可知论"的区分，对于大家惯常熟悉的哲学派别"三个对子"都没有说完整，"辩证法""形而上学"的对立完全没有提。而对于所提到的哲学派别，除了"唯物主义"派别在接下来的后文中会讲到所以可以粗略介绍之外，对于"唯心主义"这一十分庞大的阵营也完全没有分析。对于"可知论""不可知论"也几乎没有分析。虽然可以说，这样安排是给教师讲授留下足够的空间，但是放置尴尬的教材位置和太过粗疏的内容也增加了教师讲授的负担。某种意义上讲，教材上完全不提的内容，总会给学生一种"可以忽略"的印象，即便教师着重强调也难以完全扭转。和整本教材安排对照来看，"哲学及其基本问题"之所以这样编排，一个很大因素就是为了形式的统一性。因为其后的各章节都没有这种单独放置在开头的内容。但是如果考虑到马克思主义哲学部分的特殊性质和重要性，确实应该将"哲学及其基本问题"相关内容安排一个相对独立的内容单位。这样安排虽然打破了形式上的某些规范，但符合教学内容的需要，既可以将"哲学及其基本问题"的知识地位凸显出来，将其中内容阐释得更清晰，最关键的是为后文的马克思主义哲学全部内容奠定基础。"德法"课教材的第一章"领悟人生真谛 把握人生方向"分成三节展开，分别是"第一节 人生观是对人生的总看法""第二节 正确的人生观""第三节 创造有意义的人生"，此一安排明显是和其他章节相呼应，大体上遵循了一个"第一节讲基本概念""第二节讲正确理论""第三节讲如何实践"的思路，形式上也很统一。但是这一安排具体到本章内容来看却存在瑕疵。原因在于"人生观"与其他范畴不同，当人们在讲"人生观"时不可能撇开正确、错误来单独讲某种"人生观"。但凡讲

"人生观"肯定就同时要讲"正确人生观"并批判"错误人生观"。这一内容要求在当前的章节安排下就被拆散了。教师们按照当前教材的节、目来讲授时就面临两难：要么按照教材顺序讲，这就使得讲授第一节时缩手缩脚，只能浮在单纯的理论层面讲"人生"相关内容，却不能深入展开赞誉与批评；要么不按照教材讲，在第一节讲授"人生观"基本内容时便大开大合地表彰正确人生观、批判错误人生观，但这样的话，教材第二节乃至第三节中的部分内容就将被略过，显得十分多余了。因而，这里显然也是一种为了各章节形式的统一性、规范性而牺牲了内容讲授要求的缺陷。

第二节　教学管理设计对思政课教学魅力提升的影响制约

教育部在 2021 年印发了《高等学校思想政治理论课建设标准（2021 年本）》（以下简称《建设标准》），里面专门用管理制度、课程设置、教材使用、课堂教学、实践教学、改革创新和教学成果 7 个二级指标 12 个三级指标方面较详细规定了高校思政课"教学管理"方面的要求。但结合许多高校的教学管理实际来看，其中有很多方面仍然存在着影响制约高校思政课教学魅力提升的因素。这些因素可以大体概括为课程设置方面制约影响因素、课堂教学方面制约影响因素和实践教学方面制约影响因素三个主要的方面。

一、课程设置方面制约影响因素

从课程设置方面的要求来看，《建设标准》主要包含两个三级指标，分别涉及思政课必修课和思政课选修课。

思政课必修课的要求主要针对课程、学分及课堂教学学时有明确要求，"按照中央确定的最新方案，落实课程和学分及对应的课堂教学学时，无挪用或减少课时的情况"。① 按照这里的表述，我们主要体会到的是中央对思政课课程、学分及课堂学时的重视，从原则性程度强调了严格落实的不可违抗性。但要进一步弄清具体的量化标准，就需要联系之前国家颁布的相关条款来看。在这方面，最权威的文件莫过于 2005 年由中宣部和教育部联合发布的《〈中共中央宣传部教育部关于进一步加强和改进高等学校思想政治理论课的意见〉实施方案》

---

① 教育部．高等学校思想政治理论课建设标准（2021 年本）[EB/OL]．中国政府网，2021 -11-30.

（以下简称"05 方案"）。时隔 17 年，"05 方案"所涉及的某些具体表述已经发生了巨大变化，但是里面的主干要求仍然是我们今天的思政课教学必须遵循的准则。从这个意义上看，《建设标准》事实上就是强调要高校按照"05 方案"的细化标准落实思政课教学各方面规定。

　　"05 方案"以学分为量化标准对高校本科生和专科生的思政必修课学习提出了具体要求。其中，高校本科生的"原理"课要修 3 学分、"概论"课要修 6 学分、"纲要"课要修 2 学分、"德法"课要修 3 学分。高校专科生"概论"课要修 4 学分、"德法"课要修 3 学分。对照这一要求，课题组调研考察了华中地区、华北地区、东北地区、华东地区、西南地区和华南地区的 48 所高校（其中部属本科院校 6 所，省属本科院校 30 所，民办本科院校 8 所，专科院校 4 所）。总体上看，各高校都达到了高校思政课四门主干课程的学分要求，但是学时安排不尽相同。具体来看每门课的学时，大概都分为一多一少两个区间段。"原理"课安排 54 学时的高校占比最高，达到 68.75%；安排 36 学时的高校其次，约 22.91%。"概论"课安排 72 学时的高校占比最高，达到 62.5%；安排 96 学时的高校其次，约 20.8%。"纲要"课安排 54 学时的高校占比最高，达到 58.33%；安排 36 学时的高校其次，达到 37.5%。"德法"课安排 54 学时的高校占比最高，达到 62.5%；安排 36 学时的高校其次，达到 37.5%（见表 1）。

表 1　高校思政课学时数情况

学时数	"原理"课	"概论"课	"德法"课	"纲要"课
36	11 所高校	0	18 所高校	18 所高校
54	33 所高校	0	30 所高校	28 所高校
72	1 所高校	30 所高校	0	0
96	0	10 所高校	0	0
其他	3 所高校	8 所高校	0	2 所高校
总计	48 所高校	48 所高校	48 所高校	48 所高校

　　结合与教师们的具体访谈，可以发现里面有两个主要问题。第一，高校对于"学分"对应的学时要求差异较大。以"原理"课为例，多数高校是以 1 学分对应 18 学时来设置，所以这门课课堂教学就是 54 学时。少数学校则是以 1 学分对应 12 学时来设置，将这门课的课堂教学定为 36 学时。其他各门课也是类

似情形。一般而言，从高等教育多样化、特色发展的客观需求来看，各高校对于学分和学时的对应问题可以根据各自特点来自主决定，这是有利于高校发展的一个重要做法。但是，当这一做法运用到高校思政课上之后，就出现了问题。因为全国各个类型的高校使用的完全一样的思政课教材和基本相同的教学大纲，教学方案在大的框架上也基本是一致的。以此类推，各高校在高校思政课特别是四门主干必修课的学时方面也要大体一致才合理。否则，就会出现"两难"的问题。以上文所列"原理"课来看，同样的教材、相似的教学大纲，一部分高校设置 54 学时，一部分高校是 36 学时，这里面的"两难"就表现在，要么是用 54 学时上这门课的高校浪费了时间，要么就是 36 学时上这门课的学校缩减了教学内容。无论是哪一部分出了问题，都造成了高校整体上不"达标"。第二，各门课程在教学中很难做好合理的学时分配。从课题组采访的情况来看，"原理"课与"概论"课教师普遍反映目前的学时在教学时很难合理分配。马克思主义基本原理主要包括马克思主义哲学、马克思主义政治经济学和科学社会主义三个板块。按照大多数高校 54 学时的总课堂教学学时来看，老师们一般能将马克思主义哲学部分，也就是教材的绪论和前三章内容讲的相对较为全面，而对于马克思主义政治经济学部分也就是教材的第四章和第五章则讲得相对简略，至于科学社会主义部分也就是教材的最后两章更是只能粗略讲解了。而那些按照 36 学时来教学的高校，则几乎连马克思主义哲学部分也讲不完整，大概能把第二章内容讲完，后面的更多就是采取自学方式了。"概论"课的学时相对较多，老师们反映基本可以做到每一章都讲到，但问题在于很多重要内容就缺乏展开时间。

思政课选修课，"建设标准"的要求内容反而更多一点，"积极创造条件开设本科生和研究生层次思想政治理论课选修课。要重点围绕习近平新时代中国特色社会主义思想，党史、新中国史、改革开放史、社会主义发展史，宪法法律，中华优秀传统文化等设定课程模块，开设系列选择性必修课程"。① 之所以此标准对选修课的要求内容相对细致，很大原因在于和"05 方案"的相互补充。因为在"05 方案"中对于思政课选修课着墨很少，当时的学界也都还没有重视选修课问题。而 17 年后的今天不管是世情、国情还是学情都发生了很大变化，思政课选修课早已如雨后春笋般处处生长，确实到了一个需要激励推动的时期。从课题组对调查的学校来看，有 40 所高校已经开设了相关的思政课选修

---

① 教育部. 高等学校思想政治理论课建设标准（2021 年本）［EB/OL］. 中国政府网，2021-11-30.

课，占比为 83.3%，其他的高校也在着手进行之中。特别是以入选"'一省一策思政课'集体行动任务清单（2020—2022 年）"的一批高校为代表，在国家和地方鼓励下，结合各自特色，将高校思政课选修课的开设工作做得较为出色。这里面，湖北省高校群体尤为值得注意。他们以"当代中国""深度中国""生命长江"等课程为代表，打造了"'新时代中国'思政课选择性必修课程体系建设"，一共有 19 所高校参与其中，涵盖教育部所属高校、省属高校和职业技术学院等各个层次高校，数量最多、覆盖面最大，影响力非同寻常。通过与相关高校相关课程负责人、课程团队成员访谈，既能从中收获到很多提升高校思政课教学魅力的经验，但也能明显感受到其中的压力和遇到的瓶颈问题。大体上可以从纵向和横向两方面来把握。所谓纵向上的问题，就在于这些"火爆"的思政课选修课如何保持热度，持续发展下去的问题。许多老师们表示，思政课选修课在前一段时间的"火爆"主要在于以新颖方式、新颖内容吸引学生。同学们过去没有接触到类似的课程内容与方式，自然而然产生了新鲜感、"神秘感"和聚集效应。但是，随着这些选修课开设时间越来越长，大家对上课模式越来越熟悉，内容也越来越可预测，那么，课程原先的那种新鲜感逐渐就会减弱，"火爆"状态会呈现下降趋势。所谓横向上的问题，就在于思政课选修课上取得的成功经验，如何铺展开带动其他思政课必修课更好发展的问题。通过对多门影响力较大、甚至获得过国家级"金课"的思政课选修课的深入了解，思政课选修课的一些共性的成功经验已得到了较为充分的总结。这些经验主要包括且不限于教学内容相对开放、教学话题聚焦热点、教学话语通俗活泼、教学形式不断更新等，特别是课堂互动方面创新很多。从师生互动、生生互动到师师互动，不断尝试，即时投票、"弹幕"等互联网教学技术大量使用，"一课多师""多师同堂"的形式也成为常态化。但是，当这些经验运用到思政课必修课上时，就会遇到不同层次的障碍。从教学内容上来说，思政课必修课的内容是相对固定的，最起码不能脱离教材体系，这就使得内容选择上达不到选修课那种自由度；从教学话题来说，思政课必修课可以适当聚焦社会热点，但仍必须注意与教材教学体系保持一致，这实际上也缩小了热点的可选择范围；从教学话语来看，通俗活泼的特点可以较好"移植"，但是囿于教学内容和教学话题的限制，在表现状态上很难达到与选修课等量齐观的程度；从教学形式来看，互联网技术的使用最具有适应性，已经在大量思政课必修课上采用了，但是对于更有创造性的"一课多师""多师同堂"形式就几乎没有办法应用了。这些障碍的存在很大程度上削弱了思政课选修课对于整个思政课教学水平、教学魅力提高的意义。在调查中还发现一种让人忧虑的情形，那就是思政课选修课的效果与思政课必修课的效果之间出现了若隐若现的"对立"倾向。部分同学会因为思政课选修课的效果的新颖独特而提高对整个思政课必修课的要求。一旦发现思政课必修课达不到那种理想效果，就会"反向"看低思政课必修课的地位。

二、课堂教学方面制约影响因素

从课堂教学方面的要求来看，《建设标准》主要包含 2 个三级指标，分别涉及课堂教学规模和课堂教学时间。

《建设标准》对思政课的课堂教学规模要求较为细致，具体到人数和班型，"课堂规模一般不超过 100 人，推行中班教学，倡导中班上课、小班研学讨论的教学模式"。① 以此来看，大部分被调查的高校基本符合这一要求。具体而言，在被调查的 48 所高校中，思政课课堂规模以"50～100 人"为主的高校占78.95%，带有较大的优势。但是，问题也不能不重视。一方面，根据我们访谈得知，这些高校中所安排的思政课课堂规模虽然基本符合"不超过 100 人"的要求，但是离"中班教学"还差得很远，"小班研学讨论"的规模就更稀少了。同时，被调查高校中仍然有 21.05% 的高校其思政课课堂规模以"100～150 人"为主，这就未能达到《建设标准》的基本要求。在调查中，我们还进一步发现与课堂教学规模相关的影响教学效果的其他因素，主要就是课堂学生结构问题。这个问题实质上关系到不同专业的学生理论基础差异状况，处理不好就无法分类别、分层次教学。被调查高校中，90.48% 的高校采取了"理工学科专业学生和文史学科专业学生相对集中编班"的做法，从宏观层面来看，这是较为合理的做法。但这里面的难点问题仍没有得到完全解决。一方面，虽然学生班级按照理工、文史的大方向进行了"归类"，但是教师队伍没有进行相应的归类。也就是说，没有将教师队伍按照理工、文史的大方向进行集中编排。这样一来，就出现理工科专业集中的班级和文史科专业的班级是同一位老师在上同一门课。老师并没有严格根据学生的情况进行针对性的教学调整，这就使得课程内容的区分度没有最大化的显现出来。同一个知识点、同一个层次、同一种讲法的情况大量存在，于是乎，理工科专业学生"听不懂"和文史科专业学生"听不够"的两难问题仍然存在。另一方面，部分经济学、法学、管理学下属的专业是"文理兼收"类型，这就使得集中编班的做法在这些专业面前几乎失效了。不管怎么集中编班，一个课堂上仍然是理工科学生和文史科学生混杂的状况，

---

① 教育部. 高等学校思想政治理论课建设标准（2021 年本）［EB/OL］. 中国政府网，2021-11-30.

让教师在实际教学中殊难针对性调整。高校学生的学科背景除了理工、文史两大类之外，还有人数不多但更特殊的艺术、体育专业学生，事实上也需要合理对待。但被调查学校中只有19.5%的高校实行了"艺术体育专业学生集中编班"。也就是说，大多数高校将艺术、体育生混合到其他文史和理工学科中去了，艺术、体育学生的特殊性没有得到充分考虑。更难让人满意的是，被调查学校中仍有10%左右的高校是"各专业随意混编"，这就让问题更加复杂、更加难以解决了。

《建设标准》对思政课的课堂教学时间要求相对比较笼统，强调"合理安排课堂教学时间"①。结合高校思政课实际上课情况，教务部门对课堂教学时间的安排可以更细化为上课时段的分配、上课节次安排及上课频率安排等方面。上课时段分配主要是指教务部门怎样在思政课与专业课、选修课等类型课程中进行大的时段划分。被调查学校中有66.67%的高校是"教务部门相对集中安排"的做法，也就是说，在一周内、一天之内，相对集中地在某些时间段安排高校思政课。按照一周来看，学校的选择不尽相同，有的是五天都有，有的集中在周一至周四，有的集中在周三至周五，不一而足。按照一天之内的时间来看，各校选择同样自主性很大，有的学校选择上午为主、有的学校选择下午为主、有的学校选择晚上为主。应该说，这些细节的差距妨碍不大，只要能"相对集中安排"时间段就较为科学合理。被调查学校中有19.05%的高校是"教务部门与教师协商安排"的做法，这就更加有利。这种做法充分考虑到各方面因素。首先，教师的意见得到充分尊重。教师长期处于教学一线，他们既清楚自身在什么时间段授课是更好的状态，更清楚学生们在什么样的时间段听课更有效率，甚至于说对什么专业学生在什么时间段授课效果更佳。其次，教务部门服务教学的功能得到更充分发挥。排课是教务部门的权力，但这个权力的目的不仅仅是把任务排下去让老师遵守，更不是通过排课权力显示自身的权威，而是要通过排课更合理地满足学生高质量学习、教师高质量教学的需求。教务部门在与教师协商中安排高校思政课，就是教务部门把这种为教学服务功能理想发挥的典范。被调查学校中还有14.29%的高校是"教务部门随意安排"的做法，这就是最不利的情形。且不说这里面有没有教务部门权力"任性"的因素，最起码是没有把排课当成审慎、科学的工作来对待，违背了《建设标准》中"合理安排课堂教学时间"的原则性要求。上课节次安排是指教务处安排高校思政课采

---

① 教育部.高等学校思想政治理论课建设标准（2021年本）［EB/OL］.中国政府网，2021-11-30.

取"两节连排""三节连排"还是其他的方式。访谈中我们得知,各高校基本采取的是两种连排方式同时并用的做法,特别是针对课时较多的"原理"课、"概论"课,"三节连排"的情形较多。这里面的问题就是同一个老师要做到统一连排的问题。否则,老师在上课时就不得不面临两种进度,"两节连排""三节连排"教学进度差异较大,连带着上课节奏也产生差异,不利于整体教学效果提升。上课频率安排是指教务部门安排高校思政课在一周内的上课频率、上课强度。被调查的高校都存在上课频率和强度较大的问题。按照一周来看,教师们课时集中在 12 至 18 节课时之间;按照一学期来看,教师们课时处于 200 节至 300 节之间。这种强度远远大于一般高校教师的教学强度,整体上是不利于教学质量打磨和提升的。不同的是,部分高校的高强度有学期的区别,有的是秋季学期强度大,有的是春季学期强度大,这就稍微留给教师们一些改善的空间。

三、实践教学方面制约影响因素

从思政课实践教学方面的要求来看,《建设标准》主要包含 1 个三级指标,涉及实践教学计划及学生覆盖的问题。

就教学计划而言,《建设标准》指出,"实践教学纳入教学计划,统筹思想政治理论课各门课的实践教学,落实学分(本科 2 学分,专科 1 学分)、教学内容、指导教师和专项经费"①。从调查的总体情况来看,所有高校都落实了思政课的实践教学,纳入了教学计划、专项经费。落实的具体细节则各有不同。首先是关于思政课实践教学的统筹问题。被调查学校中有 80.95% 的高校是"每门课单独开设实践教学"的做法,有 19.05% 的高校"四门主干课程合并开设实践教学"的做法。这两个数据的差异也刚好反映了思政课实践教学统筹中的一个主要的难点,怎样更合理地落实实践教学计划要求。从更精确反映每门课的内容特色来看,"每门课单独开设实践教学"是合适的做法,这也正是大多数高校选择这种方式的主要原因。但是,这一做法的弊端在于,学分的分配不太方便。因为整个实践教学一共只有 2 学分,如果四门主干课都开始实践教学,则相当于每门课是 0.5 学分,这对于学生修习学分来讲有些不太方便。反之,从学生获得学分的一般原则来看,四门主干课合并开设实践教学更有利,这样相当于学生另外修一门课,获得 2 学分,计算方式也比较方便。但这样的弊端在于,

---

① 教育部. 高等学校思想政治理论课建设标准(2021 年本)[EB/OL]. 中国政府网, 2021-11-30.

实践教学内容无法更精准地反映每一门主干课的特色。其次是教学内容的问题。调查显示，"课堂内学生讲课、演讲等形式"和"开展校园内的课外活动"是各高校普遍采取的最主要的实践教学做法，分别占比 85.71% 和 71.43%。原因显然在于，以上活动是在校园内开展，相对比较容易。对比来看，"学生平时到校外自己参观访问、社会服务等"占比为 52.38%、"暑期社会实践、调查等"占比为 47.62%，这些实践教学要到校外开展，困难更多。这里面也存在一个难点，这就是实践教学效果和实践教学开展难度之间的差距。从对学校师生的访谈中得知，更有意义和更有创新性的形式是到课堂外、校园外的实践，但是这些实践开展难度较大；更容易开展的形式是在课堂内举行活动，但是学生的体验感不太好，一门课这样做还有点吸引力，许多门课都这样做，学生就会感到单调无味，甚至没有起到太多"实践"的效果，而是变换了形式的课堂教学。

就学生覆盖面而言，《建设标准》指出，"实践教学覆盖全体学生，建立相对稳定的校外实践教学基地"。① 调查总体情况显示，各高校都能做到实践教学覆盖全体学生，都在逐步建立相对稳定的校外实践教学基地。进一步访谈可知，现在大家还处于完成基本动作的阶段，如何加强创新、强化实践教学效果、发挥实践教学优势仍在摸索之中。从数据来看，大多数高校能够覆盖全体学生的实践教学基本还是相对传统的课堂内、校园内活动。71.43% 的高校覆盖全体学生的实践教学形式是"课堂内学生讲课、演讲等形式"，57.41% 的高校覆盖全体学生的实践教学形式是"开展校园内的课外活动"。一旦离开学校，实践教学覆盖面就下降了。其中，42.86% 的高校能做到"学生平时到校外自己参观访问、社会服务等"全覆盖，19.05% 能做到"暑期社会实践、调查等"对学生的全覆盖。进一步具体访谈则发现其中还有问题。一方面，"学生平时到校外自己参观访问、社会服务等"这种形式的覆盖并非由学校统一组织，采取的方式是借助学生社团活动、主题团日活动让学生自己去组织，更多的是让学生自己随机找时间去开展活动。"暑期社会实践、调查"更是只有少数同学是和老师一起参与，绝大多数同学是自己利用暑期开展的活动。这样做的好处是机动灵活，形式多样，弊端在于"教学"的属性有所淡化。严格地说，思政课"实践教学"虽然强调了"实践"要求，但落脚点还是"教学"。如果教师完全没有参与，那么"教学"这一块的效果肯定是有所缺失的。另一方面，能做到"暑期

---

① 教育部. 高等学校思想政治理论课建设标准（2021 年本）［EB/OL］. 中国政府网，2021-11-30.

社会实践、调查"实践教学覆盖全体学生的高校主要是省属高校、民办高校和高职高专高校，部属高校基本都做不到这一点。这里面的原因在于，能将"暑期社会实践、调查"实践教学覆盖全体学生的高校多是偏应用型的高校，这些高校学生学习过程中本身就有大量暑期实习见习活动，学校很大程度上是将学生的暑期实习、见习与实践教学合并展开，这才能做到全覆盖。这样来看，他们的实践教学将"校园外""全覆盖"的要求都满足了，但是恰恰没有充分满足思政课特有的教学要求。

第三节　教师自身素养对提升思政课教学魅力的影响制约

教育部在 2021 年印发的《建设标准》中对教师本身也有专门要求。用政治方向、师德师风、教师选配、培养培训、职务评聘、经济待遇和表彰评优 7 个二级指标 14 个三级指标方面较详细规定了高校思政课"队伍管理"方面的要求。从高校思政课教学魅力提升的角度来看，这其中有许多内容是密切相关的。结合许多高校教师的实际来看，其中有很多方面也存在着影响制约高校思政课教学魅力提升的因素。这些因素可以大体概括为思政课教师队伍数量及结构、思政课教师自身知识素养储备和教师教学技能提升三个主要的方面。

一、思政课教师队伍数量及结构因素

《建设标准》中关于思政课教师"队伍管理"方面的 7 个二级指标中，"教师选配"指标包含有 4 个三级指标，是所有二级指标中内容要求最多、最细的指标。这既说明"教师选配"的重要性，也反映出"教师选配"是量化要求最高的，是对整个思政课教师队伍建设起到"托底"作用的因素。

教师队伍数量及结构是《建设标准》中"教师选配"放在第一位且内容最多的指标。文件指出，"学校应建设专职为主、专兼结合、数量充足、素质优良的思想政治理论课教师队伍，严格按照师生比不低于 1∶350 的比例核定专职思想政治理论课教师岗位，在编制内配足，且不得挪作他用"。[①] 从所调查的反馈来看，各高校基本能达到文件所说的"专职为主、专兼结合"这两项要求，而

---

① 教育部. 高等学校思想政治理论课建设标准（2021 年本）［EB/OL］. 中国政府网，2021-11-30.

对于"数量充足、素质优良"两项要求在落实方面存在着各种各样的不足。严格地说，所调查的高校中没有一所高校能够完全满足这两条标准。

从思政课教师数量来看，少部分高校能够按照 1：350 的师生比满足要求，但前提是不考虑"素质优良"的情况。这些高校主要采取两种做法。一种做法是把一部分能够长期上课的辅导员算作思政课教师队伍成员。在这方面，一些编制管理较为灵活的地方高校特别是民办高校更容易做到。由于这些高校对于教师编制设置比较宽松，可以相对容易地把辅导员设置成教师编制，满足起来就相对容易。但问题在于，辅导员们还有更繁重的学生工作，所以无法做到全身心投入思政课教学研究，整体上就很难达到"素质优良"。另一种做法就是降低教师招聘要求。据课题组成员观察，截至 2017 年党的十九大召开前后，各高校对于高校思政课教师队伍选配尚未特别重视。彼时各层次高校在思政课教师的招聘条件整体比较高，不要说部属高校、省属高校，就是稍微好一点的民办高校，都可以比较容易招聘到一批博士教师担任思政课教师。而最近几年来，随着各高校几乎"同步"对思政课教师队伍建设的日益重视，思政课教师需求量大涨，而相关专业的博士毕业生并没有大幅上升，就出现了一定程度的供求不平衡。在这种情况下，原先民办高校招聘到的思政课博士教师成批"跳槽"到条件更好的公立学校。这些民办学校再去招聘时条件一般就放宽到硕士研究生。不仅如此，一些条件稍差的省属地方高校也再难招聘到足够的博士专职教师，因而也开始接受硕士研究生来担任思政课专职教师。对比《建设标准》要求来看，这个条件显然是大大降低了。文件指出，"兼职教师具有硕士研究生以上学历（专科院校兼职教师具有本科以上学历）和相关专业背景，按学校有关规定考核合格"。① 也就是说，这些省属高校和民办高校是按照思政课兼职教师的基本要求来招聘思政专职教师，这才能基本满足数量要求。除按照上述两种办法之外，大部分高校离达到 1：350 的专职思政课教师数量要求都有较大差距。这里面，部属高校尤其明显，专职思政课教师缺额在 20% 左右，一般省属高校缺额在 10%~15% 之间。

从思政课教师队伍结构来看，被调查高校的教师队伍结构都存在着各式各样的问题，教师队伍中能达到"素质优良"的比例有待提升。这些问题归结起来主要是年龄结构、性别结构两个方面。首先，年龄结构的问题主要表现在

---

① 教育部. 高等学校思想政治理论课建设标准（2021 年本）［EB/OL］. 中国政府网，2021-11-30.

"断档"现象。受访高校普遍存在着不同程度的"断档"问题。相对而言，部属高校和实力较强的省属高校问题稍轻，基本在每个年龄段能保持相对合理的人员匹配。这里面一个很大的原因是因为这些高校拥有自己的马克思主义学科和相关学科的博士点，可以相对容易地补充自己的学生来应对队伍结构变化需求。而实力较差的省属高校和民办高校这方面问题就比较突出了。实力较差的省属高校都没有自己的马克思主义学科和相关学科博士点，无法自己培养人才来补充师资，主要依靠引进外来人才。而这些高校在最近十多年的招聘过程中没有"未雨绸缪"的重视梯队建设，长期以来是以"60后"和"70后"教师作为骨干队伍在工作。时近21世纪20年代，"60后"的一批教师即将退休，叠加着各高校纷纷开始加强思政课教师队伍招聘的影响，这些省属高校猝不及防，面临着"80后""90后"中青年教师缺乏的局面。其中，"80后"教师主要压力是成长问题，因为单位长期以"60后"和"70后"为主干，没有特别重视对于"80后"教师的关注培养，很难迅速补上"60后"的缺位。"90后"教师则是很难引进来，作为新兴的一批博士教师，在各高校纷纷大量招聘的情况下，他们往往都会选择去部属高校或实力较强的省属高校。民办高校的年龄结构又有所不同，他们是"50后"退休老教授加上"90后"年轻硕士的组合。从公立高校引进"50后"退休老教授是民办高校长期的惯用做法，奠定了民办高校的教学基础。此外就是引进很多硕士教师，这样一来"90后"的年轻人不缺乏。他们的问题在于缺乏"70后""80后"的骨干教师。这也是另一种情况的"断档"。其次，性别结构的问题主要就是"阴盛阳衰"。调查显示，各高校思政课教师中女教师人数多于男教师，比例大体是6∶4。部属高校和实力较强的高校要稍好一点，实力较差的省属高校和民办高校这一比例要更高。一些学校的教研室不乏全体都是女教师的"娘子军"情况，但没有一个教研室全体都是男教师的情况。这里面的原因也不复杂，因为思政课教师都是文史专业出身，这些专业从本科开始就存在女生比男生稍多的情况。到了硕士和博士阶段，女生比例更是大幅度上升。在招聘中，男性博士教师成为众多有实力高校重点招聘的对象，这样一来，女性博士教师（包括一些高校招聘的女性硕士教师）就成为实力稍差高校的主要引进对象。那么，这样的一种情况给高校思政课教学带来什么样的影响呢？应该说，到了高等教育阶段，教师的性别对学生成长的影响已经很小。女性思政课教师在教学中同样可以带给学生优质的教育体验，连续两届的"全国高校思政课教学展示暨优秀课程观摩活动"中，获奖的优秀女教师大有人在。但是，具体到高校的思政课教学研究实际来看，女教师偏多的情况还是造成一些难题。这就包括但不限于女教师"集体"孕假带来教学人员的暂时短缺、女教师承担家务较多带来教学研究工作的投入不够、校外实践教学中全由女教师带队（特别是学生也是全是女性时）存在很多安全隐患等。

二、思政课教师自身知识素养储备因素

《建设标准》关于思政课教师"队伍管理"下的二级指标中，"政治方向"和"师德师风"是放在前面的指标，也是相对比较重要的要求。虽然每个二级指标下面没有再区分出更多三级指标，但其中的要求还是很严格。从被调查高校的整体情况看，各高校都能按照两大标准要求去进行队伍建设。当然，如果从高校思政课教学魅力提升的角度来看，我们仍能发现其中一些影响制约因素。

"政治方向"是《建设标准》对思政课教师最首要的要求。文件指出，"建设一支政治强、情怀深、思维新、视野广、自律严、人格正的思想政治理论课教师队伍。思想政治理论课教师应坚持正确的政治方向，有扎实的马克思主义理论基础，在政治立场、政治方向、政治原则、政治道路上同以习近平同志为核心的党中央保持高度一致"。① 这里面的内容正是严格落实习近平在2019年全国思政课教师座谈会上重要讲话精神的成果。其核心要求也是必须做到的要求就是思政课教师的政治方向问题。在这一点上，我们容不得任何疏漏和马虎，一个政治方向有问题的人成了思政课教师，其造成的负面影响和恶劣后果要花费数倍的代价才能挽回，甚至会有不可挽回的后果。所以，各高校在思政课教师队伍建设上也都能很自觉地把政治方向置于最重要的、不可触碰的红线的地位之上，整体效果也是不错的。思政课教师队伍整体政治风貌、精神状态和纪律素养上都能位列于各种教师群体的前列。但这并不代表我们在这方面已然完满无缺、毫无问题了。事实上，仔细分析《建设标准》在这方面的具体要求，特别是结合习近平相关论述的基础上，我们可以发现，做好思政课教师绝不仅仅是坚持正确的政治方向就足够了。换句话说，思政课教师坚持正确的政治方向绝不能停留于"不出错"就够了，这里面还有一个怎样将政治方向贯彻落实到教学实际中去的问题。正是因为这个原因，《建设标准》并不是单独把"政治强"作为一个独立标准提出，而是将"政治强"和"情怀深、思维新、视野

---

① 教育部.高等学校思想政治理论课建设标准（2021年本）[EB/OL].中国政府网，2021-11-30.

广、自律严、人格正"等标准作为一个整体提出。这既是完整落实习近平重要讲话精神的表现，也是思政课教师真正在"政治方向"达到要求的必备因素。

"师德师风"是《建设标准》对思政课教师其次的要求。文件指出，"思想政治理论课教师具有良好的思想品德、职业道德、责任意识和敬业精神，无学术不端、教学违纪现象"。① 调查显示，各高校极其重视思政课教师的师德师风建设，确保了思政课教师队伍拥有相对处于前列的师德师风水准。但这里的问题和上面一样，思政课教师不能仅仅达到"无违纪""不缺德"的这样的消极达标要求，而是要深入其中满足更高水平、更积极主动的师德师风标准。怎样才算是更高水平的师德师风标准呢？简洁地说，就是要力争把课讲好。这当然不是说其他课程不需要重视"把课讲好"，而是因为讲好思政课的要求非常高。习近平指出，"讲好思政课不容易，因为这个课要求高"②。思政课的高要求不仅表现在最鲜明的意识形态课程属性、抽象高深的思想理论性和面向所有专业学生的巨大包容性，更体现在知识素养储备的广博深厚要求。习近平指出，"思政课教学涉及马克思主义哲学、政治经济学、科学社会主义，涉及经济、政治、文化、社会、生态文明和党的建设，涉及改革发展稳定、内政外交国防、治党治国治军，涉及党史、国史、改革开放史、社会主义发展史，涉及世界史、国际共运史，涉及世情、国情、党情、民情，等等。这样的特殊性对教师综合素质要求很高。国内外形势、党和国家工作任务发展变化较快，思政课教学内容要跟上时代，只有不断备课、常讲常新才能取得较好教学效果"。③ 习近平的讲话内容从静态和动态两个层面提出了对思政课教师知识素养储备的高要求。所谓静态层面，就是指思政课教师必须有的知识结构和知识涉猎面。这里面的知识要求可谓广袤无垠，从马克思主义学科延展到经济学、政治学、哲学、社会学、历史学乃至军事学等学科，从一般的思想理论延伸到我们党的各项路线、方针、政策及其实践，思政课教师都要有意识地纳入自身学习范围，追求"读书万余卷，一事不知，以为深耻"④ 的境界。所谓动态层面，就是要求思政课教师必须密切关注社会实践的发展，时刻更新自己的知识素养。从国内发展形势状况扩展到国际形势发展态势，"世情、国情、党情、民情"，样样都不能落

① 教育部. 高等学校思想政治理论课建设标准（2021 年本）［EB/OL］. 中国政府网，2021-11-30.
② 习近平. 思政课是落实立德树人根本任务的关键课程［J］. 求是，2020（17）：8.
③ 习近平. 思政课是落实立德树人根本任务的关键课程［J］. 求是，2020（17）：8-9.
④ 刘全波. 魏晋南北朝类书编纂研究［M］. 北京：民族出版社，2018：282.

下。从调查来看，各高校教师绝大部分离以上所讲的要求都有不小的距离。结合老师们的具体情况来看，存在两个主要的、带有共性的问题。一个问题就是教师的教学科研"转型"问题。目前各高校的思政课教师队伍中不少人所学专业不是马克思主义理论学科，特别是博士教师队伍中不是马克思主义理论学科出身的教师要占一半以上（不少学校达到三分之二的比例）。某种意义上讲，这种多学科背景的结构对于思政课教师达到那种宽厚的知识面是有益的。但要实现这方面的优势必须达到一个前提，就是如何将自己原先的专业学习研究顺利地转到马克思主义理论学习研究和思政课教学上来。没有马克思主义相关学科的深厚背景，要想把思政课讲出深度、讲出吸引力是很难的。不仅常见的一些概念范畴讲不出真意和深度，甚至会出现把某些不常见的马克思主义理论专有术语讲错的情况。这当然就不利于思政课教师的顺利成长了。另一个问题就是不同课程老师之间的"跨界"融合问题。就调查的高校来看，"原理"课、"概论"课、"纲要"课和"德法"课四门课的老师之间交叉教学研究越来越稀少，每门课教师群体"只种责任田"的情况越来越普遍。这种情形带来一"显"一"隐"两个次生问题。"显"性问题就是教师队伍的"人尽其才"问题。当前各高校对于四门必修课的排课基本是按照一学期一门课的节奏在安排，大体上遵循"德法"课（大一年级上学期）、"纲要"课（大一年级下学期）、"原理"课（大二年级上学期）、"概论"课（大二年级下学期）的次序布置。这样就出现一种某一门课老师在某一学期相对课少甚至无课的情形。但由于不能"跨界"教学，不同课程教师的教学功能得不到充分发挥。例如，在秋季学期（上学期）时，主要是"德法"和"原理"两门课程老师在教学，"纲要"和"概论"两门课的老师处于无课状态。当"德法"和"原理"两门课程出现了上课教师不足或者是临时生病请假的情况时，"纲要"和"概论"两门课的老师虽然有时间却无法去帮助这门缺老师的课程上课。反之亦然，思政课教师之间无法给予有效互帮互助。"隐"性问题就是教师队伍的全面发展问题。一般而言，高校思政课教师在学科归属上都属于"马克思主义理论"一级学科的成员。虽然大家在二级学科上会有一定差异，但基本的研究范式、研究范畴应该是相通的。处于每个二级学科方向下的思政课教师，应该在对其他二级学科方向有所了解的前提下方能使得自身的研究更有特色。甚至于，有些在自己的二级学科方向上出现的难题，在其他二级学科的启发下可以获得很好的研究思路和探索路径。在这种情况下，所有教师都是在一个相对厚实的一级学科基础上来研究自己的二级学科，不仅教师自己的教学科研成果会更有创造，整个团队的成长也会更好。

三、教师教学技能提升影响因素

《建设标准》关于思政课教师"队伍管理"下的二级指标中,"培养培训"也是较受重视的指标,设有 4 个三级指标,要求较详细,量化标准也较多。所调查的高校大都基本能按照三级指标中的培养培训要求落实落地。而我们从提升高校思政课教学魅力角度来看,同样也能发现其中存在着一些制约影响因素。

常规培训是《建设标准》中"培养培训"的首要要求。文件指出,"统一实行集体备课,集中研讨提问题、集中培训提素质、集中备课提质量。新任专职教师必须参加省级岗前培训;所有专职教师应积极参加省级或中宣部、教育部组织的示范培训或课程培训或骨干研修。学校每年对全体教师至少培训一次"。① 以上各项要求,所调查高校在形式层面基本都能做到。存在的问题则主要在于如何持续产生效果。就集体备课而言,部分高校将集体备课当作了一项硬性任务,采取一周一次在固定时间开展集体备课的机制。这样做的好处在于将集体备课这种形式打造成长效机制,持续发挥其中集思广益、集体攻关、交流协同的意义。但是也存在弊端,这就是导致集体备课解决问题的时效性有所削弱,出现"走形式"的倾向。这里面的原因在于,教师们在教学研究中遇到的问题并非定期出现而是随机出现。以定期举行的集体备课面对不定期出现的问题,这就必然出现"名实不符"的状况。调查中的老师们反映,很多时候的集体备课由于没有具体的问题需要探讨,但在机制上又必须举行,于是便草草敷衍应对。而在另一些时候,当老师们确实遇到了需要解决的问题,恰恰又不是规定的集体备课时间。那么,能否在规定时间之外专门为解决问题举行集体备课呢? 实践证明,如果偶尔一两次可以,长期这样是不行的。因为一周一次的固定集体备课即便没有解决问题,但是已经消耗了老师们集体见面的时间、兴趣与精力,很难再把大家专门召集起来进行"额外"的集体备课。这里面就需要探索解决怎样在充分满足教师实际需求的前提下开展集体备课的问题。就课程培训和研修而言,所有高校都严格落实了文件中所要求的培训和研修任务,不少高校是超额完成要求。这里面也存在着相应的"形式"与"内容"不相统一的问题。文件中明确要求,"学校每年对全体教师至少培训一次"。这是没有弹性余地的硬性要求,所有高校都不打折扣地予以落实了。而对于文件中所说

---

① 教育部. 高等学校思想政治理论课建设标准(2021 年本) [EB/OL]. 中国政府网,2021-11-30.

的"所有专职教师应积极参加省级或中宣部、教育部组织的示范培训或课程培训或骨干研修"的要求，就出现了不平衡的现象。部分高校把这项要求也确定为全体教师每年必须一次（至少省级培训每年一次）。这样，就有部分教师一年参加了两次脱产培训。再加上学校还要组织教师不定期参加中宣部、教育部组织的研修培训。对于被选中的教师，那就相当于一年参加至少 3 次较长时间培训（少数教师甚至是 4 次培训）。在这种局面下，培训带来的效果就不甚理想了。从时间上看，3 次较长时间培训需要 30 至 40 天左右的时间，大多集中在暑假期间，大大缩短了教师利用暑假调养身心、调整反思前期教学和充分准备后期教学的时间。有些培训无法在假期完成，就必然导致正常工作时间受到影响。从内容上看，一年内参加 3 次以上的思政课教师培训，即使是不同级别、不同部门举办，但培训的核心内容难免会有重复，一些教师甚至遇到过几次培训接受同样一位专家的相同课程。这就大大减弱了培训应有的开阔视野、创新思维的功能。

交流研修是《建设标准》中"培养培训"的其次要求。文件指出，"每学年至少安排 1/4 的专职教师开展学术交流、实践研修或学习考察活动。有条件的学校可以开展国（境）外学术交流和实践研修，但不作为评聘职称硬性要求"。① 脱产或半脱产进修是《建设标准》中"培养培训"的再次要求。文件指出，"安排专职教师进行脱产或半脱产进修，每人每 4 年至少一次"。② 以上两项要求在所调查高校中也得到了较好的落实，产生了不错的效果。但同样存在弊端。一方面是与上文所列问题相关的人员调配问题。由于当前各高校的思政课教师基本未能达到生师比 1∶350 的要求，教师与教学任务的匹配基本达到上限状态。一旦抽调人员实行脱产、半脱产的进修培训，则必然导致教学工作任务分配的困境，影响正常教学活动开展。另一方面也与上文所列问题相似，就是培训内容的有效配置问题。目前来看，教师们接受的各类培训、进修，主要内容仍然是关于教材内容、教学热点这样一些传统教学因素的培训。这些内容的培训当然重要，但如果都是这些内容，就无法避免重复培训的问题。而教师们在互联网时代、新媒体时代所需要的教学新技能培训却少之又少。当前的高校学生是作为"网络原住民"长大的"00 后"学生群体，他们运用网络工具获

---

① 教育部. 高等学校思想政治理论课建设标准（2021 年本）［EB/OL］. 中国政府网，2021-11-30.
② 教育部. 高等学校思想政治理论课建设标准（2021 年本）［EB/OL］. 中国政府网，2021-11-30.

取知识、信息、素材乃至优秀教师上课视频的能力非常强。面对这样的学生群体，教师们除了要继续拓宽、拓深自己的知识信息储备之外，更熟练地掌握新媒体技术、互联网技术包括媒体课件制作技术尤其重要。教师们缺乏这些新技能的培训，就无法避免自身知识权威下降和本领恐慌的现象，遭遇无法施展魅力的"内部困境"。

第四节 教学环境条件对提升思政课教学魅力的影响制约

21世纪以来，中华民族伟大复兴的步伐更加有力，马克思主义的世界影响力与日俱增。但不可否认的是，过去数百年来形成的旧世界格局尚未发生根本变化，叠加移动互联网大潮影响、社会生产生活方式变化迅疾，高校思政课提升教学魅力的环境同样面临挑战。

一、国际话语"西强东弱"格局的影响制约

在当今经济全球化、政治多极化、文化多元化和社会信息网络化的新世纪大潮涌动之下，作为我国国内教育系统组成部分的高校思政课教学同样也深受国际环境的影响制约。这其中，对高校思政课教学魅力提升影响最大、最具直接影响的因素就是国际话语格局。原因在于，高校思政课教学与国家的话语体系是一种紧密相连的统一关系。一方面，高校思政课教学的开展依托于相应的国家话语体系，同时，高校思政课本身也是国家话语体系的承载渠道之一。

从这个意义上看，对高校思政课教学魅力提升最重要的影响制约因素就是当前"西强东弱"的话语格局。习近平指出："西方仍然在'唱衰'中国，国际舆论格局是西强我弱。西方主要媒体左右着世界舆论，我们往往有理说不出，或者说了传不开"。[①] 从中可见，"西强东弱"的话语格局主要在于主要的舆论"渠道控制"问题，而不在于话语本身内容的正误和水平高低的问题。从唯物史观角度看，话语是一种社会意识的表现形式，其内容来源于社会存在、其产生源于社会物质交往。以此而言，我们国家的话语体系植根于我国社会主义事业建设的伟大实践成就，在内容、性质、水平上是优越于国际上其他话语体系特

---

① 中共中央文献研究室．习近平关于社会主义文化建设论述摘编［M］．北京：中央文献出版社，2017：197.

别是西方发达国家话语体系的。习近平指出："随着我国经济社会发展和国际地位提高，国际社会对中国发展道路和发展模式的理性认识逐步加深，同时对我们的误解也还不少，'中国威胁论'、'中国崩溃论'等论调不绝于耳。同欧美一些国家受困于金融危机、债务危机相比，同一些发展中国家陷入发展陷阱相比，同西亚北非一些国家政治动荡、社会混乱相比，我国发展可以说是风景这边独好"。① 这里的论述，反映出我国话语体系的基本内容要素、我国话语体系的坚实基础及所面临的主要困境。从我国话语体系的基本内容要素来看，其主要表现为"对中国发展道路和发展模式的理性认识"；从我国话语体系的坚实基础来看，其主要表现为我国发展"风景这边独好"；从我国话语体系所面临的主要困境来看，其主要表现为"对我们的误解"。将以上三层含义联系起来审视，即可发现，我国话语体系之所以拥有坚实基础，就在于相对于欧美一些国家受困于各种危机、一些发展中国家深陷发展陷阱相比，我们国家拥有较好的发展现状，这是摆在所有人眼前无可否认的客观事实；我国话语体系的真实内容或者说真正的优越性在于从理性层面正确反映我国发展成就的表现及其原因；反之，造成我国话语体系困境的"误解"正在于以上两方面的不足，或者是在话语基础上脱离我国具有明显优势的发展实际，或者是在话语内容上违背了以理性反映我国发展成就及原因的要求。国际上不断出现的"中国威胁论""中国崩溃论"正是在以上两方面犯错的结果。由此而言，西方国家那些明明错误的话语仍然会带有话语地位上的"强势"，就在于西方主要媒体左右着世界舆论的导向，他们有意无意地以违背话语表达实际的态度来"误导"大众，我们的困境就在所难免了。

这样的一种"西强东弱"的话语格局，给高校思政课带来的挑战是多方面的。从话语包装上看，"西强东弱"的话语格局使得本身劣质的西方话语涂抹上了很多美好词汇语句，增加高校思政课教学的辩难程度。长期以来，西方国家在话语外表构建上做足了包装功夫，"自由""平等""博爱""民主""公正""法治""人道主义"等拥有美好含义的词汇被西方话语体系统统收入囊中，不仅大用特用，而且凭借其话语的"先发"优势掌握了这些词汇的解释权。对于高校思政课教学而言，这些美好词汇决不能弃之不用而是要大加运用，但若只是简单运用便会造成与西方话语的混淆，稍不注意就成了"为他人作嫁衣裳"。

---

① 中共中央文献研究室．习近平关于社会主义文化建设论述摘编［M］．北京：中央文献出版社，2017：197.

我们在教学中对这些话语的使用就必须同时包含着对西方话语相反内涵的揭露与批判。要让同学们明确，西方话语内核中包含的是资本主义无休止扩张和压迫人民的"剥削有理"逻辑，是西方国家优先发展的"西方优越"逻辑，明显违背人类整体发展前途。从话语受众来看，"西强东弱"的话语格局使得高校学生容易掉入西方话语"陷阱"，产生对高校思政课话语的逆反。高校思政课的话语源泉是马克思主义理论，特别是马克思主义中国化即中国特色社会主义理论的系列成果。在"西强东弱"的话语格局下，西方媒体利用其掌握舆论渠道的优势，不间断地发动着对马克思主义理论、中国特色社会主义理论明里暗里的"进攻"，并把这些歪理邪说通过互联网工具进行全方位渗透。这就很容易让擅长通过网络获取信息的青年大学生掉入话语"陷阱"。在话语"陷阱"的影响甚至操控之下，叠加许多青年学生易冲动、易敏感的情绪特点，很容易产生对高校思政课话语体系的逆反甚至盲目反对。从话语较量上看，"西强东弱"的话语格局增加了高校思政课教学的责任与压力，给高校思政课教师群体带来更高的"斗争"要求。习近平指出，"随着我国日益扩大开放、日益走近世界舞台中央，我国同世界的联系更趋紧密、相互影响更趋深刻，意识形态领域面临的形势和斗争也更加复杂。学校是意识形态工作的前沿阵地，可不是一个象牙之塔，也不是一个桃花源"。① 意识形态斗争历史上便是世界各国之间博弈斗争的重要场所。20世纪末，西方国家通过意识形态领域的"和平演变"导致苏联解体、东欧剧变的殷鉴未远，我们决不可对此掉以轻心。在我们所面临的更趋复杂的意识形态斗争态势下，学校看似处于平静的"战争"后方，然而实际已经处于斗争前沿。学校教师特别是思政课教师必须要有身处"意识形态工作的前沿阵地"的警醒意识和担当精神。教师们自身肯定不能在面对错误意识形态"攻势"下"投降""倒戈"，更要用"讲道理"的方式去展开顽强斗争。习近平着重强调"思政课的本质是讲道理"②，是在突出思政课、思政课教师在学校意识形态领域斗争中的"主力军"地位。一定意义上讲，思政课教师通过思政课及相关活动实现"讲道理"本质的质量高低、完成好最重要的本职工作的效果好坏，很大程度上会影响学校意识形态领域斗争的成败。

① 习近平. 思政课是落实立德树人根本任务的关键课程［J］. 求是，2020（17）：7.
② 习近平在中国人民大学考察时强调 坚持党的领导传承红色基因扎根中国大地 走出一条建设中国特色世界一流大学新路［N］. 人民日报，2022-04-26（1）.

二、国内社会环境的影响制约

高校思政教学主要是国内高等教育的主要组成部分，其开展场所也基本都是在国内。因而，我们更要考虑国内社会环境对高校思政课教学的影响制约问题。

整体上讲，国内社会环境对高校思政课教学是具有诸多有利条件的。习近平指出，"党中央对教育工作高度重视，对思想政治工作、意识形态工作高度重视，始终坚持马克思主义指导地位，大力推进中国特色社会主义学科体系建设，为思政课建设提供了根本保证。我们对共产党执政规律、社会主义建设规律、人类社会发展规律的认识和把握不断深入，开辟了中国特色社会主义理论和实践发展新境界，中国特色社会主义取得举世瞩目的成就，为思政课建设提供了有力支撑"。① 中国共产党的领导是中国各项事业取得成功的根本保证，党中央一直以来对思想政治工作、意识形态工作都高度重视，从顶层设计到具体落实层面都采取了许多重要举措，奠定了各类思政课特别是高校思政课教学的良好基础和有利环境条件。党领导人民取得革命、建设和改革各项成就特别是中国特色社会主义事业取得举世瞩目的成就，从中发现并不断完善的许多重大规律，都既为高校思政课教学提供资源和素材，更从宏观层面创造了高校思政课教学的良好环境，又为教学本身的说服力提供了充足的事实证据。

在整体环境有利于高校思政课教学的情况下，我们局部的社会环境却存在着许多不容忽视的问题，给高校思政课教学魅力的提升造成了不同难度的障碍。首先就是我们处于社会主义初级阶段这一客观实际本身包含着众多亟待解决的问题，成为影响制约高校思政课教学魅力提升的主要环境障碍。当前我国社会主要矛盾已经转化为人民日益增长的美好生活需要和不平衡不充分的发展之间的矛盾。这一主要矛盾的两方面从不同角度产生了影响制约高校思政课教学魅力提升的主要不利环境因素。一方面，人民日益增长的美好生活需要非常精准地展现了当前我国社会的前进目标，但同时也蕴藏着相应的问题。"日益增长"这一态势表明大家所追求的目标是在动态变动甚至是急剧动态变动之中。许多人处在这种对急剧动态变动目标的追求过程之中时，常常会产生急躁情绪和疲劳心理。例如，一个人刚刚经过艰难奋斗才满足了一个很不容易的目标，马上又看到身边人已经达到了更高的目标。于是他便又按捺不住投入新的奋斗之

---

① 习近平. 思政课是落实立德树人根本任务的关键课程 [J]. 求是, 2020 (17): 8.

中，停不下来。"美好生活需要"这一论断表明大家所追求的目标带有非常强的主观感受性和一定的模糊性。对于什么样的生活才算达到了"美好生活"，很多人心中并不清晰，往往是言人人殊甚至是各执一词。这就既造成对大家追求过高目标的刺激，又造成大量不同意见之间的分歧。例如，城市小区应不应该养宠物这点小事情经常造成现实中和网络中巨大的纷争。不管是哪种情况出现，总会带来一种不可避免的结果，那就是人们从自身需要的不满足中产生了对社会的不满意。这种不满意的不断传染，就会波及我们的意识形态工作成效包括高校思政课建设成效。不仅作为社会成员的学生们身在其中多有感触，甚至一部分教师自己也深陷其中难以摆脱。另一方面，不平衡不充分的发展非常科学地把握了我国社会前进的主要任务，同时这种任务本身就代表着需要解决的众多难题。"不平衡"的发展所造成的主要就是不同人群、地域的对比问题。在不断对比中，处于相对"落后"一方的人们就会感到泄气和灰心，现实发展的不平衡就会转化成人们心理的"不平衡"，那也就是一种不满意、不高兴。"不充分"的发展所造成的主要就是不到位、有缺失的问题。这就使得身处其中的人们常常感受到不方便、不容易，个别环节的缺失在与整体大环境完善的对比中显得更引人注目和难以忍受。更何况，还有一些利益群体在其中浑水摸鱼，借着不平衡不充分的发展条件为自身或小集团谋取特权和特殊利益，这就已经是将人民内部矛盾激化为敌我矛盾的做法了。以上种种问题都会在社会环境中形成负能量的"场域"，自然会冲击意识形态建设包括高校思政课教学建设的成效。需要指出的是，某种意义上讲，国内环境中的其他障碍都与上文所描述的这一主要障碍相关。

其次，学生成长环境与职场环境的影响。对于青年大学生而言，我们社会不平衡不充分的发展对他们产生的最大影响就是成长环境特别是职场环境的问题。一方面是就业本身的不平衡不充分带来对学生们的负面效应。囿于世界整体经济下行趋势、疫情影响等因素，高校学生整体就业情况并不乐观，就业压力与形势十分严峻。在这个大背景下，学生们还面临着不同层次高校、不同热度专业、不同行业待遇、不同地域差距、不同家庭背景乃至个人不同选择等多方面不平衡不充分问题的干扰。2020年以来，考研热度、考编热度日益走高，学生群体焦虑程度不断上升，就是上述问题的直观反映。另一方面，不平衡不充分的背景下产生的不正之风带来更恶劣的负面效应。一般性的不平衡不充分问题在大家看来还是可以理解并通过奋斗实践去逐渐化解，而其中不断曝光所谓"X二代"问题、"萝卜"招聘问题、职场潜规则问题等不正之风则让很多人格外愤怒。

再次，国内各类社会思潮的影响。受国际社会文化多元化、信息化及国内社会发展影响，当前国内社会思潮发展迅猛。习近平指出，"当今时代，社会思想观念和价值取向日趋活跃，主流的和非主流的同时并存，先进的和落后的相互交织，社会思潮纷纭激荡"。① 从整个社会思潮的大局来看，主流的马克思主义理论处于优势和统领地位，但非马克思主义、反马克思主义思潮在局部的影响力也不容忽视。这其中，给高校思政课教学魅力提升制造最大障碍的思潮可以从日常生活和思想这两个层面来把握。日常生活层面的思潮是指一些思想理论水平不高却和人们平时生活息息相关的粗浅观点的潮流。这就包括拜金主义、享乐主义和极端个人主义等内容。这些思潮可以说是与商品经济、市场经济自然相伴生，只要在商品经济、市场经济中长期生活，就难免会受到其影响。如果长期浸染在这些粗浅观点之中，人们就容易不断降低自身的世界观、人生观和价值观视野，陷入精神泥潭而无法自拔。许多人在其中都会形成一种以"粗陋"消解"崇高"的倾向，不断消解高校思政课教学内容的价值。思想层面的思潮是指一些拥有系统思想理论，这就包括自由主义、民粹主义和保守主义等内容。显而易见，这些思潮基本都来源于西方世界，特别是其核心宗旨、理论框架基本都是西方资产阶级各思想流派在国内的"翻版"。以此而言，这些思潮所影响的主要是社会上文化水平相对较高的群体。由于这些思潮大多都有其自身的逻辑论证，将各种看似合理的诡辩理论混入其中以扰乱人的耳目，再加上西方世界不遗余力地"价值观输出"，要消除这些思潮的影响难度是较大的。

最后，国内舆论环境影响。在社会信息化高速发展的今天，以上所讲的种种问题，最终都会借助网络渠道的传播形成复杂的舆论舆情，在很大程度上也会给高校思政课教学魅力提升造成障碍。网络舆论的最大问题就是网上信息泥沙俱下、真假难辨。互联网的发达既带给人们越来越便捷的信息交流渠道，同时也带来了信息传播的随意性。特别是随着自媒体相关技术崛起后，许多过去人们十分确定的信息辨别方式通通被轻松修改。例如，曾经一种"有图有真相"的观点在网上十分流行，在当时互联网尚不发达的时期，能用图片证明的事情往往不是造假。但是这一观点在当前互联网上已行不通。借助智能手机和自媒体技术中的"P图""剪辑""滤镜"等手段，许多普通人都可以轻松创造出大

---

① 习近平. 在全国党校工作会议上的讲话［J］. 求是，2016（9）：10.

量虚假图片乃至虚假视频。这样的环境就为许多舆论造假者特别是舆论煽动者带来很多便利条件。造假者不考虑后果，也无须进行详细论证，只要所说的情节够"劲爆"，随口一说也能引起大量关注，即使被戳穿也无所谓，反正他也没付出什么。但是要证实一件事情难度大得多，网络上大量虚假信息的流行给讲述真相的人造成了很大的麻烦。所谓"造谣动动嘴，辟谣跑断腿"就是这个道理。网络舆论的第二个问题就是，负面消息比正面消息更有吸引力。从群众的心理倾向来看，越是惊世骇俗、违背常理的消息越能引起人们的兴趣，西方新闻界有所谓"坏消息就是好消息"（Bad news is a good news）就是这个意思。这就与高校思政课教学注重正面引导的舆论导向有冲突。老师讲的都是正面消息，讲得再好也不如爆炸性的负面消息有吸引力。负面消息在传播中往往又会受到别有用心之人的恶意加工，就更加重了对正面引导的阻碍。网络舆论的第三个问题就是，舆论引导者包括官方媒体宣传机构颟顸愚钝的问题。正是由于网络舆论的复杂性，也就给舆论引导者提出了更高更严格的要求，如果对网络舆论环境缺乏基本认识，盲目应对就会产生相反的、更恶劣的效果，所谓"低级红""高级黑"问题就是典型表现。

在这样一种海量信息冲击、真假莫辨、"劲爆"消息不断引人关注和舆论引导常常偏差的舆论环境影响下，高校思政课致力于传播正能量的教学魅力难免受到干扰。

三、高校教学环境条件的影响制约

相比于国际、国内社会环境的影响，高校自身教学环境条件与高校思政课教学更直接、更紧密。提升高校思政课教学魅力，当然不可忽视高校教学环境条件的影响制约。

和之前的各种环境一样，当前高校教学环境条件总体上、主流上有利于高校思政课教学的完善发展。这其中，最首要的有利条件就是党中央对思政课建设的高度重视，是提升高校思政课教学魅力的根本保证。习近平指出，"我们党历来高度重视思政课建设。在革命、建设、改革各个历史时期，我们党对思政课建设都作出过重要部署"。① 无论是在新民主主义革命时期的艰苦环境之中、新中国成立后热情高涨的情境之下，还是改革开放以来风云激荡的大潮之中，我们党都结合不同时期的特点，用不同的方式加强思政课建设。党的十八大以

---

① 习近平. 思政课是落实立德树人根本任务的关键课程［J］. 求是，2020（17）：4-5.

来，以习近平同志为核心的党中央同样高度重视新时代的高校思政课建设。习近平在多个场合反复就思政课建设作出指示，出席高校思政课教师座谈会并发表重要讲话，为思政课建设定向把舵。他强调指出，"党中央对教育工作高度重视，对思想政治工作、意识形态工作高度重视，始终坚持马克思主义指导地位，大力推进中国特色社会主义学科体系建设，为思政课建设提供了根本保证。"① 在党中央坚强领导与亲切关怀下，思政课"讲道理"有了最牢固的根基和最强劲的底气。其次，各级各部门在党的领导下形成协同配合的工作格局，这是提升高校思政课教学魅力的主要依托。习近平指出："各级党委要把思政课建设摆上重要议程，抓住制约思政课建设的突出问题，在工作格局、队伍建设、支持保障等方面采取有效措施。"② 思政课讲好"大道理"，解决制约其建设的突出问题，就需要在党的领导下建立起"大格局"作为主要依托。"要建立党委统一领导、党政齐抓共管、有关部门各负其责、全社会协同配合的工作格局，推动形成全党全社会努力办好思政课、教师认真讲好思政课、学生积极学好思政课的良好氛围。"③ 在这个"大格局"中，全社会、教师和学生是三个协调配合的主体，在党的领导下分别聚焦"办好思政课""讲好思政课""学好思政课"，就会形成良好氛围，让思政课提升教学魅力拥有畅通活跃的条件。最后，思政课自身内部各要素之间、思政课与相关工作之间建立起一系列科学合理的运行机制，是提升高校思政课教学魅力的直接保障。思政课自身内部要素包括课程规划设置、专职教师队伍建设、教材体系、教学体系、评价体系以及大中小学思政课一体化建设等，与思政课密切相关的工作包括其他各类课程建设、思想政治工作建设、人才培养体系、社会育人和家庭育人等。这一系列相关因素能够建立起协同配合的运行机制，思政课教学魅力提升就有了可靠的直接保障。

在整体环境有利于高校思政课教学的情况下，我们局部的高校思政课教学环境也存在着许多需要正视的问题，这也是高校思政课教学魅力的提升所需要尽力克服的关键障碍。大体上，这些障碍可以划分为硬件条件的影响制约和软件条件的影响制约。

一是教学硬件条件的影响制约。具体而言，硬件条件主要包括教室环境条

---

① 习近平. 思政课是落实立德树人根本任务的关键课程［J］. 求是，2020（17）：8.

② 习近平. 思政课是落实立德树人根本任务的关键课程［J］. 求是，2020（17）：15.

③ 习近平. 思政课是落实立德树人根本任务的关键课程［J］. 求是，2020（17）：15.

件和教学设备条件两个方面。从教室环境条件来看，最主要的问题就是大教室、大空间所带来的附加问题。与前文所述的教学班级设置、教学人数规模相关，绝大部分的高校思政课都是混合班级授课、都是 100 人左右的人数规模，这样就势必要求是大教室授课。就教学规律而言，教学人数本身就有个适度问题。当前的义务教育、高中教育都很注意控制班级规模，很多地方义务教育规模每班不得超过 50 人，这都充分说明了人数规模太大将造成负面教学效果。具体到高校思政课教学的大教室来看，突出表现在学生的座位座次问题与教师的教学方式选择问题。当教室较小、人数较小时，学生对于座次座位的选择余地小，无论怎样选择座位，基本都与老师距离较近，更不要说逃课问题。但当教学是在大教室中开展的大班教学时，变数就很大了。通过对 48 所高校思政教师的全貌调研显示，学生在 100 人左右的大课堂中，学生"优先选择后排"的比例为 17.1%，学生"优先选择后排中间位置"的比例为 28.57%，两项之和达到了 45.6%。而学生"优先选择前排座位"的比例仅为 10.71%。出于大众心理倾向的考虑，这种场合下的大多数学生首选离讲台较远的位置，形成后排坐满、前排空洞的局面。此时，即便部分好学的学生想往前排坐，也往往因为局面限制，而不得不"从众"地选择后面的位置。对于教师的教学方式选择来说，也可以分为普遍性影响和特殊性影响。普遍性影响就是对所有老师都造成的负面影响，不管这位老师是否善于掌控人数众多、场面大的课堂，持续在大教室中对许多人上课也是一种限制。因为思政课教学不同于单场式、宣传式的讲座，是要长期固定在一个班级中进行讲授。我们常见的善于掌控人数众多、场面大的专家学者甚至包括一些在媒体上很有影响的"明星"学者，也主要是在单场式、宣传式的讲座有出彩的效果。如果让他在四五个月内面对同一个大场面中同一群人持续讲授类似的内容，效果肯定打折扣。同时，这对于教师本身的体力精力而言，消耗也更大。以至于很多老师往往在这样的空间中上课，只能全情投入大半个学期，到后期精力就跟不上了。特殊性影响就是对部分老师产生的突出影响。例如，有些老师面对大教室、大空间尝试走下讲台、到学生们中间去讲授，确实可以起到不错的效果。但长期这样做的"双刃剑"也比较明显，这就在于违背了教室这一空间原初的效果分布设定。既然教室把讲台设置在正前方、同时又特意让他高于学生座位，就说明那里才是整个空间的焦点。如果教师长期是在讲台之下授课，这就使得教室空间原有的"焦点"处于尴尬的位置。对学生来说，他们就同时面对了讲台本身和讲台下的教师两个"焦点"，多少会感到不适应。特别是对于愿意选择坐前排的学生，他们的处境尤其尴尬。再例如，无论是采取走下讲台的方式，还是驻守讲台的方式，一旦空间过大，对于部分年长的教师或是身体较差的教师也会带来相对更大的身体能力困扰。从教学设备的条件来看，也是由大教室、大空间教学所带来的设备制约问题。教室中的主要设备就是视听设备，满足学生们听课、观看的基本上课需求。但当空间过大时，这两项都会受到限制。根据课题组在很多学校实地调研显示，当教室规模达到150座以上的大小时，后排座位的视听状况大受影响。视力稍差的人基本看不清PPT上面和黑板上的文字，视力较好的人即便能看清文字内容，但是由于距离太远，那么讲台在他的整个视野中占据的比例太小，自然处于非重要的位置。换句话说，此时他的视野内有太多干扰他注意力的东西。他要花费更多精力才能集中注意力。除了这些基本视听设备外，教师有时会携带一些额外设备道具到教室开展一些实践活动，但在过大空间的反衬下，这些道具设备同样显不出特色与功能。

二是教学软件条件的影响制约。具体而言，软件条件又可以从两个层次来看，包括课堂内直接性教学氛围条件和课堂外间接性氛围条件。就课堂内直接性教学氛围条件而言，长期在一个大空间汇集的众多学生，很难持续保持一种正面、积极的氛围。调研组在不少课堂中发现，绝大多数课堂的氛围在学期开始时都相对较好，而到了三次课或者两周时间以后，氛围就开始走低。究其原因，仍然与过大的教室空间、过大的人数规模有关。在一种群体聚集的空间内，良好氛围的塑造源于群体共识的达成。因而，人数越多、空间越大、持续时间越长，人们就越难以达成共识，也就难以保持良好氛围。就课堂外间接性氛围而言，少量的消极氛围往往对大好的积极氛围产生消磨与损害，形成很难克服的"老鼠屎现象"。

课题组在武汉本地对10所高校的900多名学生进行了问卷调查，结果显示一些带有负面信息的话语或价值观在学生中有很大的影响。"我们听过很多道理，仍然过不好这一生"这句话是互联网上比较流行的一句话，虽然话语表面带有调侃、自嘲等色彩，但不可否认这句话中心思想是比较消极的。其隐含的真实目的是对主流教育特别是价值观教育的一种嘲讽和消解。对于青年学生来说，他们所听过的"道理"绝大部分都是家中长辈、学校老师、政府教育部门所宣扬的主流教育价值观内容。"过不好这一生"的说法很迎合成长道路上遭受挫折的青年们的心声。两相对比，就不知不觉让青年学生们产生社会主流教育价值观没有意义的感受。但其中偷换概念的地方在于，青年学生暂时的挫折完全不能与"一生"画等号。把青年学生暂时的人生挫折直接等于"一生"成败是典型的以偏概全，其最大的问题就在于让青年学生在心理上无限放大自己遇到的困难，丧失人生前进的动力，进而对所接受的主流教育乃至将要接受的主流教育产生错误的怀疑，动摇整个教育的效果。但从调查结果来看，类似错误观点已然在学生们心中产生了较大的影响。当被问到"对'我们听过很多道理，仍然过不好这一生'这句话，你的看法是"时，有38.59%的受访学生表示"很赞成"，46.62%的受访学生表示"有些赞成"。这里面，选择"很赞成"的学生可以说在思想上已经被错误观点所俘虏，短期内殊难改变。选择"有些赞成"的学生正处在接受错误观点的过程之中，亟待纠正。两种人群之和占整个受访学生总数的85.21%，这个比例相当惊人！问题还不止于此，如果对这种错误说法细致分析，还可以发现其与思政课教学关系很密切。因为在学生们所接受的主流教育中，思政课在"讲道理"方面是比较突出的，这就更加让学生们产生联想。调研显示，当被问到"'我们听过很多道理，仍然过不好这一生'这句话与思政课的关系，你的看法是"时，有31.30%的受访学生表示"很适合思政课"，有51.45%的受访学生表示"有些适合思政课"。选择"很适合思政课"的同学，在很大程度上已然对思政课产生了巨大的排斥心理。暂不论他们是不是都明确反对思政课所包含的马克思主义道理，起码他们是认为思政课所讲的内容和他们的人生关系不大，或者说，思政课几乎不对他们的人生实践产生积极影响。甚至于，因为不得不来学思政课，反而给他们造成了较大的学业负担。这对于思政课教学的目标来说，无异于沉重打击。选择"有些适合思政课"的同学，对于思政课的态度尚处于摇摆状态。他们虽然不能确定思政课对于人生的意义，但已然产生了一定的怀疑。某种程度上讲，这些同学还处于对思政课的整体内容的尝试性了解之中。他们可能发现，其中有些内容是对人生有帮助的，但有些内容还拿不准。这部分同学占据的受访人数的最高比例，充分说明这是大部分同学心中的真实想法。从消极方面来看，这仍然证明我们过去的思政课教学整体上未能达到让人满意的目标，造成了众多同学心中的疑惑。而从积极方面来看，则也不无希望，毕竟大部分同学只是处于内心摇摆状态，他们对思政课教学内容中的部分道理还是表示认可与赞同的，认为与其人生实践具有积极联系。应该说，下一步就是要更深入地了解、弄清同学们对思政课教学内容中哪些部分表示认可赞同，哪些部分感到困惑，哪些部分尚处于疑惑之中。这是我们不断改善提升思政课教学魅力的努力方向。

"小孩子才论对错，成年人只谈利弊"这句话同样在互联网上流传甚广，特别是借助一些影视作品、短视频作品的传播，更是让许多人耳熟能详。这句话与上句话"我们听过很多道理，仍然过不好这一生"一样，都带有强烈的情绪抒发特点，易于被年轻人接受和网络大范围传播。同时，也包含着错误、消极的价值观导向。从内涵上讲，这句话本身的逻辑就站不住脚。很明显，如果一个人弄不清什么是对错，那他基本也搞不清什么是利弊。例如，吃饭和吃毒药两件事，人们必须首先分清两件事的对错，而后才能去区分两件事的利弊。一个人如果连饭和毒药都分不清，他又怎样去搞清利弊呢？所以这句话实际上把它的一个重要前提给隐藏了。换句话说，这里面有潜台词。这就是"我具备分清对错的能力，但我就是懒得去区分"，甚至可以说是"我知道什么是错的，可是我就要去做错事，因为那让我爽（有利）"。相比之下，与"我们听过很多道理，仍然过不好这一生"不同之处在于，"小孩子才论对错，成年人只谈利弊"带有极强的鼓动性！他不仅是在迎合人们内心的某些极端自私的想法，而且对一些本身就怀有叛逆心的青年人带有极强的暗示与诱导。这句话仿佛是在对年轻人们说，极端自私、损人利己是一条"通行"的社会规则，大家都在这样做，没什么不可以的。事实上进一步分析，当人们真正按照这句话说的去做了，恰恰就和这句话自身的逻辑违背了。我们可以问说这句话的人，"小孩子才论对错，成年人只谈利弊"这句话本身有对错吗？第一种情况，这句话本身没有对错，那么，我不按照这句话说的做也可以。也就是说，成年人把"论对错"放在"谈利弊"之上也是可以的。成年人不论是把"谈利弊"还是把"论对错"放在首位都是可以的。那他这句话对人们就是一句无聊的废话。第二种情况，这句话本身有对错。那就说明，这句话是让人们在"论对错"，这就与他本身所说的"成年人只谈利弊"相冲突。很多类似经不起推敲的话语总是以一种"理直气壮"的趋势在年轻人中传播，让人非常遗憾。课题组对这一网络话语也进行了调查。当被问到"对'小孩子才论对错，成年人只谈利弊'这句话，你的看法是什么"时，有20.79%的受访学生表示"很赞成"，有41.05%的受访学生表示"有些赞成"。两种人数相加，占到受访学生61.84%，足以证明这句网络流行语的影响力之大。同时，这其中表示"很赞成"的同学已然在是非观上存在较严重的问题。他们几乎已经完全被这句漏洞百出的谬论所俘获而无法自拔了。表示"有些赞成"的同学，或是处于将信将疑，或是思考能力尚存，但仍然没有彻底想明白，正处在需要引导解答的状态之下。进而，当被问到"思政课老师讲的道理适合'小孩子才论对错，成年人只谈利弊'这句话吗？你的看法是"时，有17.36%的受访学生表示"很适合"，有35.58%表示"有些适合"。和上一问相比，情况稍有缓和。起码把思政课的道理和这句谬论相联系的人比例降了将近 10 个百分点，只有 52.94% 了。特别是选择"很适合"的学生人数下降了 3.3 个百分点，说明之前那些想法极端的同学有少部分有所反思。当然，我们不能掉以轻心的是，毕竟还有过半以上的同学认为思政课的道理与网络流行"谬论"之间有联系，这仍然属于需要通过提升思政课教学魅力去针对性解决的问题。

第二章

优秀文化典故资源的内容及其魅力展现

　　优秀文化典故资源是我们民族、国家在漫长悠久、百转千回的发展历程中所积累的宝贵财富，特别是其中蕴含的文化魅力尤其值得深入品味挖掘。必须强调的是，优秀文化典故资源所包括的内容汗牛充栋、浩如烟海，显然我们不可能通过区区一章内容乃至一本小书可以完全概括。在此，我们主要是从高校思政课提升教学魅力的主要需求出发来对优秀文化典故资源进行相应的扼要审视，以期有所收获。具体而言，我们主要从优秀文化典故资源的要素构成、类型分析和魅力特点及其展现三个方面予以阐释。

第一节　优秀文化典故资源的要素构成

　　何谓典故？"典"是汉语常用字。《说文解字》中解释道："典，五帝之书也。从册在丌上，尊阁之也。庄都说，典，大册也。"① 早在商代甲骨文中已有此字的形象（图一），其字形像一双手捧着竹简的样子。可见，"典"的本义所指的是值得人们尊重、崇尚的重要文献书籍。"典"中所记载的内容不仅让人们看，更要求人们信奉遵守。因此"典"后来便演变、引申出众多含义，包括关键性的道理、规则，不可违背的制度、法律，以及人们生活工作中不可缺少的礼节、仪式等。"故"更是汉语中使用极其普遍的字之一。其含义非常丰富，《说文解字》中解释道："故，使为之也。从攴、古声"。这里的原始含义是"故意""原因"之义，进一步引申为多种含义，就包含了"旧有""过去"之意。从这种角度来看"典故"，主要就是指由过去流传保存下来的重要文献资料、制度和礼仪等内容。

---

① 许慎撰，段玉裁注.说文解字注［M］.上海：上海古籍出版社，1988：200.

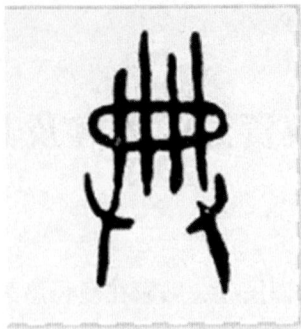

图一 甲骨文中的"典"

　　《辞海》中对"典故"有两个定义。第一个定义为"典制和掌故"①，即与上文所总结的含义基本相同。典故这个名称，由来已久。《后汉书·东平宪王苍传》记载刘苍向汉章帝上疏言："臣闻卑高列序，上下以理。陛下亲屈至尊，降礼下臣，每赐宴见，辄兴席改容，中宫亲拜，事过典故，臣惶怖战栗，诚不自安。"②意思是说，刘苍感到汉章帝对待自己的态度太过于屈尊亲近，有些违背了君臣上下的礼节。特别是每次赐宴会见时，皇帝都整肃一新，皇后也亲自来接见。这些做法都超过了以往的"典故"，刘苍因而感到十分惶恐，内心不安，便请求皇帝以后停止对自己这种"过度"优待。这里的"典故"就是典章制度的含义，具体所指就是以往皇帝对待大臣的礼节、规章等。第二个定义为"诗文中引用的古代故事和有来历的词语"③。这一定义影响极大，后来许多版本的词典、字典均以此为参考来界定"典故"。如《新编现代汉语词典》（2016版）解释"典故"为"诗词或文章等引用的古书中的故事或词句"④。某种意义上讲，在古代由于语言文字传播渠道相对较少，识字认字的人群比例也低，将"典故"仅仅设定在诗文引用范围内尚有一定合理之处。时至今日，全体人民的文化教育早已达到很高的水平，语言文字的使用渠道范围也远远超出古代，若再仅仅只将"典故"范围限定在诗文引用则不合时宜，代表不了更广阔的语言文化领域。事实上在当代社会，诗文反而成为日渐小众的语言使用领域，日常口头交际才是更为大众的语言使用领域，"典故"在日常交际中的出现频率早已

---

① 辞海编辑委员会. 辞海 [M]. 上海辞书出版社，1979：666.
② 陈延嘉，王同策，左振坤. 全上古三代秦汉三国六朝文：后汉第二册 [M]. 石家庄：河北教育出版社，1997：110.
③ 辞海编辑委员会. 辞海 [M]. 上海辞书出版社，1979：666.
④ 字词语辞书编研组. 新编现代汉语词典 [M]. 长沙：湖南教育出版社，2016：261.

远远超过了诗文引用。另一方面，随着时代发展，"典故"所覆盖的时间范围也不能仅仅限于古代，在波澜壮阔的近代社会、大潮奔涌的现代社会乃至一日千里的当代社会，也都在不断产生新的人物故事、新的经典，这些东西同样也具有"典故"的意义。如果说之前对"典故"的定义更多倾向于政治领域、文学领域，那么我们所要谈到的"典故"属于更宽泛的文化领域。从"文化典故"角度来看，那么不论是政治领域的典制掌故、文学领域中的人物故事，以及恢宏历史和日常生活中产生的人物、事件、礼仪、习俗，都可以纳入范围之内并发挥其相应的作用。

我们所要讨论的能够提升高校思政课教学魅力的"典故"应是这个范围更宽广的"文化典故"。从这个角度来看，我们可以总结出此类文化典故共同的构成要素，这就包括生成情境的典型性、生成意象的典范性和契合大众意识的典切性三个方面。

一、文化典故生成情境的典型性

文化典故所包含的内容极为宽泛，既有相对抽象的制度规章，也有更为具体的故事传说；既有以事件为中心的内容，也有以人物为中心的内容；既有相对严谨的朝堂礼仪，也有相对活泼的民风民俗。可以说，各种典故相互之间差异较大。而从典故的起源来看，则它们有一个必然的共同特点——都产生于某种带有典型性的情境。一切典故都是典型情境的产物。

文化典故生成情境的典型性，首先表现在这一情境能反映一个时代或时期人们生活的主要状态。"大禹治水"是中国传统文化耳熟能详的神话典故。这一故事的形成与流传反映了古代中国一种极其重要的生活状态——兴修水利、治理水患。中华文明是诞生于大江大河边的农耕文明，这便与河流之间形成了长期对立统一的辩证关系。一方面，河流提供饮用、灌溉水源，肥沃冲积耕地，这是中华先民生存必备的条件。由此，我们的祖先依赖甚至依恋河流，亲切地将黄河、长江称为"母亲河"。但另一方面，河流在汛期会带来可怕的洪水，足以在一瞬间摧毁人们辛苦积累的一切财富及无数生命。这又是中华先民无法轻易摆脱逃避的灾难。由此，我们的祖先不得不与各条大江大河展开不休不止的斗争。这样的生活状态与情境可以说贯穿了整个中国古代时期，极具典型性。在这种典型情境中诞生的"大禹治水"的故事就不再是单个的事件，而是将中华先民在这种与河流"又爱又防"的生活状态中某一类型、系列事件集合起来形成的典型故事群。通过"大禹治水"的相关故事群可以窥见古代中国流传至今的许多传统文化因素的特质与主旨。"大禹治水"典故中蕴含的最重要特质就是战天斗地、不懈奋斗的品质。面对滔天洪水和不可预见的恐怖灾难，以大禹为代表的中华先民没有退缩恐惧，而是迎难而上、奋斗拼搏，想尽办法去战胜灾难。事实上，从历史来看，历朝历代都有带领百姓治水的真实人物，他们就是"大禹"精神的现实写照。早在战国时期，就涌现了李冰、郑国两大水利专家，他们分别修建的都江堰、郑国渠历经千年仍然在发挥着现实作用。都江堰以其宏大雄伟成为举世闻名的世界文化遗产，郑国渠同样名列世界灌溉工程遗产名录。在他们之后，还有汉朝王景治理黄河、隋朝宇文恺治理渭河、宋朝范仲淹治理黄海海堰、元朝郭守敬治理北运河、明朝潘季驯治理黄河等光荣成就。同样是面对洪水灾害，西方文化中《圣经》里则描述了另外一种选择，这就是依靠上帝制造一条"神奇"的诺亚方舟来躲避洪水。且不说这种想象性的做法到底有多少实际作用，即便是在其故事中也不能救很多人，而只是救了少数人和少数动物，这显然在精神信念上比"大禹治水"要孱弱。所以"大禹治水"中所表达出的奋斗品质成为长期激励中华民族攻坚克难、砥砺奋进的重要动力，客观上也反映了中华民族生存环境不是靠上天"恩赐"、坐享其成得到的，而是在一种充满险恶障碍的环境中、在一次次艰难险阻中抗争奋斗而得到的成果。在这种珍贵的奋斗品质中，"大禹治水"还通过一些细节增强其丰富内涵。例如，在治水过程中，大禹改变其父鲧曾经尝试过的错误方法，以疏代堵，通过顺应自然趋势来引导洪水的水流，体现出高超的治理智慧。同时，他不仅在战略上采取了正确做法，而且更善于在战术、技术层面利用现有条件开拓创新。这其中就有著名的"大禹开龙门"故事。据说，当时大禹经过考察，发现黄河洪水被堵得最厉害的地方就是在龙门山，必须挖开才能疏通洪水主流。但是，龙门山都是由坚硬的石灰岩和花岗岩构成，在原始社会那种技术水平下，靠石器时代的工具根本不可能挖开山体。于是，他采用了当时所能利用的最高水平技术——"火攻"。具体做法就是利用物理上的热胀冷缩的原理，先用大火来烧岩石，等石头烧得又红又烫时，再突然用大量冷水浇上去。这样的话，石头就会炸裂，变碎、变小，人们再上去把碎石清理搬走，就达到了开山的目的。历史上秦国的李冰父子兴修都江堰正是用的这个办法。这就充分证明，只要人们敢于斗争，善于利用条件，一定可以办成很多看似艰难的大事。除了这些创造性智慧与技术，"大禹治水"典故中还有一些细节增强了人的高尚精神，比如为了完成治水壮举，他曾"三过家门而不入"，既反映出古代先民们聚精会神、专注奋斗的态度，也反映出古代先民中一种公而忘私、舍私为公的高尚服务精神。"大禹治水"典故中还蕴含着理解古代中华文明族群组织乃至国家构建的特点问题。如众所知的大一统、中央集权长期以来是古代中国政治制度的典型特征。

这一特征的形成可以从"大禹治水"典故的内容中窥见端倪。仔细审读故事内容，可以发现，大禹正是在治水过程中逐渐获得了较高的权力和权威，乃至于后来建立了古代史第一个王朝——夏王朝。大禹及其所代表的夏王朝统治者的权力之源的重要方面当然是他们成功治理了水患，消弭了灾害，创造了让百姓安居乐业的生存环境。这一摆在眼前的现实成效，促使当时各部落百姓对他及王朝高度拥戴，这就带有着一种认可其出众能力和奖励其不世功勋的含义，也包含了对他未来继续发挥能力、创造功勋的期许。除此之外，审读"大禹治水"典故细节，还可以发现其权威权力形成的其他原因。一方面，这里面有治水工程天然带来的地缘政治因素。大禹治水的主要地点在黄河与淮河流域的中上游。从地缘上讲，控制大河的上游，就如同掌控住了"水闸"，生活在大河下游的人们就不得不受制于这个上游。从正面说，上游治理得江河安宁，下游才能和平安定。从反面说，上游事实上可以用"水闸"对下游形成威胁。所以，大禹治水重点在黄河、淮河中上游，以此便顺理成章实现了对淮河下游江淮地区的控制，拥有了在整个流域建立统一政权的基础。另一方面，这里面也有治水所必须的领导指挥需求。为了实现治水的预定计划及整体成效，下游必须服从上游安排。"大禹治水"典故中有一个"涂山之盟"的故事充分反映这一点。大禹在治理好淮河上游的伊河以后，来到了今天淮河中游的安徽地区。在一个叫涂山的地方召集当地各氏族首领来开会，既是协商河流治理问题，同时也是展示自己权威。《左传·哀公七年》中有"禹合诸侯于涂山，执玉帛者万国"[①] 记载，《国语》中也有"昔禹致群神于会稽之山。防风氏后至，禹杀而戮之，其骨节专车。"[②] 的记载，从中可见，大禹不仅借开会之机聚拢各个族群拥护自己，还以迟到为借口杀掉了防风氏首领，把自己的权威展示得更加强硬。当年涂山所在的地方就是今天的安徽省蚌埠市下辖一个区的名称叫禹会区。"禹会"意思就是"大禹开会"，跨越数千年后人们还以此为地名予以纪念，充分说明此名人典故的重要影响。

文化典故生成情境的典型性，其次表现在这一情境带有一定程度的真实性与可能性，而非单凭人们主观意愿造就而成的虚假情形。"城门失火，殃及池鱼"是一个大家十分熟悉的成语典故。东汉应劭《风俗通义》中有这一故事的最早记载："池仲鱼，人姓字也，居宋（春秋时国名）城门，城门失火，延及其家，仲鱼烧死。又云：宋城门失火，人汲取池中水，以沃灌（浇水、注水）之，

---

① 王守谦，金秀珍，王凤春.左传全译 [M].贵阳：贵州人民出版社，1991：1516.
② 陈韩曦.饶宗颐诗词用典 [M].广州：花城出版社，2019：308.

池中空竭，鱼悉露死。喻恶之滋，并伤良谨也"。^① 从中可见，这一故事发生的情境带有历史真实性，人们看了之后都会相信。按照第一个说法，"池鱼"是一个人的名字。他家就住在宋国城门边，后来城门失火，火势蔓延到他家，把他给烧死了。第二种说法是我们今天更熟悉的说法。内容说的是城门边的一座鱼池，因为城门失火，大家都去池里打水，结果把水都给舀干了，鱼儿也全干死了。不论是哪种情形，都符合事情发生的条件和可能性。即便这件事直接在人们身边发生的概率不高，不是每个人都真的能碰到这么巧的情况，但不妨碍大家相信这件事的真实程度。进而，大家也都认可这一成语典故所蕴含的道理。"刻舟求剑"也是一个来自典籍中记载的著名成语典故。《吕氏春秋》中记载："楚人有涉江者，其剑自舟中坠于水，遽契其舟曰：'是吾剑之所从坠。'舟止，从其所契者入水求之。舟已行矣，而剑不行，求剑若此，不亦惑乎？"^② 作者记载这件事的目的是要借此说明一个道理，讽刺盲目守旧、不识变化的颟顸态度。而从作者对这件事的描述细节来看，同样带有一定的真实性。故事里特意强调是楚人干的事，刚好楚人所在地是江汉地区，过江过河是日常状态。在每日无数次来往过江之中，把东西掉到水中更是时常发生。那么，这中间是不是会真的有人像故事中这样做呢？万千人中难免会有这般犯傻之人，即使概率不大，但是仍有可能。正是这种潜藏着的发生可能性使得读者会接受这一故事并认可其中所讽刺的道理，也使之成为流传的经典故事。"朝三暮四"是一个源自战国时期的成语典故。《庄子》记载："狙公赋芧曰：'朝三而暮四。'众狙皆怒。曰：'然则朝四而暮三。'众狙皆悦。名实未亏而喜怒为用，亦因是也。"^③ 这个故事是寓言，养猴人在现实中当然不可能与猴子对话，但相应的情景是完全可能真实发生的。事实上，养猴人完全不需要和猴子对话，只要通过给猴子喂橡子的数量增减变化，就可以观察到猴子的情绪变化，从而明白这里面的问题所在。读者看到这个故事也不会怀疑其可靠性，并深深认同其中的道理。

　　文化典故生成情境的典型性，最后还表现在这一情境是将特殊性与普遍性相统一的情境，既能充分反映当时的特殊状况，也能在时过境迁后符合一定的普遍状况。一切典故都发生在特殊的情境之中，这些情境往往带有极其独特乃至于突兀的色彩。也正因为这些情境具有强烈乃至偏激的特点方能迅速吸引人们注意力、牢牢印在人们脑海中并成为千古流传的经典。但与此同时，典故形

---

① 公木，朱靖华. 历代寓言选：上［M］. 北京：中国青年出版社，1990：364-365.
② 陆玖. 吕氏春秋［M］. 北京：中华书局，2011：517-518.
③ 陈鼓应. 庄子今注今译［M］. 北京：商务印书馆，2007：76.

成的情境也必然具有相应的普遍性，能很好地唤起人们"似曾相识"的感受。"对牛弹琴"是汉代牟融收录的一个著名典故，他在"理惑论"中记载："公明仪为牛弹清角之操；伏食如故；非牛不闻；不合其耳矣。转为蚊虻之声，孤犊之鸣，即掉尾奋耳，蹀躞而听。"① 这一故事的主角公明仪是一位自学成才且极有才华的音乐家。他对音乐的热爱达到了痴迷的程度，没钱买乐器时拿筷子敲碗也可以敲出动听的乐曲。所以，在他身上发生"对牛弹琴"的故事是不足为奇的。这里面既反映他钟情音乐不拘小节的性格作风，也包含着他对自己的音乐水平过于自信的情形。仔细看故事内容，我们发现他并没有因为给牛弹琴没有起作用而就此作罢，而是马上改弦更张，弹出了如同蚊子叫声和小牛鸣叫一样的音乐，终于让牛听得摇头摆尾、来回徘徊。这里的描述也再次反映了看似荒谬的典故发生情境依然具备真实性与可能性，只不过这样的情境是在十分特殊的艺术家身上才会发生，一般人遇不到而已。同时，人们对这一情境也并不视其为荒诞从而一笑了之，而是非常重视其中表达出的含义与道理。因为大家能从这一情境中发现"似曾相识"的普遍性。固然让一个人对着牛去弹琴不大可能，但是一个人将自己认为"高超""美妙"的话语或音乐表达给听不懂的人这种情境却是很常见的。人们在这样的情境中通常是在讥笑对象，把对方看作不懂道理、水平低下的"牛"，把自己的努力看作是白费功夫。但其实也含有另一层含义，那就是在反思表达者的问题。毛泽东同志曾形象点评过党内出现过的错误宣传做法，"'对牛弹琴'这句话，含有讥笑对象的意思。如果我们除去这个意思，放进尊重对象的意思去，那就只剩下讥笑弹琴者这个意思了。"② 毛泽东同志在这里的点评比过去人们的看法更有见地。的确按照"对牛弹琴"典故的原意来看，"牛"在这个过程里是以一种"道具"形式出现。它对于"对牛弹琴"的发生没有任何责任，不具备任何可以指摘之处。这一典故中从始至终的主角都是"弹琴者"。我们把这几种对于典故的解读综合来看，更可见"对牛弹琴"这一典故所形成的情境所带有的普遍意义。它能使得在几千年后的人们能从中读出层次丰富的含义，并在含义被扭曲后又能纠正回来，可见这种普遍性之强。《庄子·天运》记载过一个著名故事："故西施病心而颦其里，其里之丑人见而美之，归亦捧心而颦其里。其里之富人见之，坚闭门而不出；贫人见之，絜妻子而去之走。"③ 这一典故中实际上包含了两个著名成语。其一就

---

① 孟正民，房日晰. 中华经典中的寓言：汉魏晋卷［M］. 西安：三秦出版社，2018：135.
② 毛泽东. 毛泽东选集：第三卷［M］. 北京：人民出版社，1991：836.
③ 陈鼓应. 庄子今注今译（上册）［M］. 北京：商务印书馆，2007：434.

是"西子捧心",描述一种美女在生病之后反而增加美感的情形。这里的关键在于强调西施之美不在于"捧心"这个外在动作,而在于她本就是极品的一流美女,所以即使她生病也会以一种格外的"美"表现出来。其二是"东施效颦",描述一种丑陋对美貌者的拙劣仿效带来适得其反的结果。这一典故与"西子捧心"相呼应,不仅讽刺"东施"之"丑",而且更点出这种"丑"的关键不在于"丑"本身,而在于"效"的行为。"效颦"行径之"丑",首先表现在认知层面的"无知"。既没有认识到西施之"美"的本质是人而非生病之状态,也没有认识到自身之"丑"并不适宜去暴露,没有自知之明。其次,这种"丑"还体现在东施心态之不端正甚至有些阴暗。由于东施无知,在嫉妒西施之美的同时又看低了西施之美的水平,以为西施不过是靠一些简单的"捧心"之类的动作便能成为美人。东施心中以为,既然变美这么容易,那我为什么不可以做呢?进而,我做到了不就和西施一样成为人们追慕的美人了吗?她这就由无知、嫉妒上升到了僭越,最终一丑到底,闹得一个人人避之不及的下场。"东施效颦"典故的情境亦非常极端而特殊,顶级美女和丑女的"碰撞"在生活中当然概率极小。但此情境的普遍性却也非常明显,因为类似的情境极其常见。仅就此典故所说的直接含义就已然很普遍。我们在生活中常常见到,一些人看到偶像明星有什么好看的穿着打扮,于是纷纷"跟风""追潮流",商家也借此炒作,大量推出"XX同款""XX爆款"的广告,吸引人们盲目购买消费,正是此种情形再现。而若联系到"东施效颦"所蕴含的引申含义则更加让人目不暇接了。

二、文化典故生成意象的典范性

文化典故千古流传,其中最让人印象深刻、津津乐道的是典故中所表现出的各式各类、独具特色的标志性角色、情节。借用文学审美中的术语来说,这也就是在各个典故中所生成的独特意象。

有学者指出,"意象是中国传统文学艺术独有的一个概念,恐怕也是中国传统艺术思想中一个最重要、最基本的概念,其中积淀着深厚的中国文化意识"[①],"它是审美活动中主客体交融而形成的具有显著的主客体因素的主观映象。"[②] 以此而言,"意象"一语是将文学艺术方式方法的内在与外在、目的与

---

① 郜元宝,张冉冉. 贾平凹研究资料 [M]. 天津:天津人民出版社,2005:100.
② 李永刚. 审美意象的本质特征及成因初探 [J]. 内蒙古师大学报(哲学社会科学版),1996(04):75.

手段统一起来的整体表达。被称为文学艺术中的意象，往往既有其独特的外在形象，更代表着其内在的意义。这一逻辑结构既是对人们日常生活语言行为的阐释，更是对文学艺术方式方法的解读。多种多样的文学艺术方法，归根到底都是在"言""象"上面下功夫，以或隐或现地表达内在之"意"。久而久之，"意"与"象"便成为一个文学艺术常用的术语。我们所说的文化典故，固然不一定都能达到高超的文学艺术层次，但也并非完全不相干。在很大程度上来说，文化典故也代表着一定的文学艺术类型，其中的意象也正类似于文学艺术中的意象。文化典故中的意象，正以其不容忽视的典范性发挥着重大作用。

文化典故生成意象的典范性，首先体现在意象能集中表达其内在的含义。在中国传统文化中，"意象"的运用最早与道家学说相关，《道德经》记载："故建言有之：明道若昧；进道若退；夷道若纇；上德若谷，大白若辱，广德若不足，建德若偷，质真若渝；大方无隅；大器晚成；大音希声；大象无形。道隐无名。夫唯道，善始且善成。"① 在这里，道家思想是以辩证思维的角度来阐述其所谓"道"的特质。文中所列举的"明"与"昧"、"进"与"退"、"夷"（平坦）与"纇"（崎岖）、"上"（高）与"谷"（低）、"白"（洁白）与"辱"（瑕疵）、"广"（充足）与"不足"、"建"（强健）与"偷"（羸弱）、"质真"（坚定）与"渝"（改变）都是含义相反的词语，然而从"道"的角度来看，后者却正可以反映前者，如光明之"道"往往表现得昏暗不明。其后一组短语则进一步将生活中常见的相反现象用于此之说明。最方正之物反而是没有棱角的（"大方无隅"），最庞大的器皿反而是很难做成（"大器晚成"）、最大的声响反而是没有声音（"大音希声"）、最大的形象反而是没有形状（"大象无形"）。文章最后总结指出，真正的"道"常常隐藏其"名"，既有好的开始，也有好的结果。这段文字是道家思想的经典表达，里面没有提到"意"，而"象"则是被当作了整段文字主旨的例证之一。结合整体含义来看，其所阐述之"象"既是日常生活中所见的事物形象，又不仅仅是指日常形象，而是进一步探究了"象"所要表达的内涵。所谓"大象无形"，既是阐述"有形之象"与"无形之象"的辩证关系，更是强调人们不要拘泥于眼前的"有形之象"，而是要通过此"有形之象"把握到其背后更广大的象征与意义。《庄子》中解释，"筌者所以在鱼，得鱼而忘筌，蹄者所以在兔，得兔而忘蹄，言者所以在意，得意而忘言。"② 此处以捕鱼、捉兔为例直接谈到了"意"的问题。人们使用渔网

---

① 任继愈. 老子绎读［M］. 北京：北京图书馆出版社，2006：91-93.
② 陈鼓应. 庄子今注今译（下册）［M］. 北京：商务印书馆，2007：832-833.

（"筌"）是为了捕鱼、使用兔网（"蹄"）是为了捉兔，当捕鱼捉兔成功后，充当工具的"筌""蹄"自然可以被抛到一边去了。与此相似，人们说话（"言"）是为了表达意义，当意义成功表达且顺利理解后，作为工具的话语也就可以放置一旁了。此一番表述也间接重申了"象"的问题。与"意"相比，"象"也正类似于一种工具，并非最后的目的。《系辞传上》指出，"子曰：'书不尽言，言不尽意'。然则圣人之意其不可见乎？子曰：'圣人立象以尽意，设卦以尽情伪，系辞焉以尽其言，变而通之以尽利，鼓之舞之以尽神'"。① 此处之论可以说是最早对"象"的推崇与凸显，代表着独特的易学思维。从中可见，作为儒学创始人的孔子本身是非常重视书籍文献价值的，但此处却明确承认书籍记载不能彻底完整记录（先贤）的言谈话语，而（先贤）的言谈话语即便能够被完整记录却仍然无法完整表达圣人之思想内涵。那么，圣人思想内涵的真正表达就是"象"，也就是周易卦象。这也从一个侧面印证了《史记》中对孔子的记载，"孔子晚而喜《易》，序象、系、象、说卦、文言。读《易》，韦编三绝。"② 孔子喜欢《周易》有很多原因，结合他创作《易传》的事迹及在《系辞传上》中的说法，可以说欣赏并重视周易中的卦"象"是很重要的理由。魏晋易学家王弼对此注解道，"夫象者，出意者也；言者，明象者也。尽意莫若象，尽象莫若言。言生于象，故可以寻言以观象；象生于意，故可以寻象以观意。意以象尽，象以言著。"③ 这里就把"意""象""言"的关系做了完整的解析，确定了三者之间由内至外的一种"意—象—言"的逻辑关系。"意"是最内在的核心思想与含义，"象"源自"意"，是对"意"的表达；而"言"则处于最外层，是对"象"的描述。人们之所以关注"言"，目的在于把握其所描述的"象"；之所以去把握"象"，目的则在于把握最内核的"意"。"唇亡齿寒"是春秋时期的历史典故。《左传》记载："晋侯复假道于虞以伐虢。宫之奇谏曰：'虢，虞之表也。虢亡，虞必从之。晋不可启，寇不可玩。一之谓甚，其可再乎？谚所谓'辅车相依，唇亡齿寒'者，其虞、虢之谓也。"④ 虞、虢是春秋时期大国晋国旁边的两个小国，国土紧密相连。其中，虞国靠近晋国，刚好处于虢国与晋国的中间。于是，晋国向虞国的国君虞侯送礼，请求借道去攻打虢国。虞国大夫宫之奇看出其中问题，劝谏虞侯不要同意，指出虞、虢两国是一种"唇"与"齿"的关系，一个被攻打消灭，另一个也跑不了。虞侯看不出

① 黄寿祺，张善文. 周易译注 [M]. 上海：上海古籍出版社，2004：526.
② 宋双双. 中华成语典故（典藏版）[M]. 桂林：漓江出版社，2022：409.
③ 冯契. 哲学大辞典（上）[M]. 上海：上海辞书出版社，2001：244.
④ 王守谦，金秀珍，王凤春. 左传全译 [M]. 贵阳：贵州人民出版社，1991：214.

这其中道理，不同意宫之奇的建议，想要同意晋国的主张。他在后文中先后以晋国为自己同宗不会害自己、自己平时重视祭祀神灵必然受保佑这些理由来为自己辩护。宫之奇看这情形无法扭转，于是带着全家人逃离了虞国。而后，虞国接受晋国送的礼物，让晋国军队进入自己的国家驻扎。"冬，十二月丙子朔，晋灭虢，虢公丑奔京师。师还，馆于虞，遂袭虞，灭之，执虞公，及其大夫井伯，从媵秦穆姬。"① 最终结果与宫之奇所预料的丝毫不差，晋国轻松灭掉虢国，还师途中驻扎虞国，突然进攻把虞国也灭了。虞侯及其大夫井伯都当了俘虏。这一典故塑造的意象用"唇齿"为符号来描述国家间相辅相依的存亡关系，准确生动且极富警示意义。还从其他角度塑造了相似的典故，如"唇齿相依""假途灭虢"等。

　　文化典故生成意象的典范性，其次体现在意象本身是大众熟悉的对象。文化典故塑造意象既要集中反映其中意义，更要选择大众熟悉的对象来予以加工改造。只有大众越熟悉的对象，才越拥有传达更丰富含义的价值。"欲壑难填"是春秋时期的成语典故。《国语·晋语八》记载，"叔鱼生；其母视之；曰：'是虎目而豕喙；鸢肩而牛腹；溪壑可盈；是不可餍也。'"② 这个典故的主角是人贪官羊舌鲋。羊舌鲋，字叔鱼，是公元前6世纪晋国的贵族成员。上文内容是他母亲在他出生时对他的评价，其长相极为可怖，眼睛如老虎、嘴像猪嘴、肩膀像老鹰、肚子像牛肚，这些动物都是大家十分熟悉的、吃喝需求强烈的动物。为表现"填"这一状态，文中还用大众熟悉的溪流河谷为比喻，总结评价羊舌鲋的欲望完全填不满，以此夸张描述展现出他天生的贪婪本质。在这一典故的记录中，羊舌鲋的人生经历完全符合历史评价。他在成年后担任了晋国代理司马的职务，奉命带领30多万军队去邹国进行演习训练。军队经过卫国的时候，羊舌鲋命令军队停下，向卫国国君索要贵重礼品。对此无理要求，卫国国君起初不予理睬。于是，羊舌鲋纵容他手下士兵在卫国境内胡作非为、乱砍滥伐、随意践踏，百姓遭殃不已。最终，卫国国君忍气吞声，同意了羊舌鲋的索贿要求，派人送了一箱精美的锦缎，这才送走羊舌鲋和他的大队人马。又有一次，羊舌鲋代理晋国诉讼官员，审判一桩涉及两位贵族纠缠多年的土地纠纷案。案子的主角分别是刑侯和雍子，都是晋国的权势人物。雍子抢先知道了羊舌鲋担任主官的消息，他便主动向羊舌鲋示好，把自己貌美如花的女儿嫁给了羊舌鲋。羊舌鲋来者不拒，娶了雍子女儿后，便不管案件本身对错，直接宣判雍子

---

① 王守谦，金秀珍，王凤春. 左传全译［M］. 贵阳：贵州人民出版社，1991：218-219.
② 左丘明. 线装经典·国语［M］. 昆明：云南人民出版社，2017：235.

无罪、刑侯有罪，并强行把刑侯田产划归雍子。这就惹怒了权势不小的刑侯，他在盛怒之下拔剑杀了羊舌鲋和雍子。案发后，晋国权臣韩宣子会同太傅羊舌胖一起处理。羊舌胖是羊舌鲋的亲生兄长，但他了解事情前因后果后却明确表示，羊舌鲋之死是罪有应得。羊舌鲋被后世称为第一个被官方记录的贪官，其"欲壑难填"最终吞噬自身生命，留下千古警示。

　　文化典故生成意象的典范性，最后还体现在意象反映问题的深刻性。"与虎谋皮"是从古典寓言中演变而来的一个典故。《太平御览》记载，"欲为千金之裘而与狐谋其皮，欲具少牢之珍而与羊谋其羞，言未卒，狐相率逃于重丘之下，羊相呼藏于深林之中。"① 人们为了得到价值千金的狐裘便去和狐狸商量要剥它的皮，为了得到祭祀的少牢便去和羊商量把它做成食物。其结果就是，话没说完，狐狸、羊都跑到山里树林中去了。此记载中原本讲的是狐狸与羊，应该说是"与狐谋皮"，后在传播过程中改变为"与虎谋皮"，当然典故效果和寓意没有改变，甚至更加有冲击力。因为"与狐谋皮"的最坏结果就是狐狸跑了，让人失望；而"与虎谋皮"的结果就不仅仅是失望的问题了。凶残的老虎本身就是吃人的，当知道人们想要它的皮时，它的兽性会被更大地激发，变本加厉地屠杀吞噬。从"与狐谋皮"到"与虎谋皮"，既反映出事情难度大到无法想象，又将人们因无知而做蠢事的问题上升到了因无知而做既愚蠢而又凶险之事的问题。这则人们想象中的寓意典故对人们的社会历史事件带有强烈的深刻深远的反映意义。辛亥革命是中国近代的一场意义重大的革命，但革命果实最终却被以袁世凯为代表的旧军阀窃取，功败垂成。关于这场革命的评价，辛亥元老、中国共产党早期代表之一的吴玉章便曾用"与虎谋皮"来描述袁世凯的嘴脸，"袁世凯这时刚刚继承了李鸿章的衣钵，正秉承着清朝反动统治者西太后的懿旨，倾心媚俄，天真的学生们竟去向他求助，何啻与虎谋皮?"② 通过讲述可以发现，袁世凯早在辛亥革命前已经把自己的本性与野心暴露得很明显了。吴老在这里讲的是袁世凯刚刚接任李鸿章直隶总督时的表现，那时距离辛亥革命尚有 10 年时间。年轻学子们当时只对签订卖国条约的李鸿章失望痛恨，便把希望寄托在新任的袁世凯身上。然而事实是残酷的，袁世凯本质上与李鸿章并无二致，甚至野心与卖国心有过之而无不及。在爱国的学生面前，袁世凯的形象正如一头凶险残暴的猛虎! 学生们去向他示好请愿，让他爱国、革命，当真是如同和老虎商量要剥它的皮，下场可想而知。这其中也蕴含着重要预示，辛亥革

① 孟正民，房日晰. 中华经典中的寓言：汉魏晋卷［M］. 西安：三秦出版社，2018：170.
② 吴玉章. 辛亥革命亲历记［M］. 北京：北京出版社，2020：28.

命后孙中山所代表的革命党人在这个问题上并没有吸取之前青年学生们的教训，仍然对袁世凯抱着不切实际的希望，竟与他妥协谈判，犯了更严重的"与虎谋皮"错误，终于被这狡诈的老虎窃取了果实。他还杀戮吞噬了无数革命志士的生命。土地问题是近代革命中的中心问题。这一中心问题的重要性及根深蒂固不仅表现在中国共产党领导人民探索革命道路的历程中，甚至在国民党统治下也有深刻体现。陈果夫是国民党统治集团的核心人物。据北京大学原校长蒋梦麟的回忆录记载，陈果夫曾经准备在南京市搞一次有限度的土地改革，具体做法就是将南京城中那些没有造房子的土地由政府收购后统一规划。这个做法大体是对孙中山土地政策中"涨价归公"主张的一个升级版，相对于我们所熟悉的土地革命而言可以说层次相当浅，完全没有触及广大百姓特别是农民们的核心诉求，甚至对城市中有钱人利益的触动也相当有限。但即便如此，陈果夫这一计划也完全无法实施。蒋梦麟记载道，"等到开会时，他把计划提出后，竟左右碰壁，大多数人都不赞成。他不明白是什么缘故？后来才知道南京的地，多半早被政府里的大官用很便宜的价钱收买了。所以要他们来通过他的计划，当然是很困难的。我那时与陈果夫先生说：'果夫先生啊！南京的地是老虎皮，你要用强力，才能把老虎打倒，剥下它的皮啊！你跟老虎商量，要想通过剥虎皮的法案，那是办不到的。'果夫先生说：'真的，起初我不懂，后来我才懂。'"① 严格地说，作者在这里使用"与虎谋皮"在含义上稍稍有些许错位，但这种错位恰恰又更显示了这一典故反映类似问题的深刻性。之所以说有些许错位，是因为陈果夫所采取的土地改革对于当时南京城内的大官来讲，远远没有达到"剥皮"的程度。一方面，他的"改革"所针对的对象并不是这些大官的全部财产，而只是他们财产的一部分。另一方面，他的"改革"也并没有准备采取强制手段去对待这些土地财产，而是采取购买的市场行为。既然是购买，就已经包含了保障这些大官财产价值的前提。作者自己也指出，"剥皮"行为就是用强力打倒老虎，那就是用直接没收的方法来对待。相比之下，陈果夫的"改革"对这些大官充其量就是"拔毛"而已。但没想到的是，即便只是"与虎拔毛"这种轻微损失，南京城内的大官也坚决反对，致使陈果夫的计划付之东流。这就从更深层次反映了民国时期南京城内大官们固守特殊利益的"严丝合缝""锱铢必较"，反映出他们这一群体的贪得无厌、贪如虎狼的恶劣品性，反映出这一反动集团维护特权利益的狠辣无情。从更宏大层面看，近代中国反动阶级、特权阶级的利益根深蒂固，与被压迫人民的矛盾不可调和，只有采取

---

① 蒋梦麟. 西潮与新潮 [M]. 北京：人民出版社，2012：250.

激烈的革命运动才能彻底解决。

三、文化典故契合大众意识的典切性

文化典故归根结底是人们实践活动的产物与结晶。这其中既包含有客观物质性方面的环境因素，也包含着丰富的主观精神方面的思想意识因素。某种意义上讲，能以文化形式传承的典故中，契合大众意识是非常突出的要素之一。宋代大儒朱熹指出：

> "人生而静，天之性也，感于物而动，性之欲也。夫既有欲矣，则不能无思；既有思矣，则不能无言。既有言矣，则言之所不能尽，而发于咨嗟咏叹之馀者，必有自然之音响节奏而不能已焉。此"诗"之所以作也。"①

在此处，朱熹是引用了儒家典籍《乐记》之说来评价儒学典籍《诗经》之产生与传承的思想意识因素。在他的分析中，人在思想意识上原本是一种"静"的状态。但与此同时，人性之中又包含着被外物触动的欲求，这种欲求必然引发人的思考，人的思考又必然带来话语言说。一旦开始话语言说，则力图尽兴表达所思所想。其中有些表达内容反映的是人们内心触动极大的赞叹、叹息、吟诵之情，自然而然与世间音响节奏相配合，便形成了配乐之《诗经》作品。朱熹此处的分析主要针对儒家典籍《诗经》，阐述了《诗经》的产生与大众普遍意识的深度关联。《诗经》作为典籍也属于广泛意义上的文化典故。因而，他的分析在很大程度上也适用一切文化典故的分析。从这个角度看，文化典故必然具备契合大众意识的典切性。

文化典故契合大众意识的典切性，首先表现于典故能贴切反映大众普遍的心理感受。典故之所以成为大家共同认可的东西，最外层的一个意识因素就是能反映大家普遍的心理感受。"高山流水"是全体华人熟知的文化典故，已然成为名耀历史的千古佳话。《列子》中记载：

> "伯牙善鼓琴，钟子期善听。伯牙鼓琴，志在登高山，钟子期曰：'善哉，峨峨兮若泰山！'志在流水，钟子期曰：'善哉，洋洋兮若江河！'伯牙所念，钟子期必得之。伯牙游于泰山之阴，卒逢暴雨，止于岩下，心悲，乃援琴而

---

① 吴世常. 美学资料集［M］. 郑州：河南人民出版社，1983：262.

鼓之。初为霖雨之操，更造崩山之音。曲每奏，钟子期辄穷其趣。①

此一典故所包含的心理要素十分浓烈，孕育出系列典故意象，反映出大众熟知的丰富心理感受。这其中，打动人们的首要心理感受就是对美好艺术的欣赏。俞伯牙是春秋时期楚国著名的琴师，技艺十分高超。而对于美好艺术而言，越是高水平作品越是需要高水平的受众才能欣赏。在一般人印象中，俞伯牙是一名贵族身份的一流艺术家，那么与之相匹配的也应该是贵族身份的一流艺术鉴赏家。但实际上，俞伯牙长期在自己身边遇不到能欣赏自己艺术的鉴赏家，处于孤芳自赏的境地。反而是俞伯牙在野外一次偶然弹奏中遇到了真正能鉴赏的樵夫钟子期。作为樵夫的钟子期显然与俞伯牙之间具有巨大的阶层落差，但他却能准确无误地辨别出俞伯牙每首音乐的真实含义。不仅能准确感受，而且还能进行精彩表达。例如，他听出了俞伯牙弹奏音乐是在描述高山，他不是简单地说"这是高山"，而是以不逊于音乐水平的话语"峨峨兮若泰山"予以描述；听到弹奏音乐与流水相关，他也是以艺术话语"洋洋兮若江河"予以表现。某种意义上讲，钟子期对俞伯牙的音乐开展了一次"再创造"。可以说，在他们这一场相知相遇中，作为人类共同追求的美好艺术已经超越了外在的阶层、身份差距，是难得的心理共鸣。时至今日，在湖北省武汉市的汉阳区仍然保留着和这一典故相关的大量地名，包括"古琴台""琴断口""钟家村"等。这从一个侧面反映出大众对这一典故的深深认同与铭记。其次，"高山流水"典故带给大众的心理感受是得遇知音的畅快。不管是艺术创作还是人生经历，遇到和自己心灵相通、意气相投的人都是极其畅快、极其美好的状态。"高山流水"正为这种全人类共有的美好心理状态创作了一个范畴——"知音"。其表面含义是说钟子期能听懂俞伯牙的音乐，带有一种"单向"关系。而从故事描述的内容来看，"知音"所代表的是一种双向关系。俞伯牙固然以钟子期为"知音"，以遇到钟子期为人生幸运。钟子期又何尝不是如此呢？试想下，他有着如此高超的音乐鉴赏天赋，在遇到俞伯牙之前岂非也是处于埋没状态中？遇到俞伯牙这位艺术家也是钟子期之人生的一大幸事。就创作而言，俞伯牙本身的艺术水平很高，创作能力很强。而在他遇到钟子期之后，更是在知音的触动下激发了更多创作灵感。"高山流水"这一千古名曲可以说是二人共同创作的伟大成果。由此内涵延伸开去，则可以"知音"来描述人们相互之间能熟悉理解对方的所思所想、心理感受，特别是能相互促进对方获得更好人生体验与收获。最后，"高山流水"典故还透露出一种失去挚友、知音难觅的心理失落。俞伯牙与钟子期的

---

① 申笑梅，王凯旋. 诸子百家名言名典 [M]. 沈阳：沈阳出版社，2004：393-394.

故事结尾并不美好。钟子期病亡，俞伯牙却并没有在第一时间得知讯息，还按照以往去相约的老地方弹琴，左等右等不见好友前来，多方打听终于得知噩耗。俞伯牙伤心欲绝，在弹完最后一首曲子后摔断瑶琴，悲痛而离去。因而，"知音难觅""知音难得"也成为对人们失落心理的典切表达，历朝历代不少文人墨客均以此抒怀，并因此成就许多新的典故。薛涛是唐朝著名才女，虽则唐朝是中国古代女子地位相对高的时代，但女子被压抑的地位却没有整体改变。在这种氛围下成长起来的一流才女也难免遇到各种不公正待遇，要想真正施展抱负、与知音相知相守更是难上加难。她曾写诗描述自己的失意心理："借问人间愁寂意，伯牙弦绝已无声"，她这是以伯牙断琴为比喻，描写自己所感受到的人间愁闷寂寞，读来让人怅惘。王安石是宋朝乃至中国古代著名的变法改革家，为推动改革，不惜只身对抗满朝权贵，说出过"天变不足畏，祖宗不足法，人言不足恤"的豪言。在那样的环境中执意改革注定了他的悲剧结局，在这样的心理状态下，他也曾写下名为《伯牙》的绝句诗："千载朱弦无此悲，欲弹孤绝鬼神疑。故人舍我归黄壤，流水高山深相知。"王安石所描述的心理境遇与薛涛有相似的愁闷孤寂，而又多了一层愿意传承千载之前"高山流水"佳话的志向，更在结尾处表达了更深的复杂心境。一方面，自己曾得遇知音便已感到幸运并非全是遗憾，另一方面，即便知音已逝也绝不改变初衷的信念，自己与逝去故友必定保持心灵相通。这当然是在借知音之典故表达自己改革变法之理想信念。南宋名将岳飞是中国历史上最著名的爱国将领，也是著名冤屈悲剧的主角。他的一生充满着重重阻力与不屈抗争，亦写有《小重山》一词抒发心志，"欲将心事付瑶琴。知音少，弦断有谁听"。岳飞心境中也有薛涛的愁闷，但又更多了一层绝望。"弦断有谁听"一语反映他似乎隐约预见了自己即将遭遇惨痛的结局，但亦表现出并不以此而放弃的信念，又与王安石的心境相符合。

　　文化典故契合大众意识的典切性，其次表现于典故能反映大众情感好恶。人的情感是意识中的最活跃的组成部分。《礼记》中指出，"何谓人情？喜、怒、哀、惧、爱、恶、欲，七者弗学而能"。① 人的情感总共七种，即欢喜、愤怒、悲哀、恐惧、喜爱、讨厌和欲望，这些情感都是人天生具有，是不用学习就自然拥有的东西。这里的情感划分细致全面，可以说是中国文化中情感分析的标准。既然情感与人不可分割，作为人们实践产物的文化典故自然也具备情感要素。很大程度上说，文化典故正是了解大众情感好恶的有效参照。诞生于春秋之际的著名典故"管鲍之交"，表现出丰富的情感选择，代表着中国人某些共同

---

① 杨天宇. 礼记译注［M］. 上海：上海古籍出版社，2004：275.

的情感指向。《史记》中记载，"管仲夷吾者，颍上人也。少时常与鲍叔牙游，鲍叔知其贤。管仲贫困，常欺鲍叔，鲍叔终善遇之，不以为言。已而鲍叔事齐公子小白，管仲事公子纠。及小白立为桓公，公子纠死，管仲囚焉。鲍叔遂进管仲。管仲既用，任政于齐。齐桓公以霸，九合诸侯，一匡天下，管仲之谋也。管仲曰：

> "吾始困时，尝与鲍叔贾，分财利多自与，鲍叔不以我为贪，知我贫也。吾尝为鲍叔谋事而更穷困，鲍叔不以我为愚，知时有利不利也。吾尝三仕三见逐于君，鲍叔不以我为不肖，知我不遭时也。吾尝三战三走，鲍叔不以我为怯，知我有老母也。公子纠败，召忽死之，吾幽囚受辱，鲍叔不以我为无耻，知我不羞小节而耻功名不显于天下也。'生我者父母，知我者鲍子也。'鲍叔既进管仲，以身下之。子孙世禄于齐，有封邑者十余世，常为名大夫。天下不多管仲之贤而多鲍叔能知人也。"①

　　这一典故所贯穿的情感就是欢喜、喜爱。首先是鲍叔牙对管仲的友情之喜爱方面。这种喜爱的基础是情感真挚和诚恳。鲍叔牙自幼与管仲是好朋友，鲍叔牙因而对管仲的情况极其熟悉。他既明白管仲家中贫困、母亲需奉养等情况，也知道管仲为人的种种性格特点，更明白管仲具有极高的才华能力。在这些信息的基础上，鲍叔牙把友爱情感发挥到极致，完全克服了其他负面情感。例如，有人会因朋友家贫负担重而厌恶，会因朋友占自己便宜而愤怒，会因朋友才华出众而愤恨嫉妒，也会因朋友陷入困境而恐惧逃离等。这些负面情感在鲍叔牙这里一丝一毫都没出现。这里已然显示出了强烈的情感立场。其次是管仲对鲍叔牙的友情喜爱方面。在二人交往的前半生，管仲似乎都是在不停地占鲍叔牙便宜，表现出一副小人面孔。但是在后半生却显示出管仲的人格魅力。在登上齐国宰相之位后，管仲的才华得到充分施展，力助齐桓公完成霸业，位高权重，众人仰望。此时的管仲与鲍叔牙的身份已是天壤之别。但管仲并没有因此慢待好友，而是以更加真诚厚重的情感来对待当年好友。从他的自述中可以看出，在过去漫长人生岁月之中，鲍叔牙曾经的友善相助管仲过去虽然未曾提起，但却并未忘记。他如数家珍一般报出鲍叔牙几十年来的种种友善之举并进行深刻剖析，对鲍叔牙那种默默相助不求回报甚至甘愿忍受误解的担当真心感激，以至于名震天下的管仲向天下人发出"生我者父母，知我者鲍子也"的慨叹！这

---

① 李敖.山海经 易经 尚书 晏子春秋［M］.天津：天津古籍出版社，2016：118.

种评价地位之高，不仅让鲍叔牙及其家族在当时备受国家优待，更足以让鲍叔牙名垂青史，成千古典范！后世人们于此感叹，"管鲍之交"这一典故不仅反映出最理想之友爱，更显示出两个伟大人格之经典交往。由此还衍生出"管鲍分金"等相关典故，同样反映出千百年来大众的情感认同。唐朝大诗人李白写诗赞叹："鲍生荐夷吾，一举置齐相。斯人无良朋，岂有青云望。临财不苟取，推分固辞让。后人称其贤，英风邈难尚。"诗中简要描述了管、鲍二人交往的主要梗概，尤其赞赏鲍叔牙在交友时无私荐贤和仗义疏财的高洁品质，同时也感慨自己缺少这样的"良朋"，表达出追慕之情。高适赞叹："丈夫结交须结贫，贫者结交交始亲。世人不解结交者，唯重黄金不重人。黄金虽多有尽时，结交一成无竭期。君不见管仲与鲍叔，至今留名名不移。"此诗重在对比"重金"和"重人"两种交友方式。"重金"的交友方式无法持久，总有黄金耗尽的一天；"重人"的交友方式方可永恒，不仅在生前友谊无尽，在死后还能万古留名。管鲍之交正是"重人"交友的典范，从二人交往的典故出发，诗人还特地强调交友时机要选在人们还处于贫困之际，此时之交往才更真诚，友爱更亲近。北宋文学家曾巩也赞叹："云中一点鲍山青，东望能令两眼明。若道人心是矛戟，山前哪得叔牙城。"此诗又从"管鲍之交"典故中领略出一番不同境界。诗人不仅仅着眼于管鲍二人之交往，也不局限于友善情感本身，而是更进一步由此典故确证人性人心之善，劝导世人如管鲍一般发掘善意，摒弃相互之间争夺的恶意，将典故之意义发掘得更深。

　　文化典故契合大众意识的典切性，最后还表现于典故能契合大众相对统一的思想认同。理性思维是人们意识中的高层次内容，由此产生的思想观点亦代表人们精神世界的最高水平。在一种文化中所形成的文化典故，必然能最大化契合大众在思想上的认同。即便因人数众多或历时久远无法达到绝对统一，但也必定可以达到相对统一。"积善之家必有余庆"是中国人代代相传的古训典故，反映出中国人温和而坚定的世界观。《周易》的《文言》中对"坤"卦如此阐释，"坤至柔而动也刚，至静而德方，后得主而有常，含万物而化光。坤道其顺乎，承天而时行。积善之家必有余庆，积不善之家必有余殃。臣弑其君，子弑其父，非一朝一夕之故，其所由来者渐矣。由辩之不早辩也。《易》曰：'履霜，坚冰至。'盖言顺也。"① 坤卦象征大地，大地总是宽厚温和、胸怀博大，如同母亲一样抚育后代。坤所代表之"道"便表现为柔顺和平。但其内在也并非一味柔顺，在发动之后亦能刚健。虽然在时序上"坤"道排在后面，但

---

① 黄寿祺，张善文．周易译注［M］．上海：上海古籍出版社，2004：31.

其中同样蕴含着不可被随意改变之规律，能以此化生万物、大放光彩。"坤"道所运行之规则正与天时运行节奏相同。在人间社会来看，一个家族世代行为品性的积累最终会产生不同的回报，这正是"坤"道发挥作用的表现。那些世代积累善行的人家，就是在为家族后代积累美好吉祥，（一旦时机达到）这一家族后代会源源不断地获得幸福；反之，那些世代积累恶行的人家，就是在为家族后代灾难祸害，（一旦时机达到）这一家族后代同样会不停歇地遭受灾殃。当时的乱世之中，有的大臣在弑杀国君，有的儿子在弑杀父亲，（这些灾祸）都不是一朝一夕短期内形成的，它必定是日积月累的后果。《易经》说："践踏着薄霜，坚厚的冰层快要冻结成了。"这正描述了一种日积月累、循序渐进的状况。这一典故中反映出中国人多方面的思想认同。"积善之家必有余庆"文化典故所代表的思想认同中，最突出的表现就是重视家风家教建设的民族特色。在世界各大文明中，说起重视家风家教、家族传承，没有哪一个民族能超过中华民族在这方面的作为。中华上古传说中的"三皇五帝"中的"三皇"之一就是有巢氏这一人物。他的主要功绩就是发明住宅，使得人们有家可居住。"五帝"中的五位黄帝、帝喾、颛顼、尧和舜也同样带有家族传承的含义。人们记载黄帝功绩之时，同时也赞誉他妻子嫘祖的功绩。嫘祖发明蚕桑、带动女性纺织劳动，助力整个家庭发展。上文所说的《周易》典籍中的"坤卦"正是对女性品德的重视，此外还专门有"家人"这一卦。其卦象内容同样强调家庭中女性对于整个家族和谐发展的重大意义。《易传》的《序卦》中阐释，"有天地然后有万物，有万物然后有男女，有男女然后有夫妇，有夫妇然后有父子，有父子然后有君臣，有君臣然后有上下，有上下然后礼义有所错。"[1] 此处在讲卦象顺序时，也是从天地讲到男女夫妇之关系，再发展到父子家庭关系，再延伸到国家的君臣关系及社会礼仪秩序问题。这也就呼应了《文言》中讲到"积善之家必有余庆，积不善之家必有余殃"时，紧接着举出的是国家层面的臣弑君的灾祸。某种程度上讲，君臣个人之间的关系有类似于家族成员中长幼之间的关系。君被臣弑杀，从君、臣个人角度来看就是一种家族性的灾难。与此同时，君臣之间又关乎国家治理的优劣，因而也带来了国家灾难。这也正是中华民族自古极其重视家风家教的根本原因。

"积善之家必有余庆"文化典故所代表的思想认同中，其次的特点就是注重"积善成德"的言行作风。所谓"积善"，除了聚焦"善"这一对象之外，亦注重"积"这一过程。先秦儒学大师荀子对"积善"有形象描述，也成为众人熟

---

① 黄寿祺，张善文. 周易译注［M］. 上海：上海古籍出版社，2004：599.

知的经典，"积土成山，风雨兴焉；积水成渊，蛟龙生焉；积善成德，而神明自得，圣心备焉。故不积跬步，无以至千里；不积小流，无以成江海。"① 荀子用了系列比喻阐述"积善"的做法与意义，从中也能看出对"必有余庆"的原因解释。无论是对于"积善之人"还是"积善之家"，其"余庆"既来自"善"本身，也来自"积善"之后生成的新事物、更高价值的产物。例如，"积土"所达到的结果既有"山"这一直接收获，更有"风雨"这一间接且更有价值的收获；"积水"所达到的结果既有"渊"这一直接收获，更有"蛟龙"这一间接且更有价值的收获；"积善"所达到的结果则是既有"德"这一直接收获，更有"神明自得，圣心备焉"这一间接且更有价值的收获。与"积善之家"的传统相关，《大学》中强调了"格物、致知、诚意、正心、修身、齐家、治国、平天下"的"条目"，这在很大程度上也是对"积善"历程的描述。这就不仅从宏观上更清晰展现"积善"的脉络，而且清晰解读了如何"积善"特别是在"家"中如何"积善"及其"余庆"所能达到的最理想的高度——"天下平"。《大学》中写道，"故君子不出家而成教于国：孝者，所以事君也；弟者，所以事长也；慈者，所以使众也。《康诰》曰：'如保赤子'，心诚求之，虽不中不远矣。"② 在家中"积善"主要就是做好"孝""弟""慈"一系列家人相处的最主要道德行为。这些道德行为本身就足以运用到国家治理之中并不断产生积极效应。这种"积善"之做法源于人们的初心，对此关键是要像小孩子一样内心真诚去做。这样的话即便不能完全达到目的，也差的不远。"一家仁，一国兴仁；一家让，一国兴让；一人贪戾，一国作乱：其机如此。"③ 从这个表述来看，治国理政层面的和谐稳定也是"积善之家"的"余庆"的组成部分。仁爱、礼让等品质就是"积善之家"所积之"善"的内容，这些"善"可以通过"家"的示范效应扩展到其他家庭，进而扩展到整个社会、整个国家，达到整体的仁爱、礼让，收获国家层面和谐稳定这样宏大的"余庆"。据此内涵，传统文化中还延伸出"家和万事兴"等深深印入全体民众思想的文化典故。在这一表述的最后，还用相反的几句话表达了对"积不善之家必有余殃"的诠释。其发展思路与"积善之家必有余庆"是一样的。其所积之"不善"，正是"贪戾"这样的个人恶劣品质。这个层次的个人品质，与整个国家相比看上去不是很严重，但实质上却潜藏着巨大的危险。如同"善"可以从一家向全国扩散一样，

---

① 王先谦. 荀子集解 [M]. 沈啸寰，王星贤，点校. 北京：中华书局，1988：8.

② 朱熹. 四书章句集注 [M]. 北京：中华书局，2011：10.

③ 朱熹. 四书章句集注 [M]. 北京：中华书局，2011：10.

"不善"也可以从一个人向全国扩散，最后就是国家整体动乱。因而，"积不善"之"殃"并非深不可测的某种神灵惩罚，而是个人"贪戾"这样的个人恶劣品质所产生的负面效应引发全局性的混乱。这是被历史事实反复证明了的结论。

第二节 优秀文化典故资源的类型分析

文化典故是人类文化的凝结成果。我们把握文化典故的类型及其魅力展现，当然与对文化的理解密切相关。学界关于"文化"这一范畴的理解则是一个众说纷纭、百花齐放的状况。马克思主义唯物史观科学揭示了人类社会及历史发展的本质与规律，有助于我们更合理把握"文化"的含义。唯物史观的核心问题是社会存在与社会意识的辩证关系问题。这一问题揭示，社会存在决定社会意识，社会意识反映并反作用于社会存在。

一方面，社会意识的内容来源于社会存在，社会意识的变化发展也取决于社会存在的变化发展。以此审视，"文化"可以从狭义和广义两个层面来理解。从狭义上理解，"文化"即特指社会意识层面的东西，主要属于社会精神生活条件的内容，举凡人们的思想观念、价值追求、道德品质、艺术作品乃至精神信仰等都属于此类。从广义上理解，"文化"则包含了人所创造的一切产物的总和，既有社会意识部分，也涵盖一部分社会存在的内容。冯天瑜教授等研究指出，"广义文化包摄众多领域，诸如认知的（语言、哲学、科学思想、教育）、规范的（道德、信仰、法律）、艺术的（文学、美术、音乐、戏剧、建筑的美学部分）、器用的（生产工具、衣食住行的器具以及制造这些器具和工具的技术）、社会的（制度、结构、风俗习惯）等等方面"①。在这里，作者没有从社会存在和社会意识两个层面来谈论"文化"，但归总起来仍然属于这两大部分，并最终归结为人类活动的产物。不管是纯粹属于精神领域的哲学、科学、道德、信仰、艺术等内容，还是具备可感知的物质外壳的生产工具、器具技术和社会制度、风俗习惯等，从根本上都来源于人的活动。马克思主义的这一立场从根本上否定了唯心史观的看法。这一类观点坚持"精神创造历史""神造历史"的立场，则文化这种历史中的重要产物都是来自非人类社会的、虚无缥缈的、神秘的力量。显然，在这种观点之中，文化根本就不与人相关，而是外在于人的空洞之物，文化完全失去了根源。只有在唯物史观核心问题的指引下，我们才能探寻

---

① 冯天瑜，何晓明，周积明. 中华文化史 [M]. 上海：上海人民出版社，2010：13.

到文化产生发展的真正根源。

　　另一方面，社会意识对社会存在具有反作用，这也促使了文化的形成具有了相对独立性。这种相对独立性突出表现在文化性质的科学评价和文化传统的合理传承方面。首先，文化的相对独立性使得文化性质的评价需要充分认识文化与文化产生环境之间存在的张力问题。社会意识与社会存在发展的不完全同步性和不平衡性，这就使得文化的性质与产生文化的环境之间存在张力。因此，我们在探讨文化产生发展的时候，切忌将文化产生发展的环境和文化内容、性质进行简单的机械对应。孟德斯鸠提出过著名的"地理环境决定论"就是这方面的典型代表。他所说的欧洲寒带地区产生最先进的自由民主文化，亚洲温带产生较落后的君主专制文化以及非洲热带产生最落后的原始部落文化，在历史上产生过广泛影响，即使到今天依然还有市场，但这恰恰是我们需要大力批判的谬论。与孟德斯鸠的错误理论相反，我们既要看到相似环境可能带来相似的文化，也要看到类似的环境可能产生出差异较大的文化。就当前世界各国、各地区的文化性质来讲，我们就不能单纯以一个国家或地区的经济发展水平来直接衡量这一国家或地区文化的发展水平。具体而言，我们并不能因为西方发达国家目前的经济发展水平领先，就认为西方文化是绝对先进的文化，特别是不能就此认为西方文化的所有细节都全面领先于其他的各种文化。反之，我们也不能因为亚非拉广大地区的经济水平处于相对落后的地位，就因此判定这些地区的文化就绝对落后于西方世界，特别是不能将非西方社会的文化的所有细节都看得一钱不值，进而随意贬低。按照社会意识与社会存在之间不平衡性和不同步性的原理来看，我需要明确，即使在经济科技全面发达的西方社会，依然有文化上落后的问题，必须批判；而在非西方社会经济科技水平落后地区，其文化依然有值得推崇和肯定的地方。我们所走的是中国特色社会主义道路，所建设的也是与之相应的中国特色社会主义文化。这一文化所诞生的社会现实固然有其缺陷，在经济科技水平上有落后之处，但由于我们的道路与文化整体上顺应了人类社会规律发展的趋势，因而在根本性质上我们的文化具有无可比拟的先进性。西方欧美国家由于其社会制度、道路本质上是落后的资本主义社会，因之其文化的性质具有根本上的腐朽性。其次，文化的相对独立性使得我们需要重视对于文化传统的科学分析与合理传承。社会意识具有相对独立性还表现为，社会意识内部各种形式之间的相互影响及各自具有的历史继承性。从社会意识的分类来看，处于高层次的社会意识形式是自觉的、系统的、定型的、以理性认识为主的社会意识，其历史继承性特征明显。诸如政治法律、思想、道德、艺术、宗教、哲学、科学等内容，都具有自身相对独立性的"自己构成自己"的过程。这些文化都有自成系统、前后相继的历史链条，各自具有自身发展的特殊规律。如果离开历史传承我们几乎无法真正认识和把握它们。中华文化绵延数千年，在人类历史上创造过耀眼的文明成果，我们进行当代文化建设时，必须要充分深入到这座文化宝库中去分析、拣选，合理继承其中具有恒久价值的优秀传统。

马克思主义唯物史观帮助我们科学把握"文化"范畴，同样指导我们充分掌握文化典故类型及其魅力展开的情形。从我们所强调的文化典故来看，应遵循从广义文化的视域来探讨文化典故的类型。如前所述，广义文化可以归总为社会意识（精神层面）和社会存在（物质层面）两大部分，因而文化典故的最大的类型区分也就是物质性文化典故和精神性文化典故。在这个基础上进一步区分其中更细致的类别。

一、物质性文化典故及其分类

马克思主义唯物史观认为，作为人们的物质生活条件，社会存在主要包括自然地理环境、人口因素与物质资料生产方式。据此而言，我们所确定的物质性文化典故也就主要指与自然地理环境、人口因素与物质资料生产方式直接相关，特别是在物质资料生产活动中所直接形成的文化典故。这些典故包括物质生产活动文化典故、风土文化典故和人物文化典故等。

（一）物质生产活动文化典故

物质资料的生产是人类生存和发展的基本条件，也是文化产生和存在的基本的、初始的条件。在物质资料的再生产中，也再生产着文化本身。人类在从事的物质资料生产活动中直接形成的文化就是生产活动文化。这些文化所凝结成的典故便是物质生产活动文化典故，具体又可以根据物质生产活动的不同阶段再划分为物质生产形式文化典故、物质生产成果文化典故和物质生产品质文化典故。

1. 物质生产形式文化典故

物质生产形式文化典故就是以人们在生产中实际形成的生产形式为标志的文化典故。马克思指出，"任何一个民族，如果停止劳动，不用说一年，就是几个星期，也要灭亡"。[①] 从这个意义上说，没有了生产劳动，就没有了人类。任何时期，人们的生产活动都以满足吃、穿、住、用等生存需求为首要目的，同

---

① 中共中央马克思恩格斯列宁斯大林著作编译局．马克思恩格斯全集：第 32 卷［M］．北京：人民出版社，1974：541.

时也就形成了大量文化成果，诸如食物样式与种类、住房建筑、出行工具、道路交通设施等。这些文化成果除了直接满足当时人们的即时需求外，也不断凝结成为文化典故，发挥着不可或缺的文化意义。中华文明自古便有"民以食为天"的古训，充分反映出粮食生产、食物烹调等生产活动对于大众百姓的重要性，其中便形成了精彩纷纭的饮食文化典故。

古代商朝的开国元勋伊尹就是厨师出身，他将烹调美食的道理讲得透彻深刻，并移用到国家治理之上，极其经典。《吕氏春秋》记载：

"汤得伊尹，祓之于庙，爝以爟火，衅以牺猳。明日，设朝而见之。说汤以至味，汤曰：'可对而为乎？'对曰：'君之国小，不足以具之；为天子然后可具。夫三群之虫，水居者腥，肉玃者臊，草食者膻。恶臭犹美，皆有所以。凡味之本，水最为始。五味三材，九沸九变，火为之纪。时疾时徐，灭腥去臊除膻，必以其胜，无失其理。调和之事，必以甘酸苦辛咸，先后多少，其齐甚微，皆有自起。鼎中之变，精妙微纤，口弗能言，志不能喻。若射御之微，阴阳之化，四时之数。故久而不弊，熟而不烂，甘而不哝，酸而不酷，咸而不减，辛而不烈，淡而不薄，肥而不腴。'"①

伊尹出生在有莘国的空桑林中，后被一位厨师哺育长大，其贤德远近闻名。商国君主汤知道之后，就通过向有莘国求亲并以伊尹作为陪嫁奴仆的方法把伊尹要了过来。从中可见，汤非常重视伊尹，在宗庙中为他举行了隆重的祛邪祈福的仪式，包括燃烧苇草、杀牲涂血等。到了第二天，汤又专门在朝堂上郑重接见伊尹，君臣正式对话。二人谈话之初仍旧从伊尹的专行烹调说起，但话锋一转，伊尹就借着怎样做出最美味的食物说到了"取天下"的问题。伊尹指出，当前汤的国家还是太小，无法获得最完备的食材，只有取得天下，当了天子才有这个可能。紧接着，伊尹又把话头转回来继续说烹调问题。他给汤详细分析各种食材的优缺点。动物食材共分三类，水里的动物味道很腥、（陆地上）食肉的动物味道很臊、（陆地上）吃草的动物味道很膻，这些味道的根本则在于水；包括酸、甜、苦、辣、咸五种调味料的味道和水、木、火三种食材的味道在烹调过程中会有九次沸腾、九次变化，这些都与火的关系密切。烹调之火分为大火小火、快火慢火不断调节，这样就可以把那些腥味、臊味、膻味都一一去掉而且不失去食物的品质。酸、甜、苦、辣、咸五种味道则根据自己口味喜好来

① 陆玖．吕氏春秋［M］．北京：中华书局，2011：417-418.

决定用量进行调配混合。还有烹调时锅中变化就更加精妙细微，无法用简单的几句话说清楚了。这里面的道理非常宏大深邃，就像射箭骑马之术那样精微、大自然阴阳转化和四季变化的道理一样。归结起来需要达到食物久放而不变质腐败、食物煮熟而不过烂，甜味不能太过甜，酸味不能酸得不能吃，咸味不能咸得发苦，辣味不能太浓烈，清淡之味不至于没味道，肥厚之味不能太油腻。这段探讨美食的文化典故影响深远，直接留下了"本味""五味调和""原汁原味"等著名典故内容，对几千年中国美食文化产生根本影响。同时，这其中还表现了一种借日常生活说家国大事的传统做法，也被后世良好传承。春秋时期的老子就提出了"治大国若烹小鲜"① 主张的思路便与此相类似，其中智慧至今绵延不绝。

《论语》中孔子谈论过饮食的规范："食不厌精，脍不厌细。食饐而餲，鱼馁而肉败，不食。色恶，不食。臭恶，不食。失饪，不食。不时，不食。割不正，不食。不得其酱，不食。肉虽多，不使胜食气。唯酒无量，不及乱。沽酒市脯，不食。不撤姜食，不多食。"② 孔子此处所讲的规范，首先是烹调食物要认真细心。朱熹注解"食不厌精，脍不厌细"指出，"食精能养人，脍粗则能害人"③。孔子这里强调的就是加工烹调食物的态度问题，而不是吃东西的挑选问题。"精"主要指加工带壳的谷物时务必细心，春米时把谷壳弄得越干净越好，这样的粮食不仅吃起来味道更好，也更卫生健康；"脍"是指将大块肉切成小块，越小的肉块越容易煮熟，也更好消化。其次是注意食物的安全保质问题。对于谷物粮食来说，陈旧粮食、味道改变的不要吃；对于鱼、肉来说，腐烂了就不要吃；其他食物，只要发现颜色不正常了，也不要吃了。这些安全保质问题是从食材保存的角度来说的。食品安全的另一个方面是合理烹调加工食物的问题。一种食物有相应的做法，如果烹调得不合理，就不要吃；不合时宜的反季节食物，不要吃；已经做好的肉如果切割得不方正，不要吃；食物的佐料放得不合适，也不要吃。这些看法看上去有些吹毛求疵，但从食品安全角度来说是有道理的。因为每种食物的烹调方法是与这种食物的特点相符合的，做法合理意味着加工到位。一旦出现与规范相违背的做法，就难免埋下不安全的隐患。例如，在春天去吃夏天才能成熟的桃、杏和梅子等水果，里面就带有毒素，会危及人们生命安全。再次是饮食适量的问题。不管餐桌上有多少肉，一定不要

---

①　任继愈. 老子绎读［M］. 北京：北京图书馆出版社，2006：131.

②　朱熹. 四书章句集注［M］. 北京：中华书局，2011：114.

③　朱熹. 四书章句集注［M］. 北京：中华书局，2011：114.

吃太多，会增加肠胃负担。在餐桌上喝酒没有特殊的酒量限制，（根据各人情况）以不喝醉为标准。对于从集市上买来的（来历不明）的肉干和酒，不吃不饮用。作为调味料的姜每顿要吃，但也不过量。此外，孔子对于饮食还提到过"食不言，寝不语"①，既是一种文明礼节，同样也是合理健康安全的饮食习惯。吃饭时不说话，既保证态度专心、不分散精力影响消化，也避免因说话导致食物饮料呛进喉咙危及生命，还防止说话时把食物碎末从嘴里喷出，影响他人吃饭和其他食物的卫生。这里面也留下了"食不言，寝不语""食不厌精，脍不厌细""唯酒无量，不及乱"等传世名言，成为大众熟知典故。

孔子还谈论过穿衣服的规范："君子不以绀緅饰，红紫不以为亵服。当暑，袗絺绤，必表而出之。缁衣，羔裘；素衣，麑裘；黄衣，狐裘。亵裘长，短右袂。必有寝衣，长一身有半。狐貉之厚以居。去丧，无所不佩。非帷裳，必杀之。羔裘玄冠不以吊。吉月，必朝服而朝。"② 这里所讲的规范包括衣服用料、穿着搭配和穿衣礼仪等方面，非常丰富。首先是制作衣服合理用料的问题。孔子指出，君子不能用青中透红或黑中透红的布做衣服的镶边，红、紫色布匹不能用来做居家便服。这里的原因就在于青色、黑色、紫色都是当时官员、贵族上朝、祭祀等重大场合使用的颜色，一般人在一般场合特别是私家场合当然禁用这些颜色。同时，朱熹还指出，"红紫，间色不正，且近于妇人女子之服也"③。这说明，紫色、红色相间的颜色属于有些花哨、轻浮的颜色，也不适合正常居家穿着。炎热的夏天，君子要穿细葛布或粗葛布做的单衣，并且一定要套在外面穿。（冬天）人们居家可穿长一点的皮袄，但要注意把右边袖子做短一点。其次是衣服穿着搭配合理的问题。人们如果穿黑色衣服就要配羔羊皮做的袍子，穿白色衣服就要配小鹿皮做的袍子，穿黄色衣服就要配狐皮做的袍子。最后是在不同场合的穿着礼仪问题。（斋敬期间，不能像平时一样睡大觉，但是又不能不睡觉）所以，就要用一床小被盖着睡觉，大概长度是人身长的一倍半左右，坐垫就用厚厚的狐貉皮来制作。在一个人服丧期满之后，他穿衣就可以把所有饰物都佩带上，不用减省。如果不是上朝和祭祀时才穿的礼服，就不要把下摆做得太长，应该要裁剪得短一点。羊羔皮做的袍子和黑色礼帽（都是当时的吉服），吊丧时这两样都不能穿戴。每月初一，一定要穿着上朝的礼服去朝贺。这里面的穿衣细节要求在历史长河中已经发生了很大变化，但是通过穿衣

---

① 朱熹. 四书章句集注［M］. 北京：中华书局，2011：114.
② 朱熹. 四书章句集注［M］. 北京：中华书局，2011：113.
③ 朱熹. 四书章句集注［M］. 北京：中华书局，2011：113.

规范所传达出的道理却仍然适用，这里面也同样留下了"君子不以绀緅饰，红紫不以亵服"等传世名言，成为大众熟知典故。

中华武术文化的主要实践基础是军事战斗、捕猎、健身防身等集体、个体实践，从广义上看，也可以概括为物质生产文化典故的代表。在漫长的古代历史中，武术一直是中华民族独特生存技能的重要组成部分。从宏观来看，中国军队大规模使用武术技能，无数次打败敌军、保卫了国家和人民。宋代的"杨家枪法""岳家拳法"、明代的"戚家拳法"都是当年抵御外侮的利器，流传至今。从微观来看，人们练习各种武术，健体防身，关键时刻还能锄强扶弱、见义勇为。太极拳、少林拳、武当剑、咏春拳等武术正是这方面代表，今天已然风行世界，成为中华文化的标志。值得强调的是，中国武术文化并非简单的身体练习，更核心的是其"止戈为武"的价值导向。这一价值导向结合了儒家、道家与佛教的诸多典型伦理，讲求先礼后兵，认同"仁者无敌"，坚决反对练武之人恃强凌弱。

2. 物质生产成果文化典故

物质生产成果文化典故就是指人们通过生产所产出的各类成果最后凝结成的文化典故。

我们可以通过人们吃、穿、住、用等生活需求来把握这一系列的文化典故。

中华系列名菜、各色美食及其相关文化是我们在饮食方面的物质生产成果文化典故代表。中华饮食文化是古代中国人烹饪生活实践的直接反映。从其鲜明特点来看，中华饮食文化突出营养均衡，讲究荤素搭配；注重酸、甜、苦、辣、咸的五味调和，讲究"色、香、味"俱全；突出地域特点，形成了鲁、川、粤、苏、浙、闽、湘、徽八大菜系，各领风骚；注重餐饮中的文化韵味与价值引导，如"四喜丸子""红烧狮子头""东坡肉"等菜肴的经典命名，以及"食不言，寝不语""唯酒无量，不及乱""长辈不动筷，晚辈不先吃"等就餐要求。无论食材的选取、煎炒烹炸等独特烹饪方法的运用、碗筷等独特餐具的使用、大宴小餐等就餐习俗的安排等丰富内容，都是对中国人生产生活的自然地理环境、劳动生活习惯的鲜活写照。在这样的饮食氛围中浸润成长，一种食物的味道足以让人们留下对民族文化的深深眷恋。

中华服饰及其相关文化是我们在穿着方面的物质生产成果文化典故代表。服饰穿着自古便是中华文化极其重视的内容。"华夏"是中华民族自古以来的称呼之一，而这一名称的由来便与服饰关系密切。《尚书正义》疏称："冕服采章曰华，大国曰夏"。① 《左传正义·定公十年》疏称："中国有礼仪之大，故称夏；有章服之美，谓之华。"② 这些论述均充分表明，"华夏"之"华"所代表的正是古代中国贵族在重要场合穿着的礼服，上面绣有日月、星辰等华美图案。以此而论，长期以来，中华民族均将衣冠穿着当作保持本民族文化乃至气节的根本标志之一。《论语·宪问》记述孔子评价管仲之语：

> 子贡曰："管仲非仁者与？桓公杀公子纠，不能死，又相之。"子曰："管仲相桓公，霸诸侯，一匡天下，民到于今受其赐。微管仲，吾其被发左衽矣。岂若匹夫匹妇之为谅也，自经于沟渎而莫之知也。"③

　　子贡以一般人的标准批评管仲"不仁"。因为管仲原本是公子纠的下属，在公子纠被齐桓公杀死后，管仲既没有为公子纠殉难，也没有为他报仇，反而归顺了齐桓公当了宰相。子贡认为这样显然违背了"忠诚"的价值标准，故而以"不仁"评价管仲。但是孔子却不同意，他的理由就是管仲辅佐齐桓公成就霸业，让百姓享受了相对和平的生活，特别是组织华夏诸国多次打败了西戎、北狄等蛮族入侵，守住了华夏的文化。孔子所引用的重要内容就是穿着打扮。华夏族的打扮是束发右衽，蛮族则是披发左衽。在孔子口中，保住了束发右衽的服饰打扮就是保住了华夏族的文化，这其中对服饰的地位评价极高。这一传统流传久远，历史上也长期以"衣冠"代指华夏正统文化乃至于中华文明的传承者。中国历史上发生过多次中原王朝因北方少数民族入侵而不得不放弃中原向南方撤退的惨痛局面，此一情形便被称为"衣冠南渡"。唐朝史学家刘知己在《史通》中喟叹，"异哉，晋氏之有天下也，自洛阳荡覆，衣冠南渡，江左侨立州县，不存桑梓。"④ 在这里，他所慨叹的直接对象是西晋末年统治者在匈奴等少数民族的冲击下失去首都洛阳及北方土地，带领着文武群臣、贵族士大夫群体及成千上万百姓渡过长江逃难，偏安江南的历史。这一现象的进一步引申就涵盖了中国历史上多次发生的类似情节，包括唐朝末年大量士族逃亡江南形成南唐等南方政权、北宋末年"靖康之变"后赵构在皇族簇拥下避难杭州建立南宋这两次大规模的历史事变。从中已可见中华服饰所蕴含的民族情感与家国情怀。

① 阮元. 十三经注疏 [M]. 北京：中华书局，1980：185.
② 阮元. 十三经注疏 [M]. 北京：中华书局，1980：2148.
③ 朱熹. 四书章句集注 [M]. 北京：中华书局，2011：144.
④ 郭超，夏于全. 历史与史学名著 第15卷 史通 [M]. 北京：蓝天出版社，1999：41.

中式建筑名胜是我们在居住方面的物质生产成果文化典故代表。古代中国建筑以平铺形式展开，代表着人们安土重迁、平和友善的生活特点。这些成果突出表现为历朝历代的大量文物古迹，包括庙宇、道观、教堂、洞窟、石刻、碑刻铭文等古迹建筑、人文景观，它们并非人们生存所必需，却凝结了不同时期人们艺术创造能力，反映人们在生存需求之上的宗教信仰追求、艺术审美水平，既对当时人们的精神境界起着重要的影响作用，又以文化遗产的方式将这些精神影响传承千年，持续发挥着对特定人群的培育作用。道教物质文化遗产首推道教名山，坊间有所谓"四大名山""五大名山""十大名山"之称，最著名的包括中部地区的安徽齐云山、湖北武当山、河南老君山、江西龙虎山和三清山，西北地区的陕西终南山、甘肃崆峒山，西南地区的四川青城山、鹤鸣山，华南地区的广东罗浮山等，在道教领域里名气稍次的还包括山东泰山、陕西华山、河北恒山、河南嵩山、湖南衡山和岳麓山、江苏茅山等。这些地方在地理上皆为中华大地各处形胜险要之处，平时人迹罕至，植被丰茂，云雾缥缈，正与道教亲近自然、修道成仙的主旨相吻合。再加上历代不断修建的道观建筑雄伟庄严，在此游览的人们往往受到真切的文化浸润和心灵洗礼。道教物质文化遗产还包括城镇中保存的大量道教建筑。国内名气较大的包括北京的白云观、上海的城隍庙、湖北武汉的长春观、湖北襄阳的真武观、江苏苏州的玄妙观、浙江金华的金华观（又称黄大仙观）、广东广州的五仙观、河南开封的延庆观、河南焦作的嘉应观、山西长治的会仙观等，当然还有许多名气不大的小型观宇杂建于各地市井之内。与山中道教建筑相异，这些道教观宇、道院兴建于人烟稠密之地，长期接受大批民众观览、祭拜，在给大众提供较为方便的精神寄托的同时，也更易于发挥道教文化普及性的育人作用。佛教物质文化遗产首推佛教名山，坊间亦有所谓"四大名山""五大名山""十大名山"之称，最著名的包括华北地区的山西五台山，中部地区的安徽九华山、江西云居山，东部地区的浙江普陀山、天目山、天台山，西南地区的四川峨眉山、贵州梵净山、云南鸡足山、重庆缙云山。依照佛教传统，这些山中所建的寺庙依次供奉着佛教菩萨、罗汉的道场，中国人十分熟悉的文殊菩萨、普贤菩萨、观音菩萨、地藏菩萨和弥勒菩萨就分别以五台山、峨眉山、普陀山、九华山和梵净山为专门道场。此外较著名的还包括建有悬空寺的河北恒山、建有东林寺的江西庐山、建有少林寺的河南嵩山等。与道教名山相似，佛教名山同样将险峻自然风光与神秘庄严的佛教建筑密切结合，给游览参拜者以身体与心灵的双重洗礼。佛教物质文化遗产还包括城镇中保存的大量佛教建筑。各地名气较大的包括北京广济寺，浙江杭州灵隐寺，河南开封大相国寺，洛阳白马寺，江苏苏州寒山寺，湖北武汉归元寺、宝通寺，湖北黄梅五祖寺，西藏拉萨布达拉宫、大昭寺，陕西西安大雁塔、青龙寺、宝鸡法门寺等。这些佛教庙宇于闹市中矗立，观历史兴衰、社会变迁，于滚滚红尘之中给予无数观览、祭拜者思想文化的哺育与心灵的启迪，育人作用甚为突出。此外，独具特色的佛教建筑还包括大量佛像、佛经雕刻，诸如河南洛阳龙门石窟、山西大同云冈石窟、甘肃敦煌莫高窟和四川乐山大佛等。此类建筑除展示佛教文化特色、保存大量人类文化资料之外，更以鬼斧神工的建筑对文化典故发挥着文化魅力。

3. 物质生产品质文化典故

物质生产品质文化典故就是指以人们在生产中升华而成的人格品质方面的文化典故。人类的生产活动文化形成了人类最普遍、最受认可的人格品质。马克思指出："在再生产的行为本身中，不但客观条件改变着，例如乡村变为城市，荒野变为清除了林木的耕地等等，而且生产者也改变着，炼出新的品质，通过生产而发展和改造着自身，造成新的力量和新的观念，造成新的交往方式，新的需要和新的语言。"[①] 中华民族在漫长的生产活动历史中也形成了以人格品质为核心的丰富文化典故，诸如勤劳勇敢、勤俭节约、精益求精、劳动光荣、懒惰可耻等人格品质贯穿古今的历史，广受推崇。"精益求精"是源自《论语》注解中的典故。朱熹写的《四书章句集注》中记载，当子贡与孔子谈论"诗经"时，子贡引用《诗经》中《卫风》的《淇澳》篇中的一句话来与孔子讨论如何学习《诗经》，"《诗》云：'如切如磋，如琢如磨。'其斯之谓与?"朱熹对此注解道："言治骨角者，既切之而复磋之；治玉石者，既琢之而复磨之，治之已精，而益求其精也。"[②] 这说明，"切磋""琢磨"原本分别就是手工业生产中的两种特有方法，前者用于加工骨头、角质器皿，后者用于加工玉石。这两种工作有一个共同点，就都是将比较粗糙、坚硬的东西加工成十分精致灵巧的物品，此劳动之艰辛可想而知。加工者既需要付出的极大的劳动量，忍受枯燥、重复、漫长的工作时间，同时还要极其专注认真，不能有丝毫马虎大意，对每一个工作细节都百倍重视，永无止境地追求最精致精细的结果。"熟能生巧"是宋代文豪欧阳修所写文章中的故事典故。其中所描写的人格品质覆盖面十分普遍，涵盖了从司空见惯的普通职业到不常见的特殊职业。

---

① 中共中央马克思恩格斯列宁斯大林著作编译局 . 马克思恩格斯全集：第 46 卷上［M］. 北京：人民出版社，1979：494.

② 朱熹 . 四书章句集注［M］. 北京：中华书局，2011：54.

陈康肃公（尧咨）善射，当世无双，公亦以此自矜。尝射于家圃，有卖油翁释担而立，睨之久而不去。见其发矢十中八九，但微颔之。康肃问曰："汝亦知射乎？吾射不亦精乎？"。翁曰："无他，但手熟尔。"康肃忿然曰："尔安敢轻吾射！"翁曰："以我酌油知之。"乃取一葫芦置于地，以钱覆其口，徐以杓酌油沥之，自钱孔入（一作而入）钱不湿。因曰："我亦无他，惟手熟尔。"康肃笑而遣之。①

这一典故中的主人公陈康肃公是贵族成员，其擅长的射箭属于兼具特色生产、军事技能和贵族健身的特殊行业，普通人难以涉足；而他在这一领域中的本领高强，各种因素综合起来极大助长了陈康肃公傲视众人的心理。与此形成强烈反差的是，一个来自日常生活中最普通甚至有些不起眼的卖油翁却对他的高超技能并不在意，视若平常。起初，陈康肃公以为卖油翁也是射箭高手，预备切磋一番。没想到卖油翁根本不去探讨射箭技术，而是从根本上揭破了他射箭本领的源头，一点也不神奇的"手熟"。随后，卖油翁以实践证明了他这一论断的可信性。他虽然没有神奇的射术，但是却有同样让人称奇的"酌油沥孔"之术，其源头正是他十分熟练的日常卖油工作。卖油翁最终以自己的亲身实验获得了高傲的陈康肃公的认同，也留下了人们千古传诵的"熟能生巧"典故。从故事内容可见，"熟能生巧"不仅对人们在生产劳动中的勤奋努力予以极高的鼓励和评价，而且还蕴含着一种"职业技能面前人人平等"的可贵价值取向。通过把陈康肃公和卖油翁这两个在古代社会身份天差地别的人放在一起比较，不无反讽地表明，生活中的一切行业之间都是平等的，没有哪种行业可以自动获得高人一等的特殊地位。同时，人们在一切行业中专注投入，都可以获得极其高超的技能技艺，这并不是什么高贵高傲的东西，当然不应该成为人们炫耀骄傲的依据。

与"精益求精""熟能生巧"的典故相类，蕴藏着大量物质生产品质文化典故的生产活动还包括但不限于衣物制作、竹木制作工艺、制陶工艺、珠宝玉石工艺等不可胜数，都是在具体的生产实践中升华凝练，并通过器物与工艺的传播发挥育人的作用。

（二）风土文化典故

风土文化本身也是人们物质生产生活的产物。相比于一般的物质生产活动文化典故而言，风土文化典故与各地风土环境、自然气候和季节时令关系更为

---

① 欧阳修，申楠. 欧阳修文集［M］. 北京：北京联合出版公司，2018：9.

密切。

　　先秦典籍《诗经》中阐述过一系列与自然气候变化相联系的人们的生产生活，形成丰富的风土文化典故。《豳风·七月》正是其中影响广泛的代表作品。

　　　七月流火，九月授衣。一之日觱发，二之日栗烈。无衣无褐，何以卒岁？三之日于耜，四之日举趾。同我妇子，馌彼南亩，田畯至喜。七月流火，九月授衣。春日载阳，有鸣仓庚。女执懿筐，遵彼微行，爰求柔桑。春日迟迟，采蘩祁祁。女心伤悲，殆及公子同归。七月流火，八月萑苇。蚕月条桑，取彼斧斨，以伐远扬，猗彼女桑。七月鸣鵙，八月载绩。载玄载黄，我朱孔阳，为公子裳。四月秀葽，五月鸣蜩。八月其获，十月陨萚。一之日于貉，取彼狐狸，为公子裘。二之日其同，载缵武功。言私其豵，献豜于公。五月斯螽动股，六月莎鸡振羽。七月在野，八月在宇，九月在户，十月蟋蟀入我床下。穹窒熏鼠，塞向墐户。嗟我妇子，曰为改岁，入此室处。六月食郁及薁，七月亨葵及菽。八月剥枣，十月获稻；为此春酒，以介眉寿。七月食瓜，八月断壶，九月叔苴。采荼薪樗，食我农夫。九月筑场圃，十月纳禾稼。黍稷重（穋），禾麻菽麦。嗟我农夫！我稼既同，上入执宫功：昼尔于茅，宵尔索绹。亟其乘屋，其始播百谷。二之日凿冰冲冲，三之日纳于凌阴。四之日其蚤，献羔祭韭。九月肃霜，十月涤场。朋酒斯飨，曰杀羔羊。跻彼公堂，称彼兕觥，万寿无疆。①

　　这首长诗的主旨是展现当时农人们辛苦劳碌及对压迫者的控诉与批判，其中也含有相应的生产活动文化含义。其一，诗文对一年农业生产时令记录翔实。"七月流火，九月授衣"是这首诗词咏唱的主调，也是最著名的文化典故。所谓"流火"是指"大火"这一星宿向西边流动，也就是指季节从夏天转向秋天，天气渐凉。正因如此，后文紧接着就讲"九月授衣"，制作寒衣应对凉意。围绕这一典故，全诗对从一月到十二月的农业时令都进行了描述，某些重要月份还反复咏唱。其中，一月（正月）出现一次，描述了农人们开始修锄犁的情形。二月出现两次，分别描述农人们带着妻儿一起去地里耕种和用韭菜、羊羔祭祀祖先的场景。三月出现一次，描述了农人们用锋利的斧头修剪桑树枝、砍掉长枝条、爬树摘嫩桑叶的情形。四月出现一次，描述草木开始结子的状况；五月出现两次，分别描述蝉和蝈蝈这两种昆虫开始鸣叫、活动；六月出现两次，分

---

　　①　周振甫. 诗经译注［M］. 北京：中华书局，2002：199-203.

别描述昆虫纺织娘出动及人们食用葡萄和李子等水果；除了"流火"之外，七月还出现了四次，分别描述了伯劳鸟开始鸣叫、蟋蟀在田间活动、人们煮豆和冬葵吃以及人们开始收获吃瓜；八月出现五次，分别描述蟋蟀来到人们房檐下、人们收割芦苇、田间收获繁忙、打下红枣和收获葫芦；除了"授衣"之外，九月还出现四次，分别描述蟋蟀进入人们屋里、大地开始降霜、人们收获秋麻子、收苦菜、打柴和修葺打谷场；十月出现四次，一次描述十月树上开始落叶的自然景象；一次描述蟋蟀钻进人们床下、人们在家中堵洞熏鼠灭鼠、糊好门窗缝隙准备过冬的情形；两次描述农人们丰收，包括农人们将黍稷稻粟麻豆麦这些庄稼收入谷仓，又为贵族修筑宫墙、割茅草搓绳索等辛苦忙碌，清扫打谷场、倒酒宰杀羊羔来服务贵族们的宴会等。十一月出现两次，分别描述北风劲吹的天气和农人们上山打猎的情形，用狐狸皮毛给贵族做皮袄；十二月出现三次，分别描述了农人们缺衣物御寒而感到忧愁、猎人一起会猎打野猪和农人们下河凿冰搬进贵族冰窖。对比每个月的描述频率，结合题目的"七月"来看，一年中最重要的时令在七、八、九、十这四个月。七月是关键的转折点，不仅是天气转凉，而且收获物开始增多。八月、九月正是收获的黄金季节，诗文展现的就是一副田野中农人们反复奔忙的场景。十月则属于收获季的扫尾阶段，不仅是"颗粒归仓"的关键阶段，更是在寒冬来临前的过冬准备阶段。值得一提的是，人与蟋蟀的关系受到特别关注，"七月在野，八月在宇，九月在户，十月蟋蟀入我床下"。原因不仅在于蟋蟀活动节奏的变化与时令变化节奏十分契合，可以准确充当农人们的"生物钟"，也在于这四个月对于农人们是意义最重大的四个月。其二，诗文较为全面记录下了古代农业生产方式方法。最主要的活动当然是直接的农业生产，包括耕种、采桑、收获各种作物等各项生产，贯穿了全年各个时段，反映出一种周而复始的生产发展历程。其次是打猎活动，主要是在十月之后进行，包括猎取狐狸以获取皮毛、猎取野猪获取肉食等活动。最后还有房屋修缮、凿取冰块、酿酒备宴等辅助性活动，也都在收获季之后的秋冬进行。其三，诗文对古代农民生活场景的真实记录。这里面一个重要部分就是记录生产分配关系批判其中不公正做法，也是典故内容的主旨。全诗在最开头就通过"七月流火，九月授衣"引出了百姓的忧虑，面对难以渡过饥寒的冬天无可奈何，奠定了全诗的情感基调。其后的忧虑就始终未曾断绝，在各种场合反复出现。甫一开春，无暇多顾，农人们就要带着妻儿到田里干活，如此辛勤却主要不是为自己劳动，而是为贵族劳动。春光明媚时节，鸟语花香让人心情舒畅，但采桑女却无法真正融入这欢愉之中，因为她的命运还掌握在贵族手中。农人们好不容易秋收结束，马上又投入紧张的打猎之中，打猎的猎物分配时将大猪无偿给王公贵族、小猪才归自己。特别是在自己全家饥寒交迫的年终岁末，却还要为贵族宴饮祭祀尽心服务，忍着饥寒观看贵族们奢华豪饮并畅享美好未来。这里面的冲突显著甚至惨烈，在中华文化中留下深深烙印，成为后世效仿的经典批判性示范。其中形成的"七月流火，九月授衣""十月蟋蟀入我床下""万寿无疆"等也从不同角度成为经久不绝的文化典故。

农历春节是全民族最普遍、最盛大的节日。历经数千年岁月浸润，过春节已然成为全体中国人乃至华人文化认同度最高、最一致的集体精神印记。一说起春节，人们脑海里可以立即涌现出一系列几乎完全相同的画面音响。有童声歌谣"小孩小孩你别馋，过了腊八就是年"，有除夕守岁、团圆年饭、鞭炮烟花，有贴春联、串门拜年、元宵灯会等，满满的都是中国人的幸福记忆。春节文化对中国人影响最深的就是对家园、对亲情的牵挂，所以，在进入工业化发展快车道后，华夏大地出现了世界性的人口迁徙奇迹——"春运"。春节之外，还有清明、端午、重阳等节日也都具有较大的普遍性。也因此，花红柳绿、细雨霏霏的清明时节，人们都去踏青扫墓；小荷初露、暑期乍到的端午时节，各地都在吃粽子、赛龙舟；天高云淡、杏黄枫红的重阳时节，人们都会相约登高，向家中老人致敬。

农历二十四节气同样是中华民族认知自然的独特文化结晶。"春雨惊春清谷天，夏满芒夏暑相连；秋处露秋寒霜降，冬雪雪冬小大寒"，几乎每一位中国人都会背诵的节气歌，它既是人们孩童时期认识自然四季的启蒙话语，也是伴随人们终身的日历认知。对于中国这样的农业大国，二十四节气直接包含着重要的作物耕种收获信息，是蕴含有生产密码的智慧；即使到今天，也依然为人们的生活作息节律提供宏观性的指引。例如立春节气，民间有"咬春"的习惯，即吃萝卜、姜、葱、面饼等食物；惊蛰节气，人们有"驱瘟"的习惯，一般手持清香、艾草，驱赶蛇、虫、蚊、鼠和霉味；也有出嫁女回家省亲的习俗，即辛弃疾《鹧鸪天》中所写的"青裙缟袂谁家女，去趁蚕生看外家"；谷雨节气，渔家流行祭海习俗，南方一些地区还有谷雨摘茶习俗；小暑节气，民间有"食新"习俗，即品尝收获新米并祭祀祖先；冬至节气，北方曾有"冬至大如年"的说法，人们吃饺子、吃馄饨以庆贺。

除了普通同庆的节日之外，各地还有大量地域性节日风俗，主要以少数民族节日为代表。比较出名的有：蒙古族的那达慕、马奶节、祭敖包，回族的开斋节、古尔邦节，傣族的泼水节，彝族的火把节，白族的三月节，藏族的转山会、采花节、黄藏历元旦、藏历农家新年、萨噶达瓦节、女儿节、望果节、酥油花灯节，黎族的三月三，苗族的苗年、四月八、龙舟节、吃新节、赶秋节、花山节、晾桥节，纳西族的三朵神节，傈僳族的刀杆节，哈尼族的扎勒特，景颇族的目脑纵歌，拉祜族的月亮节，土家族的女儿会，锡伯族的抹黑节，西迁节等等。这其中很多节日已经是全国人民耳熟能详的节日风俗了。每当节日到来时，少数民族儿女们身着本民族的节日盛装，准备好各色节日用具，或载歌载舞、热烈庆贺，或庄重严肃、隆重祭祀。节日庆典的举行，既是一种文化传承的展览，更是一次深刻的心灵教育。

（三）人物文化典故

人物是物质生产生活的主体，也是物质生产生活的产物。作为文化典故的人物大体上有三种类型，包括从生产生活中想象出来的人物典故、历史事实产生的人物典故和历史事实加工改造后的人物典故。

1. 生产生活中想象出来的人物典故

从生产生活中想象出来的人物典故主要就是神话传说中的人物典故。来自神话传说中的人物典故虽然本身是虚构的，但其原型仍在现实之中。马克思指出，"观念的东西不外是移入人的头脑并在人的头脑中改造过的物质的东西而已"。① 一切民族文明的古代神话特别是远古神话中人物典故，其实质正是人们对自己长期生产生活状态的一种想象后的产物，很大程度上以曲折的方式反映着人们生产生活的特质。中华文化中，远古神话人物典故就以"盘古开天""女娲补天""夸父追日""精卫填海"等为突出代表。"盘古开天"中的"盘古"正是中国人想象世界起源的集中反映。这一人物典故至少从三个方面反映了古代中国人生产生活方式及其思考。第一，世界没有"造物主"这样的创世之神，它原本就存在了。在"盘古开天"中，宇宙起初就是一片混沌，在这之前就再没有别的东西了。这与西方的"上帝创世"就完全不是一个思路。以今天的物理科学来看，显然中华文化对世界之初的想象更有道理。那么，为什么中华文化没有设想一个创世之神呢？这就为接下来的特点埋下伏笔。第二，世界成为今天的模样是劳动奋斗和牺牲奉献的结果。正是因为世界原本没有创始者，所以也没有一种神秘强大的外在力量把它变成了今天的模样。它成为今天的模样只能来自世界之中的力量。这个力量在故事中是盘古，实际上就是我们祖先的化身。所谓的"混沌"并非是什么也没有，而是在最早的祖先眼中还无法分清它的模样，只是模模糊糊感到它的整体存在。到后来，盘古用斧头把宇宙分成了天、地、日、月、星辰、大山大海、河流湖泊，这事实上意味着我们的祖先

---

① 中共中央马克思恩格斯列宁斯大林著作编译局. 马克思恩格斯全集：第23卷 ［M］. 北京：人民出版社，1972：24.

通过自己的劳动奋斗，认识并改造了原始的世界，创造了今天我们熟悉的世界。否则，其中一些环节就无法解释。例如，盘古开天使用了斧头这个工具。按照之前的说法，在它开天之前宇宙是混沌，斧头从哪里来的呢？这只能是来自人们的创造。第三，世界产生之后的运行有其客观规则，背后也没有主宰之神。盘古开天辟地之后的结局是死了，自己身体的各部分融入了现在的世界之中。这又与西方的"神创世界"截然不同。西方创世的上帝一直主宰着世界的运行，要求所有人永远要崇拜、信奉甚至听命于他。而在中华文化的"盘古开天"典故中，正是因为世界没有创世之神、它的变化也不因神性主宰，那么它的运行发展也与所谓的主宰之神没有关系，而是按照客观规则规律在自然运行。人们生存发展所需要的各种资源不来自于任何神力的馈赠，而是人们自己劳动奋斗、改造世界之后的收获。如果要感恩感谢，其对象就是天地本身、祖先开辟和人们自己，绝不会是一个虚无缥缈、神秘莫测的至上之神。其后的女娲、夸父、精卫等人物典故莫不与此相似，均是从某个侧面反映了古代中华民族自身劳动奋斗的活动及其创造。

2. 历史事实产生的人物典故

历史事实产生的人物典故源自历史本身而非后人想象创造。中华民族是世界上最重视历史、记录历史的民族。人物典故是中华民族长期以来修史的主要对象。虽则由于古代社会的局限性，其中大部分内容聚焦在了贵族阶级的帝王将相，但总体来看，只要在真实的历史上创造出非凡成就，再普通的个人或群体也同样获得一席之地。

古代中国的知识分子长期有"不为良相，便为良医"的济世胸怀，很多彪炳史册的典故人物便是这般人物。扁鹊是战国时期名医，医术高超的同时也具备治国的能力与志向。"讳疾忌医"这一典故便与源自扁鹊为蔡桓公治病的事迹。其故事在清晰阐述科学医理、人生哲理的同时，也忠实还原了一位医术精湛、洞彻事理的人物典故形象。而扁鹊之出名，还不仅仅是这一件事迹，而是众多事迹的集合。《战国策》中还记录了扁鹊见秦武王的事迹。

> 医扁鹊见秦武王，武王示之病，扁鹊请除。左右曰："君之病，在耳之前，目之下，除之未必已也，将使耳不聪，目不明。"君以告扁鹊。扁鹊怒而投其石，曰："君与知之者谋之，而与不知者败之。使此知秦国之政也，则君一举而亡国矣！"①

————————

① 吕壮. 战国策译注［M］. 上海：上海三联书店，2018：51.

这里的描述重点就不在看病的细节和医术的展示，而是描述扁鹊通过秦武王对待疾病的态度，怒揭其治国之积弊难返，已不仅仅是治病的问题了。此故事中扁鹊的表现比他见蔡桓公时更加壮怀激烈。他不仅是智者形象，更反映出他有一种由治病到治国的思想追求，表现出一种心怀天下、铮铮铁骨的仁人志士品格。

在古代社会特别是秦汉后的郡县制社会中，皇权日益集中，百姓所受压迫不断加强，这便不断促成知识分子做官为民、抗拒强权的社会环境，产生了大批相似的人物典故。明朝中期的海瑞正是个中翘楚。海瑞1514年出生于明朝正德年间，经历正德、嘉靖、隆庆、万历四朝皇帝。嘉靖二十八年（1549年），35岁的海瑞乡试中举，初任福建南平教谕，后历任浙江淳安、江西兴国知县、户部主事、兵部主事、尚宝丞、两京左右通政、右佥都御史等职。在他为官之际，先有奸臣严嵩把持朝政，"严党"气势熏天；后有权相徐阶当政，同样权倾朝野。海瑞不畏权势，在辖区内实施改革、抑止官僚兼并土地、打击贪官污吏、减免百姓赋税，同时兴修水利、疏浚河道，造福苍生。海瑞为官极为清廉正直，深得一方民心，有"海青天"之美誉。这其中，在当时和历史上影响最大的一件事就是海瑞于1566年向嘉靖皇帝上《治安疏》，直陈皇帝本人迷信道教、生活奢华，对当时国家政局衰败承担最大责任，为史上著名的"骂皇帝"事件。史书记载，海瑞在上书前已经买好棺材，并将后事托付朋友。在这篇上书中，海瑞用词堪称激烈：

> 天下因即陛下改元之号，而臆之曰：嘉靖者，言家家皆净，而无财用也。①

在古代社会中，迫于统治者的严酷压迫和信息传递的闭塞，百姓间常常会发明一些俗语谚语，通过谐音、隐喻等方式来讥讽、嘲弄统治者的政策主张及其言行表现。鉴于此类用语的隐蔽性及阶层之间的隔膜，这些谚语、俗语很难被上层阶级知晓，遑论皇帝亲自听见。因而，长期以来，这些谚语俗语得以在民间广泛流传而不担心受到官方惩罚，表现出一种"自发""无声"反抗的现象。嘉靖朝期间，正因为嘉靖皇帝中后期的种种怠政乱政、贪婪残虐之举，导

---

① 原中国科学院民族研究所广东少数民族社会历史调查组，原中国科学院广东民族研究所. 黎族古代历史资料：下［M］. 海口：海南出版社，2015：2596.

致国库空虚、民生艰难，特别是基层百姓生活苦不堪言，终有民间聪慧人士发明出"嘉靖嘉靖、家家干净"的讽刺谚语。这句讽刺嘉靖皇帝的俗语属于讽刺性、杀伤力极强的类型，短短数语，谐音之巧妙让人惊叹，讽刺之深刻让人击节，不仅把统治者的无能昏聩展现得十分彻底，把统治者的虚伪面目撕得粉碎，更撇开统治阶级的任何其他人员，把目标精确对准皇帝本人，让其颜面扫地而无地自容。类似的讽刺即便是对普通人恐怕也很容易让被讽刺者勃然大怒而歇斯底里，何况是对听惯了天下奉承的皇帝。而敢于把这句话讲给皇帝本人的人，可见其胆量之大与意志之强。《治安疏》中，海瑞便做到了这一人所不能的艰难壮举，不仅把民间流传的戏谑讽刺之词写到正式的上书之中，并直接给皇帝本人阅读，他是以一人之作为尝试改变固有的信息传播方式，将"为民请命"的气魄发挥到无与伦比的地步。

> 然严嵩罢相之后，犹之严嵩未相之先而已，非大清明世界也，不及汉文帝远甚。天下之人不直陛下久矣，内外臣工之所知也，知之不可谓愚。①

作为历史上颇具争议的皇帝，嘉靖皇帝长达四十五年的执政生涯确实充满各种起落跌宕。在其后期生涯中最大的用人之误便是偏信奸臣严嵩，造成"严党"之祸；而其最大功绩亦在于罢免惩治了严嵩父子及其党羽，为重振国家政局奠定了基础。但海瑞在《治安疏》中却连这一功绩也不放过，直言"然严嵩罢相之后，犹之严嵩未相之先而已"，严嵩罢相之后与罢相之前的局面基本相同，这等于告诉皇帝，你最引以为傲的功绩其实等于没有。后面还讲出"天下之人不直陛下久矣，内外臣工之所知也"的指斥之言也火力十足，这是在和皇帝说，你的所作所为全天下人早就看不下去了，朝廷内外的大臣都知道，就你一个人还不知道。这种话不仅是在讲皇帝错误，甚至暗示出皇帝愚蠢。

> 陛下之误多矣，大端在礼佛修醮。修醮所以求长生也。自古圣贤止说修身立命，止说顺受其正，盖天地赋予於人而为性命者，此尽之矣。夫尧、舜、禹、汤、文、武之君，圣之盛也，未能久而不终。下之，亦未见方外士自汉、唐、宋存至今日，使陛下得以访其术者。陶仲文，陛下以师呼之，

---

① 原中国科学院民族研究所广东少数民族社会历史调查组，原中国科学院广东民族研究所. 黎族古代历史资料：下 [M]. 海口：海南出版社，2015：2596.

仲文则既死矣。仲文尚不能长生，而陛下独何求之？①

　　嘉靖皇帝后期犯错的一个重要原因就是渴求长生，迷信"修仙"而贻误政事。很大程度上说，皇帝长期不上朝（前后二十四年）、奸臣严嵩受宠、国家财力虚耗、朝政乌烟瘴气，种种弊端的根源就是皇帝迷信"修仙"。但是，这对于嘉靖皇帝来说则是后半生信仰之所在，根本不容任何人触碰。海瑞的上书中则完全不顾，不仅对此大谈特谈，还将此列为皇帝最大的错误，又是一次强硬的正面冲撞！海瑞指出，从历史上说，圣贤已经强调了生命有其自然运行规律，人要顺应而不要强求。自古以来人们崇尚的圣贤君王，没有一个人可以长命百岁，就是对生命规律的顺应。从现实来看，嘉靖十分信任的道士陶仲文，长期以所谓"仙术"蛊惑皇帝，但他自己却已经去世，这就是摆在眼前最现实的教训。事实上这些道理是稍有常识的普通人都完全理解的，之所以嘉靖冥顽不化，显然说明他在思想上已经深陷迷信而不能自拔，已不是正常讲道理可以劝说的状况。某种意义上讲，也正是这个原因使得皇帝身边如徐阶、张居正、赵贞吉等众多水平一流的大臣却无人去点出要害，让他在迷信道路上越走越远。只有海瑞这样拼死"为民请命"的英雄才敢完成这种壮举。

　　　君道不正，臣职不明，此天下第一事也。于此不言，更复何言？②

　　谨守"君臣之道"实为古代社会朝廷官员生存的第一法则，敢于在皇帝面前谈论"君道"，已然临近大难。海瑞却于此着重强调，不仅指出"君道不正，臣职不明"的逻辑与现实，更是以此标准把当时的大臣、小臣各色人等归总起来一齐批评，气魄极大。这篇上书果然起到直接效果，嘉靖皇帝读了之后十分愤怒，把《治安疏》扔在地上，对左右侍从说："快把这个人抓起来，不要让他跑了。"宦官黄锦在旁边说道："海瑞这个人一向蠢直。听说他上疏之前已经买了棺材，把家人送走，之前还以为他是身染重病，现在看来他是为上疏做准备。他是在以死劝谏，肯定不会逃跑。"嘉靖听后默默无言。然后他又读了几遍奏疏，过了一会又读海瑞的上疏，一天里反复读了多次，感到叹息，把《治安疏》

① 原中国科学院民族研究所广东少数民族社会历史调查组，原中国科学院广东民族研究所. 黎族古代历史资料：下［M］. 海口：海南出版社，2015：2596.
② 原中国科学院民族研究所广东少数民族社会历史调查组，原中国科学院广东民族研究所. 黎族古代历史资料：下［M］. 海口：海南出版社，2015：2598.

留在宫中数月，向身边宦官说："海瑞这个人可与比干相比，但朕不是商纣王。"最终，嘉靖皇帝虽派人抓了海瑞，但没有处死。不久，嘉靖去世后，隆庆皇帝登基后便赦免海瑞，并提拔任用。

鲁迅先生以激昂笔调指出，"我们从古以来，就有埋头苦干的人，有拼命硬干的人，有为民请命的人，有舍身求法的人，……虽是等于为帝王将相作家谱的所谓'正史'，也往往掩不住他们的光耀，这就是中国的脊梁。"[①] 他在这里所列举的各种人物，正是历史事实记录中凸显出的人物典故，他们以自身真实经历造就了中华民族历史的闪耀光芒，不需要任何添加修改便足以光耀千秋。前文所述扁鹊、海瑞均是此中人杰，他们既是在继承前辈们的优良品格，也在以身为教、激励着后来人勤力前行。

3. 历史事实加工改造后的人物典故

历史事实加工改造后的人物典故可以说是将历史事实和人们的想象充分结合之后的产物。这些人物典故之所以能最终形成，必备基础当然是历史上确有其人且产生了巨大的正面影响。这种影响之正面意义极其关键，甚至到了人们逐渐认为真实人物及其史实满足不了人们在这方面的客观需求，进而人们开始按照自己的想象自觉展开对真实人物的加工创造。这种加工创造往往极其漫长，属于一边传播一边加工，每一阶段的加工又添加了当时人们的新想法和新的文化因素，到最终形成的人物典故之内涵丰富性、人物丰满度及价值高度都大大超过真实人物。或者说，人们把自己生产生活中的理想情怀寄托在了有些相似的真实人物之上。

忠义是中国人自古欣赏崇敬的品德，历史人物中凡能在此方面表现突出者往往受到人们格外重视，进而成为加工创作后的人物典故。关公正是这方面的突出人物，其原型是东汉末年与三国时期的蜀汉大将关羽。作为历史人物的关羽骁勇善战，为蜀汉建国立下赫赫战功。他从起兵之初就与蜀汉开国君主刘备情同手足，随其南征北战，至死不渝；他曾在被迫归降曹操后依然不忘旧主，千里归兄；也曾率大军为蜀汉镇守远离大本营的重镇荆州，直至战死沙场。就关羽一生所作所为来讲，其中的忠义品质、勇武能力已然十分出众，而人们在传播关羽事迹时仍然觉得还不够，因而继续添加故事，放大其影响效果。明末小说《三国演义》中便将这些对关羽人物的加工创造予以集中呈现。从忠义而言，小说便增添了关羽与刘备、张飞桃园结义的情节，让关公之信义奠基于人们所习惯的兄弟亲情，淡化了历史中的君臣关系；增添了关羽在辞别曹操时

---

① 鲁迅. 鲁迅经典［M］. 昆明：云南人民出版社，2019：667.

"挂印封金"的情节，以此凸显他重义轻财的品格色彩；从勇武而言，小说便将其离开曹操追寻刘备的过程丰富为"过五关斩六将"的千里走单骑故事，将孙坚斩杀华雄事迹、袁绍大将文丑战死之事迹设定为关羽功劳，增添关羽"刮骨疗毒"轻描淡写的情节，以此强化关羽之勇武强悍；此外，在改写创造的"温酒斩华雄"情节中，增添曹操对关羽的赏识与关怀，并将此始终贯穿于二人的交往之中，为赤壁之战增添"关羽华容道义释曹操"埋下伏笔，同样丰富其信义报恩之品格。经过传说及小说的种种改写创造，一个忠义品格更亮眼、更加勇武无敌的关公形象跃然而生，被民间誉为"武圣"并成为大众信俗。延至当代，关公信仰、关帝庙仍在中国大地特别是华北地区极其盛行。各地为之建立的关帝庙数以万计，最大的是在关羽家乡的山西解州，于隋朝始建，被誉为"天下武庙之祖"。除了日常参观祀奉，人们还专门设置了关帝诞生日农历六月二十四的大型庙会祭祀。此外，人们也通过制作关公的画像、雕塑、家具摆件等日常用品，深刻地将关公信俗纳入日常生活之中。

　　清正廉洁、明察秋毫也是中国人自古十分敬仰、追慕的品格，特别是在政治统治相对严苛的社会中，人们往往将此类希望寄托于官员群体的优秀代表身上。这当然在很大程度上也与知识分子、文化精英们所重视"修齐治平"理想相符合。因而，古代社会中涌现的清官能吏也就备受关注，部分突出者经过再创造成为人物典故。包公正是这方面的突出人物，其原型是北宋年间的名臣包拯。包拯出生于宋真宗年间（公元999年），28岁考中进士。其主要为官经历都在宋仁宗时期。历任三司户部判官及京东、陕西、河北路转运使，后入朝担任三司户部副使，累迁监察御史，再授龙图阁直学士，移知瀛、扬诸州，历权知开封府、权御史中丞、三司使等职。去世前一年（1061年），升任枢密副使。因曾任天章阁待制、龙图阁直学士，故世称"包待制""包龙图"。包拯去世后，被追赠礼部尚书，谥号"孝肃"，后世称其为"包孝肃"。从历史而言，包拯在官场中地位不算特别高，远未到位极人臣、左右朝政决策的地步。他的主要功绩是做官清廉正直，特别是在担任御史期间极为刚正，多次弹劾权臣与贵族。包拯这些人物特点受到民众深度认同并广泛传播。呼应广大民众对公正廉洁品质的渴求，包拯的人物事迹同样得到极大程度地改造加工。和关羽故事的相关传播相比，民众对包拯人物的再创造已不仅仅满足于添加故事情节，而是将其与古代神话谱系和江湖侠义传说相结合，为包拯重新创作了一个神人结合的全新身份。以清朝流传的小说《包公演义》《三侠五义》为代表，包拯的出身变成"文曲星下凡"，被称为"包青天"，自小便肩负拯救苍生之重大使命。依靠着天赋属性强大和后天锻炼，他身边聚集起一群技艺高超、所向披靡的侠义团队。威震江湖的南侠展昭甘愿放弃江湖身份而担当包拯的主力护卫，算无遗策的公孙策为包拯军师，江湖侠客张龙、赵虎、王朝、马汉担当其辅助护卫，连素来与官府不睦的著名侠盗"五鼠"也常常为其助力，可谓众星捧月。包拯的事迹也不断拔高，达到足以影响国家安危的高度。如《狸猫换太子》的故事中，包拯深度参与了事关宋朝皇位继承的夺嫡之争，甚至有权废立君王。《铡美案》故事中，包拯直接对皇亲国戚开战，一己之力扭转权贵横行之风气。《大破铜网阵》故事中，包拯带领团队挫败襄阳王赵爵的谋反叛乱，拯救国家危局。此外，还有"牛舌案""审石头"等小案件审理，侧面反映中国古代司法实践与司法智慧。

与关公、包拯形象相似，传统文化中此类人物典故极其丰富。传统"四大名著"中《水浒传》宋江等"梁山好汉"人物形象、《西游记》中唐僧师徒人物形象基本上都在此一阵营之中，从中我们可以充分理解把握中国历史上的生产生活特点与文化要素。

二、精神性文化典故及其分类

所谓精神性文化就是指其构成形式以精神形态为主，一般不可触摸、不可固化的文化成果，也可称为非物质文化。按照唯物史观的核心观点来说，非物质文化属于社会意识范畴。我们也正是根据社会意识的层次划分来认识非物质文化典故的形式。根据层次的不同，社会意识分为社会意识形式和社会心理，因此，这方面的文化典故就表现为社会意识形式文化典故和社会心理层次文化典故。

（一）社会意识形式文化典故

从内涵上看，社会意识形式是高层次的社会意识，是自觉的、系统的、定型的社会意识，以理性认识为主，其形成的典故可以概括为道德文化典故、思想文化典故和艺术文化典故。

1. 道德文化典故

道德是调整人们之间以及个人与社会之间关系的行为规范的总和，是依靠社会舆论以及人们的信念、习惯、传统和教育来起作用的精神力量。中华文化的特色之一便是道德文化深厚，其中的道德文化典故可以说浩如烟海。以此而言，我们既有底蕴深厚的传统美德文化典故，也有伟大高尚的中国革命道德文化典故，更有与时俱进的社会主义道德文化典故。自律是中华传统美德中的重要道德典故，其具体表现为"慎独""内省""自讼"等内容，代表着传统美德中重要的品质与修养方法，迄今仍极具教育价值。"慎独"源自《大学》，是对儒家"三纲领""八条目"中的"诚意"这一条目的内容诠释，

> "所谓诚其意者：毋自欺也，如恶恶臭，如好好色，此之谓自谦，故君子必慎其独也！小人闲居为不善，无所不至，见君子而后厌然，掩其不善，而著其善。人之视己，如见其肺肝然，则何益矣。此谓诚于中，形于外，故君子必慎其独也。"①

"诚意"就是不要欺骗自己的内心。这就像我们讨厌闻到臭味、喜欢看到美色一样，只要闻到臭味心中即刻讨厌、看到美色心中即刻喜欢，完全不需要别人提醒、也无法假装违背，这就是（内心）自我满足。所以君子必须在独处的时候非常谨慎，或者说要严谨地面对自己的内心。小人们独处的时候就喜欢干坏事，等到他面对君子时又马上开始掩盖自己的行为，把自己干的坏事隐瞒起来而特别凸显自己做的好事，以为这样一来就能以君子面目出现了。但这样并没有用，因为人们看这个小人的所作所为，就像看穿他的肺脏肝脏一样清楚。原因就在于，人们内心里面想的事情，会表现于他外在的言行之上，要想掩盖是行不通的。所以，君子在一人独处时要十分谨慎，也就是要诚恳面对自己的内心。《论语》中孔子与弟子司马牛对话中谈到了"内省"问题：

> 司马牛问君子。子曰："君子不忧不惧。"曰："不忧不惧，斯谓之君子已乎？"子曰："内省不疚，夫何忧何惧？"②

司马牛问怎样才算君子，孔子回答是"不忧愁也不畏惧"。对这个回答，司马牛有些不理解。面对司马牛的不理解，孔子进一步解释说，这里的"不忧愁也不畏惧"是针对自己说的，只要内心反省自己的言行没有愧疚之处，就不会有忧愁和恐惧，这当然是君子所为。朱熹注解道："言由其平日所为无愧于心，故能内省不疚，而自无忧惧，未可遽以为易而忽之也。"③ 晁氏注解道："不忧不惧，由乎德全而无疵。故无入而不自得，非实有忧惧而强排遣之也。"④ 结合注解可见，司马牛的疑惑正在于没有明白"不忧愁也不畏惧"是内省的结果，

---

① 朱熹. 四书章句集注［M］. 北京：中华书局，2011：8.
② 朱熹. 四书章句集注［M］. 北京：中华书局，2011：127.
③ 朱熹. 四书章句集注［M］. 北京：中华书局，2011：127.
④ 朱熹. 四书章句集注［M］. 北京：中华书局，2011：127.

而不是只要做到表面的"不忧愁也不畏惧"。因为有些人表面的"不忧愁也不畏惧"有可能是他完全不在乎对自己所作所为带来的结果。换句话说，他干了各种坏事却没有丝毫反思，那也足以达到一种"不忧愁也不畏惧"的状态，这是十足的小人做派，当然不能称为君子。因而，孔子后面要着重强调"内省"的要求。对君子而言，关键不在于"不忧愁也不畏惧"的生活状态，而在于重视"内省"。只要常常"内省"、坚持"内省"，那么一旦做了坏事或不好的事就会心生愧疚而惴惴不安。在这种"内省"的监督之下，日积月累后，人们的言行就会自然而然符合道德要求，因内心坦荡而"不忧愁也不畏惧"，成为真正的君子。

　　与"内省"相关的道德要求就是"自讼"，原是孔子的一句感叹："已矣乎！吾未见能见其过而内自讼者也。"① 由其表述可知，"自讼"与"内省"相近而程度又更加严厉。"内省"是人们犯错之后的反思，而"自讼"则是人们犯错之后不仅反思，还要更进一步地批评、谴责乃至于"审判"自己。这样严厉的要求确实殊难完成，所以孔子感到很沮丧，说他没有见过犯了错还能"自讼"的人。

　　与这种"内省"相关的传统美德典故到了新民主主义革命时期得到了党员干部、革命群众们的传承与发展，转化为"修身自律""自我批评"的革命道德典故。毛泽东同志形象指出："房子是应该经常打扫的，不打扫就会积满了灰尘；脸是应该经常洗的，不洗也就会灰尘满面。我们同志的思想，我们党的工作，也会沾染灰尘的，也应该打扫和洗涤。"② 人们头脑中的思想世界，正如我们居住的房间一样，并不会自动保持整洁干净。共产党员进行自我批评就是在给自己的思想世界"打扫卫生"。革命道德中的"修身自律""自我批评"与传统美德的"慎独""内省""自讼"在形式上要求很相似，但是在内容上、层次上则要求更高。一方面，革命道德中的"修身自律""自我批评"针对的不仅仅是个人做好事、做善事这样的个人品德目标，还包含有保持先进的革命思想、追求共产主义革命理想的要求。不仅仅是反思个人言行上的瑕疵，更关键的是反思自己有没有无时无刻坚守远大的理想信念，自己有没有对崇高革命理想信念的坚守。另一方面，革命道德中的"修身自律""自我批评"之所以重要，不仅仅是理论上应该如此，更包含有无愧面对革命先烈牺牲的现实要求。毛泽东指出："无数革命先烈为了人民的利益牺牲了他们的生命，使我们每个活着的人

---

① 朱熹. 四书章句集注［M］. 北京：中华书局，2011：81.
② 毛泽东. 毛泽东选集：第三卷［M］. 北京：人民出版社，1991：1096.

想起他们就心里难过，难道我们还有什么个人利益不能牺牲，还有什么错误不能抛弃吗?"① 从中可见，党员干部群众之所以要时刻以"修身自律""自我批评"要求自己，绝不仅仅是要实现做"君子"这种比较私人的"对得起自己良心"的目标，更在于要无愧于成千上万革命先烈伟大牺牲的重大要求! 党员干部不"修身自律""自我批评"，所承受的不仅仅是个人内心不安的愧疚，更是要面对千千万万革命先烈付出的鲜血和惨烈牺牲! 他们中很多人事实上正是活着的党员干部们的亲人朋友，这种在灵魂深处的批评谴责是更为巨大的! 而与他们那些无畏牺牲相比，现实中党员干部的个人境遇确实极其渺小，那些因个人私利不满足而引起的怨恨私怨、自我放任确实不值一提。

2. 思想文化典故

思想典故是最深刻、效果最明显的社会意识形式文化典故。中华文化中蕴含着独特而丰富思想文化，也孕育着璀璨的思想典故，其主要代表是儒学思想、道家思想和佛学思想。

儒家思想最独特之处在于凸显伦理思想。儒家的兴起与东周晚期"礼崩乐坏"的时代局势关系密切，创始人孔子一生的事业追求就在于解决"礼崩乐坏"的乱局，进而恢复"周礼"的外在体制及其所包含的伦理秩序。儒家看来，建立良好社会秩序、实现良好政治治理，关键因素就是道德伦理的运用。

子曰："为政以德，譬如北辰，居其所而众星共之"。②

执政者以道德来实施政治治理，就会获得民众的拥戴信服。如同众星辰围绕北极星一样自然而然、牢不可破。这种做法正是以道德伦理作为政治的基础，实现二者的融合。一方面，执政者自身要重视道德素养的培育。

季康子问政于孔子。孔子对曰："政者，正也。子帅以正，孰敢不正?"③

如孔子对季康子的教导那样，一旦执政者自身培育了良好道德素养并立为群众的示范，就可以实现对全体民众的教育引导，树立真正的权威。另一方面，

---

① 毛泽东.毛泽东选集:第三卷 [M].北京:人民出版社,1991:1097.
② 朱熹.四书章句集注 [M].北京:中华书局,2011:55.
③ 朱熹.四书章句集注 [M].北京:中华书局,2011:130.

则是以礼制为载体，充分树立道德在治理中的主体地位。

> 子曰："道之以政，齐之以刑，民免而无耻。道之以德，齐之以礼，有耻且格。"①

对待民众单纯用行政命令引导，用刑罚治理，只能形成民众表面上遵从的局面。他们内心里没有以犯法为羞耻。所以，必须用道德来引导，用礼制进行治理，民众就会从心底里形成羞耻感而自觉地遵守秩序。

儒家建立伦理秩序的外在载体是礼制，而礼制的内容结构正是处理好政治和社会生活中的人伦关系。这些关系大体上被总结为"五伦"，即"君臣之伦""父子之伦""兄弟之伦""夫妇之伦"和"朋友之伦"。五伦的规范要求结合起来，上下交错，就建构起了儒家所认可的伦理秩序。孔子没有具体说过"五伦"，但他谈到过其中一些重要要求。

> 定公问："君使臣，臣事君，如之何？"孔子对曰："君使臣以礼，臣事君以忠。"②
>
> 齐景公问政于孔子，孔子对曰："君君，臣臣，父父，子子。"公曰："善哉！信如君不君、臣不臣、父不父、子不子，虽有粟，吾得而食诸？"③

"君臣"关系、"父子"关系属于被孔子直接讨论过的"五伦"内容，且都是与国君对话时的表述，可见此"二伦"在孔子思想中的地位之重。从中看出，一方面，孔子强调"君臣""父子"关系的相互性，并非单纯维护哪一方的绝对权威。这里面就暗含了相对处于弱势地位的"臣""子"所拥有的选择权乃至反抗权。另一方面，"君臣""父子"关系的实际内容以"礼"来界定，不是可以随意处理的。这也显示了儒家为人伦关系建立起客观、普遍性规范的倾向。孔子而后，儒家对"五伦"多有探讨，对"五伦"进行最全面概括的当属孟子。

> 后稷教民稼穑。树艺五谷，五谷熟而民人育。人之有道也，饱食、暖

---

① 朱熹．四书章句集注［M］．北京：中华书局，2011：55.
② 朱熹．四书章句集注［M］．北京：中华书局，2011：66.
③ 朱熹．四书章句集注［M］．北京：中华书局，2011：129.

衣、逸居而无教，则近于禽兽。圣人有忧之，使契为司徒，教以人伦：父子有亲，君臣有义，夫妇有别，长幼有序，朋友有信。放勋曰："劳之来之，匡之直之，辅之翼之，使自得之，又从而振德之。"圣人之忧民如此，而暇耕乎？①

孟子此处的阐述属于鲜明的体系建构。他既论证了"五伦"的理论基础是"人禽之别"，又以先物质生存后精神生活的逻辑追溯了"五伦"产生的实践历程，更扼要具体界定了"五伦"的内容要求。甚至，通过他先描述"五谷"后说明"五伦"的表达方式，还能窥见儒家一些关键范畴诞生的思维语言路径的痕迹。他所确立的"父子有亲，君臣有义，夫妇有别，长幼有序，朋友有信"的"五伦"之要求，也基本成为儒家伦常教育的不刊之论。值得强调的是，孟子重视"五伦"内部的相互性特点，尤其是对于"君臣"这一对关系有强烈关注：

孟子告齐宣王曰："君之视臣如手足，则臣视君如腹心；君之视臣如犬马，则臣视君如国人；君之视臣如土芥，则臣视君如寇仇"。②

孟子敢于在国君面前讲出如此激烈的语言，既反映出儒家文化中具有的一种刚强风骨，也反映出儒家始终聚焦"君臣"关系这一伦理秩序建构的关键环节，重视伦理道德与政治治理的充分融合。

道家思想在中国社会登堂入室、受到官方认定的时期比较短暂，其更大的影响力表现在深渗入国人的生活之中。《庄子·天下》中评价道：

以本为精，以物为粗，以有积为不足，澹然独与神明居。古之道术有在于是者，关尹老聃闻其风而悦之。建之以常无有，主之以太一，以濡弱谦下为表，以空虚不毁万物为实。③

如其所言，道家那种崇尚自然、以无为本、柔弱为表的生活心态，一直为许多中国人"闻其风而悦之"，欣然追求。

---

① 朱熹. 四书章句集注 [M]. 北京：中华书局，2011：242.
② 朱熹. 四书章句集注 [M]. 北京：中华书局，2011：270.
③ 陈鼓应. 庄子今注今译 [M]. 北京：商务印书馆，2007：1011.

道家思想典故体现为回归自然的生活理想。道家诞生之时亦是面对先秦乱世，而道家人士没有像儒家那样去积极救世，而是逃避乱世、归隐自然，去过一种与世隔绝的生活。如老子所言：

> 小国寡民，使民有什伯之器而不用；使民重死而不远徙；虽有舟舆，无所乘之；虽有甲兵，无所陈之；使民复结绳而用之。甘其食，美其服，安其居，乐其俗。邻国相望，鸡犬之声相闻，民至老死不相往来。①

这种小国寡民的生活，正是对现实社会的全面拒绝，既抗拒心机算计、尔虞我诈，也反对频繁来往、典章规范乃至大部分的人类文化成果。这一生活理想在中国历史上不乏拥趸。三国时期魏国出现过著名的"竹林七贤"，以嵇康、阮籍为首，七人经常相聚竹林之下，纵酒放歌、肆意酣畅。在思想上他们"非汤武而薄周孔，越名教而任自然"②，影响一时风气。稍晚的东晋诗人陶渊明更是将此生活推上高峰。通过亲身体验，他写下大量明快、优美的山水田园诗描绘了那幅精彩画卷："暧暧远人村，依依墟里烟。狗吠深巷中，鸡鸣桑树颠。户庭无尘杂，虚室有余闲。久在樊笼里，复得返自然"③"结庐在人境，而无车马喧。问君何能尔？心远地自偏。采菊东篱下，悠然见南山"④；他更撰写了不朽名篇《桃花源记》，为道家理想生活创造了最为经典的意象，成为千古佳话。以陶渊明为起点，山水田园诗人大批涌现，前有"大小谢"谢灵运、谢朓，后有王维、孟浩然，直至"诗仙"李白，无不追慕此种生活。他们写下的"池塘生春草，园柳变鸣禽"⑤"返景入深林，复照青苔上"⑥"绿树村边合，青山郭外斜"⑦"山随平野尽，江入大荒流"⑧"长风万里送秋雁，对此可以酣高楼"⑨等精彩诗篇，已然深深印刻在无数代中国人的脑海深处，直到今天仍然是构筑我们心灵世界的雕梁画栋。

① 任继愈.老子绎读［M］.北京：北京图书馆出版社，2006：176-177.
② 薛婷.魏晋赠答诗注评选［M］.北京：中国商务出版社，2019：75.
③ 张葆全，周满江选注.历代诗话选注［M］.桂林：广西师范大学出版社，2020：62.
④ 许渊冲.汉魏六朝诗选［M］.北京：五洲传播出版社，2018：293.
⑤ 赵传仁.诗词曲名句辞典［M］.济南：山东教育出版社，1988：426.
⑥ 刘兰英，赵桂藩，施宝义，等.中国古代文学词典 第5卷［M］.南宁：广西教育出版社，1989：374.
⑦ 秦言.中国历代诗词名句典［M］.北京：中国商业出版社，2011：283.
⑧ 秦言.中国历代诗词名句典［M］.北京：中国商业出版社，2011：34.
⑨ 蘅塘退士，赵旭.唐诗三百首：评注版［M］.上海：上海教育出版社，2021：90.

道家思想典故体现为达观不争的生活心态。此方面主要涉及如何进行人与人、人与社会交往的问题。虽然道家文化整体主张贴近自然，尽量回避人群。但毕竟大多数人还是处在社会生活之中，对此，道家早在老子时期就有所主张：

> 我有三宝，持而保之：一曰慈；二曰俭；三曰不敢为天下先。慈，故能勇，俭，故能广，不敢为天下先，故能成器长①。

从中可见，道家所主张的"慈""俭""不敢为天下先"这"三宝"就是让人们慈悲为怀、用度节俭、达观大度、不与人争、懂得放弃，这些内容很大程度上构成了千百年来中国人的为人处世风格。大致成书于明代的童蒙读物《增广贤文》中大量吸收了道家这种生活心态，凝练成耳熟能详的俗语以教育青少年。很多内容都是今天我们极其熟悉的谚语："枪打出头鸟，刀砍地头蛇""水至清则无鱼，人至察则无徒""逢人且说三分话，未可全抛一片心""命里有时终须有，命里无时莫强求""有意栽花花不发，无心插柳柳成荫""谁人背后无人说，哪个人前不说人""长江后浪推前浪，世上新人赶旧人""人情似纸张张薄，世事如棋局局新"等。即使在21世纪的今天，以上诸语依然在长辈教育子孙时经常被引用，这里面造成的利弊尚需科学评估，但其文化育人效应确是十分强大的。

道家思想典故还体现为养生保身的生活路径。也许正因为对自然的亲近，道家文化自始即重视对人的自然生命的养护与延续。《庄子》文中有言："为善无近名，为恶无近刑。缘督以为经，可以保身，可以全生，可以养亲，可以尽年。"②"保身""全生""养亲""尽年"，正是道家养生文化的要义所在。具体来看，道家养生文化从饮食、锻炼、医药几个方面直接深入到了中国人的生活方式之中。在饮食上，道家青睐素食，调味尚清淡，主张多吃天然的时令蔬菜瓜果；排斥荤腥及刺激性食物，忌饮酒，忌暴饮暴食。在身体锻炼方面，道家很早就有打坐静养的做法，后世据此开发出中国特有的气功健身方法。享誉世界的太极拳从指导思想到招式凝练，无不与道家文化关联密切。在医药方面，道家文化同样贡献甚伟。先秦名医扁鹊、东汉名医华佗都有道家倾向，后世名医则更甚。东晋葛洪乃道教一代宗师，既是炼丹专家，又是医学泰斗。由他撰写的《金匮药方》《肘后备急方》等医药著作，有大量疾病防治、药物性能鉴

---

① 任继愈. 老子绎读 [M]. 北京：北京图书馆出版社，2006：150.
② 陈鼓应. 庄子今注今译 [M]. 北京：商务印书馆，2007：113.

别、养生保健的宝贵财富，2015 年获得诺贝尔医学奖的屠呦呦教授正是在葛洪著作启发下取得的青蒿素发明成果。此外，葛洪对于天花、结核病、恙虫病、急性黄疸肝炎的记录和认识，都属世界领先。南朝名道陶弘景著有《本草经集注》，在中药学方面居功至伟。唐代名道孙思邈有"药王"之称，他在中医方剂学、本草学、各科疾病防治以及整理《伤寒论》等方面均成就斐然，其著作《千金要方》《千金翼方》都是中医史上的权威之作。明代写出世界医药经典《本草纲目》的李时珍同样是道家中人。可见，从身体生命到精神心灵，道家文化对中国人的培育是全方位的。

佛教独特的思想典故也对中国人思想特点产生了重要影响。就影响效果而言，佛教"因果报应"的生命轮回观念影响最大。一方面是其表达简练且具有严密的逻辑闭环论证，另一方面更重要的则是借用"报应"的说法将人们的言行善恶给出了一个直观的权威评价，使大多数人心灵上有一个为伦理道德托底的承诺。诸如"善有善报、恶有恶报；不是不报，时候未到"这样的话语极具感召力和穿透力，即使不信仰佛教的人，也会在面对现实中的伦理困境时自发对此类话语产生认同。再如"上辈子欠你的""下辈子当牛做马来报答"等话语都已成为我们日常话语的重要构成要素。与"因果报应"观念相呼应的还有大量佛教意象，如十八层地狱、阎罗王、生死簿、牛头马面等亦在国人思想中扎根，加强着其伦理评价方式的影响。佛教讲求慈悲为怀、戒惧贪嗔痴等观念亦成为国人伦理教育的正面资源，而"放下屠刀，立地成佛""苦海无边，回头是岸"等观念则成为我们日常劝诫、宽容语词。此外，佛教典籍中相对简要的《金刚经》《心经》同样在中国流传极广，"色不异空，空不异色；色即是空，空即是色"等观念亦为人们所熟知。很大程度上，历经千百年历史洗练，这一类佛教伦理话语亦早已融入了国人的基本世界观中，成为不可缺少也无法回避的伦理立场。

3. 艺术文化典故

艺术文化典故是最易于传播的社会意识形式文化典故。艺术通过塑造具体生动的形象来反映社会生活的意识形式。虽然从本质上看，艺术是一种理性认识，但其表现形式却非常具有感性特征。无论是书面文字描述、单纯声音表达、人物言行表演还是对物质材料的艺术品加工，都致力于塑造鲜活的艺术形象。成功的艺术形象在形式上极具渲染力、吸引力和感召力，可以迅速吸引大量人群的关注。同时，其形象的内涵中又凝聚了人们对社会生活的理解、情感、愿望和意志，也就易于引起艺术观看、欣赏者的情感、意志共鸣。由此可见，优秀艺术具备较短时间在较广泛的人群、空间中高效传播的性能，并同时对大量观众产生深刻影响。对于中华传统文化艺术来看，最主流的艺术形式就是戏曲。我国各地得以传承的种类多达数百种。京剧有"国剧"之称，是传统曲艺文化中的影响最大的剧种。作为中华民族传统文化的重要表现形式，京剧汇集了极其丰富的中国特色的艺术元素，很多堪称中华优秀传统文化的象征符号。京剧艺术特色和影响力已然达到世界顶尖水平，以梅兰芳命名的京剧表演体系被视为东方戏剧表演体系的代表，为世界三大表演体系之一①。京剧的育人作用，既表现在对人们的艺术愉悦方面，更体现在伦理感召方面。从艺术愉悦来看，京剧表演者通过唱、念、坐、打等技巧，西皮、二黄等唱腔，京胡、月琴、铙钹、小锣等乐器演奏，以及生、旦、净、丑等角色扮演，为人们提供了别样的耳目感官审美体验。从伦理感召来看，京剧创作了《宇宙锋》《四郎探母》《铡美案》《长坂坡》《群英会》和《空城计》等剧作，以曲折剧情、精美台词形象表现忠孝信义、铁面无私、智勇仁爱等中国优秀的传统伦理观念，对广大观众、听众产生了较好的教育意义。越剧也称绍兴戏，兴起于江浙地区，以优美婉转的唱腔和典雅入微的表演著称。其代表作包括《梁山伯与祝英台》《红楼梦》《西厢记》《碧玉簪》等"才子佳人"作品，内容以歌颂青年男女冲破礼教阻碍追求美好爱情为主。黄梅戏发源于湖北省黄梅县，壮大于安徽省安庆市，是由山歌、秧歌、茶歌等发展而起的朴素剧种。其代表作正是脍炙人口的《天仙配》，弘扬孝道文化并寄托善良美好的生活愿景。豫剧兴起于河南省，从河南梆子发展而起的剧种。代表作亦是人们耳熟能详的《花木兰》，赞扬中国女性巾帼不让须眉的气概。评剧兴起于河北省，从莲花落发展而形成的剧种，代表作有《花为媒》《打金枝》等。其他戏曲剧种和曲艺形式还包括昆曲、高腔、秦腔、湖南花鼓戏、粤剧、川剧、皮影戏、信天游、评书、二人转、快板、相声、湖北大鼓和南方民歌等。他们都直接来源于百姓的生活实践，是民间智慧的结晶，通过喜闻乐见的艺术形式丰富了百姓的精神世界，并有相当重要的朴素性伦理教化作用。值得重视的是，这些戏曲典故虽然诞生于古代中国，而在新中国与新文化相融后，又焕发出新的生机，产生出许多新的典故。

（二）社会心理层次的文化典故

从内涵上看，社会心理是低层次的社会意识，是自发的、不系统的、不定型的社会意识，以感性认识为主。社会心理主要表现为人们的感知、情绪、情感、心态、习俗等。其育人形式可以概括为家风家训文化典故和民间通俗信仰文化典故等。

① 孙惠柱.三大戏剧体系审美理想新探［J］.戏剧艺术，1982（1）：86-96.

1. 家风家训文化典故

家风家训文化典故是社会心理育人最常见且普及的育人形式。对于绝大多数人而言，家庭都是个人成长中的第一所学校，孩子的亲人特别是父母就是个人成长的第一任老师。从具体的教育手段来看，最切近的育人文化当然就是孩子从出生到长大成人过程之中所亲身经历的家庭生活环境。这既包括父母对孩子的刻意教育引导，更包括父母及亲人们的言行实践。通常来讲，孩子成长过程就是一个向身边亲人们模仿的过程。因之，这种切近的家庭育人方式最关键的不在于父母对孩子的要求和训诫内容，而在于父母自身的生活实践内容。换句话说，孩子的性格品行大概率会成为父母的翻版。显然，这种家庭育人几乎全是以潜移默化的感性教育为主。以此推而广之，如果某一个家庭的长辈成员能够在相当长的时间段内（通常达到上百年、纵跨四代子孙）保持优良的生活方式、品格修养，这就会形成一种家庭教育结晶——家风家训。一些历史上著名的大家族都有家风家训传承的习俗，众所周知的《诫子书》《颜氏家训》《曾国藩家书》都是典型代表。在这些历史大家族之外，还有不计其数散落于各地民间的家风家训，同样发挥着深远的育人意义。需要注意的是，家风家训中虽然蕴藏着普遍性的道德内容乃至部分哲学思考，但与历史上著名的经典道德著作、哲学著作的不同在于，家风家训绝不仅仅止于理论分析与研究，它的内容一定是与家族成员曾经或现实中优良的生活作风相伴随，能够起到育人"活化石"的作用。

民间习俗文化典故相当于是家风家训育人的一种扩展。二者的共同特点在于，都是以长期密切接触的共同生活作为基础。因此，风俗习惯育人的内容与方式也与家风家训育人的情况高度接近。从内容上看，各地的风俗习惯都与人们吃穿住用等生活细节密切相关，直接浸润于当地人的日常生活里面；从方式上看，各地的风俗习惯育人也基本没有成体系的理论解释，主要表现为长辈们的言行举止，通过代际传递的方式不断延续。部分风俗习惯能够探寻到可以解释的理由，诸如某些地方要求除夕这天一定要将地上的瓜子花生壳踩碎，并且不能扫出家门，这里面有对"岁岁平安"的谐音解释。但更多的风俗习惯其实已经无法找到起源，也无法进行合理解释了。如正月里不能剃头、孩童换牙齿时要将下牙床的牙齿扔到床底，上牙床的牙齿扔到屋檐之上去等等。风俗习惯育人与家风家训的不同的则主要表现为形成范围和影响程度的问题。风俗习惯的形成范围是以地域来划分，超出了家风家训单纯以家族血缘作为联系纽带的范围。自然而然，这就促使了风俗习惯的影响人群更为广泛，对人们的影响程度更为深远。很多地方的风俗习惯都具有数百年乃至上千年的历史传承，已经根植在了此地出生长大的人们的精神深处，再难磨灭。我们看到，每当时间到了各地风俗所重视的节点，当地人们就像被某种共同的文化钟声唤醒一样，自发自觉地开始从事相应的活动。人们在风俗习惯中的表现，生动展示了这种育人方式所不可忽视的力量。

2. 民间通俗信仰文化典故

民间通俗信仰文化典故是中华大地上传承久远、深入人心的社会心理文化典故。这其中，最具普及性、大江南北人们基本都接受的信仰莫过于祖先崇拜或者说对逝去先辈亲人的祭祀。这一崇拜背后的文化旨趣正是《论语》中曾子所言："慎终追远，民德归厚矣。"① 谨慎对待家中长辈的寿终正寝，追祭逝去先辈远祖，是让社会道德风气淳厚的重要途径。即使许多普通老百姓并不理解这种信仰背后的深远社会意义，但仍能在生活中自觉自愿、郑重其事、毕恭毕敬地完成祭祀活动，俨然成为大家精神血脉中的因素。虽然属于民间信仰，但祖先祭祀依然有其整体统一的一面。从祭祀时间来看，在一年中最重要的春节，亿万国人回家过年、家人团圆时，总不忘对祖先的家祭；春暖花开的清明节，东西南北的人们都会自发走出家门，到先辈坟前扫墓祭拜。近些年来，清明节愈发受到重视，亦已纳入国家公祭革命先辈的范围中，亦显示出这种民间信仰的文化力量。除了这两个最典型的节气之外，各地选择性祭祀祖先的节日还包括正月初九上九日、正月十五上元节、二月的"春社"节、七月十五"七月半"中元节、九月初九重阳节等，足见民间的重视程度。从祭祀地点看，大部分农村地区都保留有祖坟的地域，南方很多地方还保留着家族的宗祠。即使在今天，去到各地的一些村民家中，依然可以看到客厅堂屋中间挂着大幅的牌位，上书"天地国亲师"大字，使用香炉或者通电的长明灯供奉，都是民间信仰文化的典型标志。虔诚祭拜祖先，除了寄托哀思之外，也有某种祈求保佑生活顺利的愿望。这种愿望亦充分表现在了民间信仰中那些门类众多的"专业神仙"上面。人们在厨房中贴灶神，于"小年"时祭拜，祈求他"上天言好事，下界保平安"；大门上必贴门神尉迟敬德、秦叔宝画像，祈福保平安；村头小庙中有土地公公土地奶奶保日常顺利；做生意的地方摆上财神赵公明，祈求生意兴隆；还有在客厅或者卧室中祭祀观音菩萨，祈福子孙兴旺。

广袤的中华大地存在着巨大的地域生活差异，这也催生了数不胜数的地域性信仰信俗文化。这其中又可以分为典型宗教信仰和朴素的民间神灵信俗。

典型的宗教信仰主要存在于少数民族文化中。除了前文提到的藏族、蒙古

---

①　朱熹. 四书章句集注 [M]. 北京：中华书局，2011：52.

族的密宗信仰外，回族、维吾尔族的伊斯兰教信仰也具有比较长的历史，分布较为广泛。南方部分少数民族自身信仰中吸纳了道教文化的因素，诸如云南的白族、彝族，广西、湖南、贵州各省区的瑶族、壮族、苗族、土家族以及海南岛的黎族、回族等。

朴素的民间神灵信俗则为数极众。这些信俗可以大体分为人物信俗和自然信俗。人物信俗祭祀的对象即本地域产生过的有高尚义举的历史人物，比较著名的妈祖信俗、关公信俗等。妈祖信俗是在我国东南沿海地区具有极其广泛影响的海神信俗。妈祖的原型是宋朝一名志愿救援海难而献身的渔家姑娘。人们既感念她的美德，予以祭祀，逐渐将其神化为能为航海保驾护航的神仙。直至今天，很多船员在出海前都要先祭妈祖，甚至还在船舶上立妈祖神位供奉。这一信俗文化已从国内远播域外，20世纪80年代，联合国有关机构授予妈祖"和平女神"称号①。自然信俗的对象则是大自然中一些生长奇异的物品，包括动物、植物和山石等。东北农村有所谓"五大仙"祭祀风俗，即狐仙（狐狸）、黄仙（黄鼠狼）、白仙（刺猬）、柳仙（蛇）和灰仙（老鼠）。港澳地区的黄大仙庙香火鼎盛，每逢农历初一、十五都有善男信女前来拜祭，春节期间，进香者更加潮涌，络绎不绝。香港新界有两棵著名的"许愿树"。人们将两棵树龄千年的大榕树视为神灵，既在树根处烧香祭拜，更用红纸写下愿望再系上橙子抛到树上悬挂起来祈福。湖北省恩施市一处山区公路旁有一块高约3米的青石，引来众多香客祭拜。这里数十年来香火不断，石头被人们认为是可以保佑行车安全的"神石"②。类似例子在我国各地大量存在，虽然其中不乏迷信因素，但总体还是反映了推崇美好品德、祈求平安幸福的愿景，一定程度上起到了醇化社会风气的作用。

第三节　优秀文化典故的魅力特点及其展现

从唯物史观立场出发，文化典故在本质上属于社会存在决定的社会意识。社会意识对社会存在具有相对独立性，其中最突出的就是社会意识对社会存在的能动反作用。优秀文化典故所具有的魅力正是社会意识能动反作用的充分体现。按照这些魅力形成的特点，我们可以概括为意象趣味魅力和思维凝聚魅力

---

① 扎根民间 传扬世界 妈祖文化历千年而愈兴 [N]. 人民日报海外版，2018-10-23（07）.
② 恩施一石头被众人当"神灵"祭拜 数十年香火不断 [N/OL]. 搜狐网，2019-02-18.

两大方面。

一、优秀文化典故的意象趣味魅力及其展现

中华优秀文化典故产生于中华民族悠久而壮阔的共同社会实践，自然从中生成了意象趣味魅力。文化典故之魅力最明显表现便是其意象具有趣味，产生对人们的兴趣吸引。中华优秀文化典故的意象趣味魅力主要体现于韵律节奏和夸张、联想、想象艺术手法等方面。

（一）优秀文化典故的韵律节奏魅力

优秀文化典故之意象所包含趣味主要在于通过有声有色的形象描述与展示，吸引人们感官认知，进而上升到理性分析与思考。以此而言，优秀文化典故的意象塑造中总是或现或隐地采用大量艺术手法手段来丰富趣味。

注重韵律与节奏是优秀文化典故中最为常用、最为普遍的意象趣味生成手法。汉字是中华优秀文化典故的最基本的细胞，也从根本处确定了优秀文化典故韵律节奏的方向方式。作为一种传承久远的象形文字，汉语逐渐形成以字数多少变化来构成韵律节奏的基本规律。汉语单字词、两字词是日常使用的主要单位，而一旦上升到三字以上，便开始成了典故的主要载体。三字联用载体的产生与运用于先秦时期的道家经典密切相关，《道德经》不仅名称本身是三字，而且其中内容也大量以三字联用为行文方式。其开篇即言，"道可道，非常道；名可名，非常名"①，这一表述映入人们眼帘，且不说内容如何，单就其连续三字的文字排列简洁清晰，整齐舒适，足以让人产生较强的了解兴趣；同时，这种短促结构亦适应人们说话朗读的发声发力的要求，适于大声诵读并产生话语气势。这样的行文在《道德经》中随处可见，更有相应说法为三字联用方式论证，所谓"道生一，一生二，二生三，三生万物"②，就其所述，使用三字联用的表达，已然可以用于万事万物的表达。三字联用自此在中华优秀文化典故中成为重要形式。延至清代，仍有《三字经》《弟子规》等童蒙教育经典以此为标准，影响几百年的教育历程。直至今天，这些作品仍是基础教育以及千家万户首选的启蒙经典。四字联用的文字载体的使用范围最为普及，一般认为这其中主要有三方面原因。一是受到先秦《诗经》等典籍的深入影响。如众所知，商周时代形成，并由孔子编订的《诗经》大量使用四字联用的方式，其描述内容涵盖极广、语言表现力极强。上至朝堂君国大事，下至百姓劳作生活；外及

---

① 任继愈. 老子绎读 [M]. 北京：北京图书馆出版社，2006：1.
② 任继愈. 老子绎读 [M]. 北京：北京图书馆出版社，2006：94.

各种人群言行举止、内及人们心中各类情绪思想，无不能以四字联用方式精彩表现。除《诗经》外，《尚书》《周易》中也大量使用四字联用形式来表达一些关键内容。如《尚书》首篇《尧典》开篇即有大量四字联用："曰若稽古，帝尧曰放勋，钦明文思安安，允恭克让，光被四表，格于上下。克明峻德，以亲九族。九族既睦，平章百姓。百姓昭明，协和万邦，黎民于变时雍。"① 这其中一系列四字用语，将帝尧个人谦让守礼、亲睦族人、安抚百姓并协调天下各国秩序的品质与功绩阐述得简要而准确，其中"允恭克让""协和万邦"已是传承至今的成语典故。《周易》首篇《乾卦第一》内容也与此相类。开篇"乾：元，亨，利，贞"② 四字虽有断句，而在诵读时亦可并列读出，看作一个整体。其后内容，围绕"龙"这一意象，按照乾卦的卦爻顺序一一列出爻辞，基本以四字为主，系统建立起了"乾卦"的整个结构，也让人们可以极为顺畅地掌握其意象表达。其中，"潜龙勿用"③"飞龙在天"④"亢龙有悔"⑤"群龙无首"⑥均已是成语典故。二是四字联用形式契合汉语的语言交际需求。这里的需求也就是所谓"言简意赅"，以尽量简练的语言传递尽可能丰富的信息。如前所述，汉字作为象形文字，单个字本身也具有丰富的含义，但在日益增多的交际之中，单字传递信息已然不足，便逐步扩展至两字、三字联用形式。三字联用虽亦可成就部分经典，很多日常交际已然足用，但是对于一些需要格外强调描述的重要情形、状态则仍显不足，如前所述"协和万邦""潜龙勿用""亢龙有悔"这些成语构，如改成"和万邦""龙勿用""龙有悔"，基本意思可以表述，但是相比于原先的四字成语，便显得气势不足，如诵读则更少了韵味。三是四字联用形式的审美特征丰富。既能更好地体现中华传统审美中的均衡美感，又能表现出带有冲击力的气势。在照顾到人们其他表达习惯的基础上，四字联用的均衡美感是最突出的。从字数上看，双数比单数更显示对称均衡。但两字联用则嫌字数过少，单个词语的表现力有限；六字及以上词语则稍显过多，不易流畅表达。这样下来，确实是四字联用更合乎要求。此外，许多成语的内容本身也正是将两个相近词语并用而构成，在语法上形成一种排比效果，均衡中又强化了本身含义。诸如"万水千山""千言万语""千辛万苦""理直气壮""名正言

① 顾宝田．尚书译注［M］．长春：吉林文史出版社，1995：1-2.
② 黄寿祺，张善文．周易译注［M］．上海：上海古籍出版社，2004：1.
③ 黄寿祺，张善文．周易译注［M］．上海：上海古籍出版社，2004：2.
④ 黄寿祺，张善文．周易译注［M］．上海：上海古籍出版社，2004：4.
⑤ 黄寿祺，张善文．周易译注［M］．上海：上海古籍出版社，2004：4.
⑥ 黄寿祺，张善文．周易译注［M］．上海：上海古籍出版社，2004：5.

顺"等。同时，以上词汇的使用本身在视觉上就显出一股气势，读来更是铿锵有力、朗朗上口。任何人在对比了用四字成语表达和日常普通表达后，都会自然被其魅力吸引而成为习惯。而四字联用也因之成为文化典故中韵律节奏最常用的表现形式。五字及以上字数联用的表现形式虽然也构成了为数不少的各类文化典故，但相对而言，其被使用的频率大为减少。五字及以上字数联用的表现形式更多运用于古代诗词歌赋之中，这也是难度更大的文学艺术典故，从更高层次的维度来展现典故的意象趣味。

（二）优秀文化典故的夸张、联想和想象手法魅力

善于夸张、联想与想象是大量文化典故中常见的意象趣味创作方法。典故要具有趣味，往往就需要对人们日常经历的感受有所突破和超越。即使是对人们习以为常的经历，也需要进行一番提炼加工。以此而言，夸张、联想和想象是不断递进的三种创造典故意象趣味的主要手法。

1. 夸张手法展现魅力

夸张是以现实中原有事物为基础，将其某些特点予以故意夸大或缩小而产生极端效果，进而产生趣味。许多产生于先秦时期的成语典故均以此为主要创作方式。

"邯郸学步"是源自《庄子》中的著名成语典故。其具体出处来自文中的先秦名家学者公孙龙与魏牟辩论中所举之事例。公孙龙作为名家代表人物，最擅长的就是口舌之辩，通过"合同异""离坚白"等奇思妙想来拆解概念、挑战常识，自诩达到"困百家之知，穷众口之辩"的高度，然而当他听到庄子之思想理论之后感到内心茫然，于是向魏牟请教究竟是自己知识不足还是论辩水平不够。这里的请教既有真实求教的意思，也夹杂些许不服气的情绪，因而《秋水》作者借魏牟之口说了一大段巧妙比喻，既是在解答公孙龙的问题，又是在借机宣扬庄子思想、讥讽公孙龙的水平能力。在大段论述中，魏牟用了"坎井之蛙"与"东海之鳖"的比喻来暗地里分别指代公孙龙的见识与庄子的思想境界。毫无疑问，"坎井之蛙"固然比井中和旁边的一些小虫子生活得更惬意，看上去水平更高。但如果和"东海之鳖"的见识比起来，那就完全没有可比性了。庄子的思想境界水平已经超出公孙龙可以想象的边界之外了。何谈比较呢？在魏牟论述之最后，就使用了"邯郸学步"的著名典故。

子往矣！且子独不闻夫寿陵余子之学行于邯郸与？未得国能，又失其

故行矣，直匍匐而归耳。今子不去，将忘子之故，失子之业。①

现实中会不会有人去专门学别人走路？当然是有的，走路作为一种重要行为方式本身也确实有礼仪要求。但绝不至于像故事中那位"寿陵少年"一样，不仅邯郸人走路礼仪一丝一毫没有学会，反而还失去了原有走路方式，只能爬着回去了。这里面就存在着一种"夸大""缩小"并存的夸张情形。极端缩小了寿陵少年学会的走路能力，降到了"零"甚至"负数"；同时极端夸大了寿陵少年所忘记、失去的固有能力，把忘记了一部分夸大到忘记全部。如果说魏牟前面的比喻是以相对间接的方式来评判公孙龙的水平，讽刺性虽然已然很强，但基本还只是做"量"上大小比较性评价，没有做出直接的"质"性评价，相对还是有所保留。换句话说，按照前面所讲，公孙龙虽然比庄子差得很远，但还留有机会来学习和进步。那么，在这个"邯郸学步"典故中就不仅是讽刺和量的评价，更有"质"性评价和言行命令了。按此所说，魏牟是告诉公孙龙，不仅庄子思想高深无比，而且公孙龙根本不配学习。要想还留着自己的微小本领，就赶紧走开、远离庄子思想，不然不仅学不会庄子思想，连原有的一点东西也会失去，弄得"不像人"了。通过这种夸大、缩小，魏牟的讽刺效果达到极致，不仅把自己的想法顺畅表达，典故形象简练又有冲击力，连善辩的公孙龙也瞠目结舌无言以对，慌忙逃离了。

"杞人忧天"是源自《列子》中的著名成语典故。故事也是以夸张的手法围绕"忧天"的内涵及其评价展开。

杞国有人忧天地崩坠，身亡所寄，废寝食者；又有忧彼之所忧者，因往晓之，曰："天，积气耳，亡处亡气。若屈伸呼吸，终日在天中行止，奈何忧崩坠乎？"其人曰："天果积气，日月星宿，不当坠耶？"晓之者曰："日月星宿，亦积气中之有光耀者；只使坠，亦不能有所中伤。"其人曰："奈地坏何？"晓者曰："地积块耳，充塞四虚，亡处亡块。若躇步跐蹈，终日在地上行止，奈何忧其坏？"其人舍然大喜，晓之者亦舍然大喜。

长庐子闻而笑之曰："虹霓也，云雾也，风雨也，四时也，此积气之成乎天者也。山岳也，河海也，金石也，火木也，此积形之成乎地者也。知积气也，知积块也，奚谓不坏？夫天地，空中之一细物，有中之最巨者。难终难穷，此固然矣；难测难识，此固然矣。忧其坏者，诚为大远；言其

---

① 陈鼓应. 庄子今注今译 [M]. 北京：商务印书馆，2007：504.

不坏者，亦为未是。天地不得不坏，则会归于坏。遇其坏时，奚为不忧哉？"

子列子闻而笑曰："言天地坏者亦谬，言天地不坏者亦谬。坏与不坏，吾所不能知也。虽然，彼一也，此一也，故生不知死，死不知生；来不知去，去不知来。坏与不坏吾何容心哉！"①

现实中是否有人会担心天崩地陷呢？可能性还是有的。但一定不会达到故事中杞人那种寝食难安的程度。《列子》作者正是在这一点上进行了夸大，从而形成吸引人的趣味。故事中也正因此引起了"晓之者"对杞人生活的担忧，从而专门来给杞人解忧。"晓之者"的解读很耐心且蕴含了较多的自然科学性，终于使杞人明白了天本身和天上的日月星辰都是积气所致，并不会随便垮塌，即便垮塌也因其由气构成而无危害；大地是由土壤充实起来构成的一整块，到处存在，也不会随便塌陷。问题解决了，杞人和"晓之者"都很开心。一般对"杞人忧天"的了解就到此为止，但其实看完整个故事才明白，到这一步还只是在较浅层理解"忧天"之内涵及意义。后面还有第二层、第三层解读。第二层解读是长庐子的评价。在他看来，既然知道天由是气的积累、地是土壤的堆积，那么就应该预测到它们有崩坏的一天。况且，我们所知道的天地也只是整个世界的一小部分，又怎能确定它们不会坏呢？所以，担忧天地崩坏是值得赞赏的一种远见，反而确定天地绝不会崩坏的人是有问题的。从自然科学角度来看，长庐子的评价是符合现代人们对地球、宇宙的科学看法的。这就由单纯的夸张故事上升到了科学意义。第三层解读就是列子的评价。列子则对前面两种看法都一笑置之。他认为担忧天地崩坏是错的、不担忧天地崩坏也是错的。原因在于这两件事都太大，超出了人们当前所能知道的边界。换句话说，不管哪种说法都是在大脑中的纯粹构想，没有办法直接检验，既然如此，何必争来争去呢？不妨对两种看法都宽容看待。列子的评价确实比前面的探讨更上了一层，他不是在研究"天地"到底会不会崩坏这件事，甚至也不是在讨论该坚持哪一种立场，而是针对人们"争论"的态度。对于列子的这层评价需要辩证看待。一方面，并非所有争论都不该发生、不该进行，起码科学研究方面的争论、真理发现上的争论是必不可少的环节；另一方面，生活中某些争论确实应宽容相待。许多离现实生活太远的事情，本身有很多不可预知性，争不出个黑白上下，甚

---

① 周祖庠. 中华国学纂言钩玄掌中珠：源泉篇 [M]. 成都：西南交通大学出版社，2017：109.

至争出个结果也并无太大意义。由这个层面来看待"杞人忧天"就比简单评判"忧天"本身要高明许多，也显示出这一典故的深刻价值。

"自相矛盾"是《韩非子》中的典故。这一典故是韩非子通过分析"舜耕历山"相关事例指出儒家学说存在的问题所举出的典故。按原来故事所说，舜在历山耕种时用了一年时间化解了农人们互相争田的冲突，在黄河边打鱼又用了一年时间化解了渔夫们的相互争夺，到东夷做陶器也用一年时间改变了之前陶器的恶劣品质。孔子因而评价舜仁厚高尚，用圣人德行化解了民间纠纷。显然，这正是儒家思想极其赞赏的言行。但是，韩非子却别出心裁，从逻辑上去找漏洞。他发现，舜去感化百姓之时正是尧做首领之时。尧、舜都是儒家经典推崇的圣人。之所以舜能有机会去感化众多百姓，这就从反面证明尧做领袖时治理得有缺陷，未能以自己的品德感化大家。如果尧做领袖时治理得很好，就根本不要舜又去辛苦感化了。所以，尧、舜两位圣人之以德化人能力就不能同时存在。二者之间存在逻辑矛盾。为了方便读者明白，韩非子便用一个夸张的"卖矛又卖盾"故事来形象化这种冲突。

> 楚人有鬻盾与矛者，誉之曰："吾盾之坚，物莫能陷也。"又誉其矛曰："吾矛之利，于物无不陷也。"或曰："以子之矛陷子之盾，何如？"其人弗能应也。夫不可陷之盾与无不陷之矛，不可同世而立。①

韩非子此处所举的例子虽是夸张，但仍具有很强的现实性。市场上的商家不至于愚蠢到卖两件相克之物而当场被人揭穿的程度，但将这种被揭穿程度稍加放低就容易见到了。比方说，让卖家头天去卖矛，第二天换个地方卖盾，那就极容易出现类似情形。因之可见韩非子对此案例创造功力之深，不仅深刻洞察生活，娴熟运用夸张手法，而且以案例说道理十分恰当，不仅让人迅即明白逻辑矛盾之所在，而且塑造了滑稽可笑的场景，形象冲击力、思想冲击力都达到极高水平，让被批评者徒集愤懑而又不得不服。

"郑人买履"也是源自《韩非子》中的典故。在这篇文章中，韩非子连续列举了7个相类似的故事，以揭露人们做事刻板教条、颟顸愚蠢的后果。包括卜子之妻做裤子、郑人问车轭、卫官射鸟、卜子之妻买甲鱼、宋人饮酒等。这里面影响最大的是"郑人买履"。

---

① 王恒展，等．中国古代寓言大观：上卷［M］济南：明天出版社，1991：294．

郑人有且置履者，先自度其足而置之其坐，至之市而忘操之。已得履，乃曰："吾忘持度，反归取之。"及反，市罢，遂不得履。人曰："何不试之以足？"曰："宁信度，无自信也。"①

从故事本身可见，之所以众多相似故事中"郑人买履"影响最大，很大原因正在于这一故事的描述是在生动反映人们现实做法的基础上进行恰如其分的夸张。买东西时顽固坚守自己固有教条式看法，不相信现实检验、拒绝灵活变通，这在很多人身上都有可能发生。如果说连买鞋居然不知道用脚来检验尺码大小，那是带有夸张的结果。但相比于其他几种情形来看，这种夸张与现实情形最为接近，而且与所要讽刺的教条式做法也最契合。这里面的关键就在于存在着一个叫"度"（即尺码）的东西。可以看出，这个"度"之前是经过郑人亲身测量过，是其实践中的真实收获，具有客观性、可检验性，这也是他对之十分相信的坚实基础。而现实中人们之所以对某项教条十分执着，往往也不是简单因为这项教条表面的权威，而是人们确实在之前的实践中对此项教条有所检验，从而有了偏信的理由。在"郑人买履"典故的恰当夸张描述下，人们才对自己存在的迷信教条式做法领悟得更清楚，换句话说，即使自己曾经验证过的教条也不能盲目迷信，仍然要在具体环境下相信最全面的实践检验。而相比之下，文章中列举的其他事例虽然也有夸张，但因为缺少了"度"这个环节的描述，就难以让人真正理解接受其中哲理，而是一笑了之。

2. 联想手法展现魅力

联想也是以现实中特别是眼前事物为源头，但并不局限于原有事物，而是围绕原有事物本身或某一要素展开相似性联系，最后聚焦在另一事物之上。在这个联系过程及结果上都会产生别样趣味。歇后语典故是汉语文化的一种特殊语言形式。歇后语往往内容短小精干、结构简单，但其内容极为接地气，智慧聚集效应强，联想力丰富。从结构来看，歇后语基本都是两部分结构，前一部分如同戏曲、小说中的"引子"，以常见事物树立风趣形象吸引人们注意，后一部分则是"点睛"部分，以各种手法对"引子"中蕴含的道理予以精妙点出。如果说"引子"是歇后语的开胃菜，那么"点睛"就是歇后语的拿手菜，确保人们在胃口吊起来后最终获得满足。大体上看，歇后语典故的联想方法主要分为三种。

第一种是情境联想。其做法就是利用"引子"所描述的情境与"点睛"所

---

① 刘以林. 中国古代寓言精选 [M]. 通辽：内蒙古少年儿童出版社，2003：23.

要表达的对象的相似性来展开联想。"老鼠过街——人人喊打"便是此类典型。"引子"部分讲到的"老鼠过街"描述简单，但却把一种人所共愤的厌恶情形展现得气氛十足，与后面"点睛"部分的"人人喊打"匹配得严丝合缝，以至于达到都不用再讲大家都会不约而同地喊出来的效果。"哑巴吃黄连——有苦说不出"也是此类典型。作为残疾人的哑巴本身生活必然比普通人受苦更多，再加上一个"吃黄连"，那当然是苦不堪言。这里"引子"的描写也同样展现了一种苦处弥漫的情境，其后的点睛部分"有苦说不出"正是把这种情境推上了极致，直让人徒呼奈何。"泥菩萨过河——自身难保"同样是大众熟知的此类典型歇后语。"引子"部分描述的"泥菩萨过河"简练有力地描述了一种颇具反讽意味的可笑情境。"菩萨"在大众理解中是具有保平安作用的对象，"过河"也正是需要保平安的事情，但典故中却告诉读者是一个"泥菩萨"，一下子让事情发生了戏剧般的反转。原本来保人平安的对象，成了连自己的平安也保证不了的对象。即便在没有后半部分"点睛"，人们也能瞬间明白所描述情境的可笑与荒唐。

第二种是谐音联想。其做法就是利用"引子"所描述的情境中某些关键话语的读音与"点睛"所要表达的对象的相似性来展开联想。与第一种情形相比，谐音联想多了一些转折，没有情境联想那样直截了当，但同时也多了一些趣味。因为表面看不出究竟"引子"所要表达的是什么含义，就吸引人们去展开猜想；而当人们知道后半部分"点睛"答案后，就会感到恍然大悟，也会不断回味这种联想的巧妙。"外甥打灯笼——照旧（舅）"是这类联想中的典型之一。初看其前面的"引子"部分"外甥打灯笼"，人们会感到莫名其妙，按照日常经验完全想不到外甥和灯笼之间究竟有什么特殊关系。这就让人对"点睛"部分充满期待。甚至当人们看到特别是初听到后半部分时都还有些困惑，不明就里。往往还得再仔细想或者让人解释一下才能完全明白这后面的意思。此时人们再前后联想，不得不称赞其中的创作之妙。不仅如此，这一歇后语以"外甥"这种晚辈起头，其实还传达一层对现状有所不满的意思，因而其运用的场合则常常起到讽刺的效果。"猪鼻子插大葱——装象（相）"也是人们常用的谐音联想歇后语。其前半部分"引子"的描述意象视觉效果明显，虽然单靠这个意象还无法明白后面要表达的含义，但就这个意象而言已然让人感受到了一种扑面而来的冲击力，让人不得不去联想去后面的引申义。而后半部分"装象（相）"也果然将这种戏谑荒诞更向上推了一层，而被表述的实际对象那种表面虚张声势，实际愚蠢粗劣的本质也表现得更清晰。

第三种是评价性联想。其做法就是通过评价"引子"所描述的情境来达到烘托"点睛"所要表达的对象的方式来展开联想。相比之下，因为增加了一层评价环节，创作这一类联想的难度及其体现的智慧都要高于前两种。"茶壶里煮饺子——有货倒不出"是人们常用的评价性联想歇后语。其前半部分描述了一种带有错位性的生活景象，而且表面上看是一种不可思议的蠢笨做法，在吸引人们兴趣的同时也在传达着某种负面指向。然而后半部分的"点睛"则通过点评对此情形有所扭转。此时，被评价为"有货倒不出"固然是一种遗憾，但"有货"的界定也蕴含着一种实际的赞许。这一歇后语在引人关注和思考的同时，还间接给出了被评价者提升改善自己的路径，饱含善意与智慧。"千里送鹅毛——礼轻情谊重"也是人们常用的评价性联想歇后语。其前半部分的描述显然也带有很大程度上的突兀性，确实很难想象现实中某人千辛万苦去送一份价值很低的礼物。不过，这一描述有其历史记载上的印证。相传唐朝贞观年间一位叫缅伯高的云南土司使者带着一只天鹅去长安送给唐太宗。结果，走到半路，缅伯高把鹅放到湖水边喝水，不小心让天鹅展翅飞走了。缅伯高无可奈何，想了半天，把手边仅剩的鹅毛用绸布包好，还在上面题写了一首诗带到长安去送礼了。这诗里面就有"礼轻人意重，千里送鹅毛"两句名言。唐太宗看到鹅毛和诗后，感动不已，不仅没有责怪缅伯高，反而大加表彰，遂成一段典故佳话。这个由历史故事演变而来的歇后语便成为人们表达了对非财物、非金钱的真挚情感的尊崇与敬意。

3. 想象手法展现魅力

想象是在现实事物基础上把夸张、联想综合运用，不仅对原有事物进行大幅加工，甚至虚拟虚构出全新的世界并进行天马行空地再创造。可见，想象虽然也有其现实原型，但在表面上已很难看到其旧有痕迹。文化典故运用想象手法创造意象趣味主要表现在三个方面。

首先，通过想象构造出独有的时空边界与世界观特质。这一作用在神话传说中表现突出。前文阐述"盘古开天""女娲造人""夸父追日"一类神话传说是基于本民族长期生活习惯所产生的丰富想象，其阐述的内容正反映了人们所能达到的时空边界、世界起源的种种特质。

其次，通过想象释放并放大人们在感性认识层面的特色感受。感性认识是人们认识中的初级阶段，主要是人的感官对世界现象的直接反映。虽然感性认识尚未达到对事物本质的反映，层次较低，但不可否认其所包含的内容生动丰富、兴味盎然。这些特色感受通过想象便得以尽情释放及充分放大，产生更强的意象趣味。古往今来，人们对时间流逝、时空转换都有很多独特感受，并得以进入想象世界，成就不少经典。"烂柯山传说"正是此中代表典故。这一典故描述了一位痴迷下棋的樵夫，到山中打柴时，看到两位仙人对弈，忍不住坐在旁边观看。等到看完棋局，起身回家时，发现自己斧头的柄已经烂了。再从山中回家则更惊人，原来已经过了几百年。至今在浙江衢州还有烂柯山这一地名。从中可见，人们对时间流逝的感受既有较深触动，也有诸多疑惑。这也就是，大家都能感觉到时间在流逝，这没有争议。但时间流逝速度似乎无法把握，有些时候时间好像过得很慢，有时候又好像过得很快。同时，空间在这种时间流逝中又具有怎样的特点，显然，当时人们从理性上无法解释这些问题的本质，便不断运用想象力将此感受予以释放。按照当今物理学角度来看，此典故中对时空的想象竟在某些特点上与狭义相对论中所讲的时空扭曲理论相似。这也充分证明，以想象来放大人们的某些特殊感受，在带来意象趣味的同时，也蕴含着一定的真理因素。中国古代的浪漫主义诗篇很多也属于这一类型的想象性典故。如李白描写黄河的"君不见黄河之水天上来"是对空间宽阔的极力想象，描写庐山瀑布的"飞流直下三千尺，疑是银河落九天"是对空间高远的充分想象；白居易《长恨歌》中"上穷碧落下黄泉，两处茫茫都不见"是对时空幽远的充分想象，"忽闻海上有仙山，山在虚无缥缈间"是对未知时空的极力想象等。

最后，通过想象构想出具有吸引力的美好理想情境。现实与理想的矛盾是人类面临的永恒难题。解决这一矛盾的根本之道是通过实践奋斗去推动理想化为现实，但也无法忽视在某些理想尚未实现或无法实现的情形下，人们会通过想象先从精神上为自己营造一个美好理想情境。晋代诗人陶渊明塑造的"桃花源"正是此类典故中最为著名的代表。故事中捕鱼人找到桃花源的过程本身已然展现出美好缤纷、令人神往的自然景色。而在桃花源中的生活更是反映了千百年来无数人渴求的幸福家园，这里没有战乱、绝少纷争、环境宜人、生活舒适，直到今天依然具备着不小的吸引力。记载于晋代《搜神后记》的"田螺姑娘"也是各地盛传的民间故事典故，情节大同小异，都是一位老实厚道、勤恳朴素的农家小伙因贫穷无钱娶妻，因机缘捡到大田螺带回家照顾，而后从螺壳中变化出一位美丽少女，专门在小伙离家干活时偷偷整理家务、做好饭菜。后来终于改变了小伙的命运，或者是嫁给了小伙，或者留给了小伙取之不尽用之不竭的财富。事实上，这一故事中的想象力并不特别复杂，甚至有些情节过于简单，但却不妨碍其十足美好的意趣及恒久的吸引力。在普遍贫穷、劳累万分、常常看不到人生出路的古代农耕社会中，这简单的情节已然足以让他们感到爆棚的幸福感而久久回味。

二、优秀文化典故的思维凝聚魅力及其展现

优秀文化典故的魅力既产生于文化典故意象构造方式方法所带来的独特趣味，亦来自文化典故内容及其对人们思维产生的吸引、凝聚方面。中华优秀文化典故的思维凝聚魅力主要体现于价值吸引、情怀感召诸方面。

（一）优秀文化典故的价值吸引魅力

价值吸引是中华优秀文化典故的思维凝聚魅力的内核表现。价值关系是人们实践中所包含的重要关系。作为实践主体的人正是为了满足自身需要而从事对客体的改造，作为改造对象的客体以自身的客观属性能满足主体的需要，在这种主客体相互作用中，人们创造了价值。因而，从实践中形成的文化本身就蕴含着价值的创造，而成为文化典故的优秀文化成果则更是蕴含着社会全体成员所共同追求、共同认可的价值内核。从内在思维的角度来看，文化典故之所以成就经典，离不开其内容所包含的价值内核对大众产生了吸引力。习近平在党的二十大报告中强调指出："中华优秀传统文化源远流长、博大精深，是中华文明的智慧结晶，其中蕴含的天下为公、民为邦本、为政以德、革故鼎新、任人唯贤、天人合一、自强不息、厚德载物、讲信修睦、亲仁善邻等，是中国人民在长期生产生活中积累的宇宙观、天下观、社会观、道德观的重要体现，同科学社会主义价值观主张具有高度契合性。"① 如上所说，中华优秀文化典故中包含的价值内核亦可以分为宇宙观、天下观、社会观、道德观四个方面，既是中国人民在长期生产生活中积累而成，也同时在文化典故传播发展中发挥着绵延不绝的价值吸引力。

1. 优秀文化典故的宇宙观

"天人合一"正是中华优秀文化典故中宇宙观的典型代表，奠定了万千中国人传统世界观的总体基础。扼要分析来看，"天人合一"并非将各不相干的"天""人"强行合并在一起，而是指"天"范畴本身就包含着"天""人"之间的密切联系。《说文解字》中指出，"天，颠也。至高无上。从一大"。② 所谓"颠"，即人的头顶之上。从这个本义来看，人们对"天"的理解起初就与对"人"的理解相联系。这样的一种理解方式，既凸显"天"所具有的"至高无上"的典型特点，也隐含着对"人"的地位的重视。从中可见，虽然"人"的地位要低于"天"，但也就仅仅低于"天"，相对于万事万物来看，仍然具有较

---

① 习近平．习近平著作选读（第一卷）［M］．北京：人民出版社，2023：15.

② 许慎，段玉裁．说文解字注［M］．上海：上海古籍出版社，1988：1.

高的地位。冯友兰先生总结指出："在中国文字中，所谓天有五义：曰物质之天，即与地相对之天。曰主宰之天，即所谓皇天上帝，有人格的天、帝。曰运命之天，乃指人生中吾人所无奈何者，如孟子所谓'若夫成功则天也'之天是也。曰自然之天，乃指自然之运行，如《荀子·天论篇》所说之天是也。曰义理之天，乃谓宇宙之最高原理，如《中庸》所说'天命之谓性'之天是也。"①从宇宙观角度来看，无论是哪种"天"，其根基都是现实中人们感受的他头顶之上的那个"物质之天"，其他含义莫不是对其"高高在上"特征的一种延伸。这些"天"的含义实质上是模拟物质之天"高高在上"的特点，从各个方面为人们现实生活划定边界。这种边界虽不能超越，但也绝非不可理解。"物质之天"与"自然之天"最易理解，人们通过自然常识、科学知识自可逐步认识把握。"义理之天"的理解难度稍大，不能仅靠自然知识，但人通过道德修养，亦可逐渐体悟其深义。"主宰之天"具有神性，理解难度更大。但需注意，不管"主宰之天"如何强大，如何具备神性人格，其举动也都并未完全脱离人世的生活而不可捉摸。很大程度上说，中国文化中的"主宰之天"其本质恰是人世间大众共同合理需求的代言人。无论是《尚书》中"天听自我民听，天视自我民视"②的训诫，"天人感应"的论证，还是《墨子》中讲的"天志""明鬼"来"赏善罚恶"，本质上都从功能角度借"主宰之天"来约束人的行为特别是约束君王的权力。这与其他民族特别是西方神教文化中那种绝对主宰一切的上帝大异其趣。"命运之天"难度最大，因其描述的是人们无可奈何的情境。但人们也并未因此完全屈从于理解"命运之天"，而是在此情境中表现出"不怨天"的态度。

> 子曰："莫我知也夫！"子贡曰："何为其莫知子也？"子曰："不怨天，不尤人，下学而上达。知我者其天乎！"③

对话中，孔子向子贡表达了没有人懂他的感受，让人觉得似乎孔子在抱怨。但孔子解释，他对谁都不抱怨。既不抱怨代表命运的天，也不归罪于其他人。反而，最后他的一句"知我者其天乎"还隐隐表达出对命运之天的信任。

荀子也曾对此进一步讨论：

① 冯友兰. 中国哲学史：上 [M]. 苏州：古吴轩出版社，2021：38-39.
② 顾宝田. 尚书译注 [M]. 长春：吉林文史出版社，1995：327.
③ 朱熹. 四书章句集注 [M]. 北京：中华书局，2011：148.

> 儵鮍者，浮阳之鱼也，胠于沙而思水，则无逮矣。挂于患而思谨，则无益矣。自知者不怨人，知命者不怨天；怨人者穷，怨天者无志。①

他所说的"儵鮍"就是一种喜欢浮在水面上晒太阳的小鱼，又叫白鲦鱼。因为贪图太阳的温暖，白鲦鱼常常忘乎所以地游到浅滩之上，稍不注意就会搁浅在沙滩上。这时候再想回到水里就没有机会了，等待它们的就是死亡。如同白鲦鱼一样，人们如果做事没有考虑后果，等到灾祸到来后再想谨慎小心也就没有任何用处了。所以说，清楚自己所作所为的人就不会去埋怨别人，清楚命运的人不会去埋怨天。老是埋怨别人的人终究会走到穷途末路，老是怨天的人就没有志气。荀子此处阐述深化了问题。之所以不去怨"天"，不在于无可奈何，不在于听天由命，而在于让自己失去人生的志气。这其中同样反映出中华文化对于"天"的看法始终与人的作为相关。

在这种对"天"理解的基础上，"天人合一"并非指"天""人"随意混同，还有所谓"天""人"各守其"职分"的含义。

> 天行有常，不为尧存，不为桀亡。应之以治则吉，应之以乱则凶。强本而节用，则天不能贫；养备而动时，则天不能病；修道而不贰，则天不能祸。故水旱不能使之饥渴，寒暑不能使之疾，袄怪不能使之凶。本荒而用侈，则天不能使之富；养略而动罕，则天不能使之全；倍道而妄行，则天不能使之吉。故水旱未至而饥，寒暑未薄而疾，袄怪未至而凶。受时与治世同，而殃祸与治世异，不可以怨天，其道然也。故明于天人之分，则可谓至人矣。②

这里讨论的中心问题就是"天"与"人"各自的职分，所谓"天人之分"。"天"的职分是按照其固有规律运行，并不直接决定人世社会的治乱兴衰。"人"的职分就是在"天"的规律基础上审时度势，尽好自己各项治理的职责，摒弃导致祸乱的行径。如果人没有尽到自己的职责导致祸乱灾害，仍旧不得"怨天"。可见不管是"命运之天"还是"自然之天"，人们都不能将自己的前途寄托在其之上。

---

① 王先谦．荀子集解 [M]．沈啸寰，王星贤，点校．北京：中华书局，1988：8.
② 王先谦．荀子集解 [M]．沈啸寰，王星贤，点校．北京：中华书局，1988：8.

天有其时，地有其财，人有其治，夫是之谓能参。舍其所以参，而愿其所参，则惑矣。①

此处之"参"，天有四时运行，地有财物出产，人则有治理举措，借此，人可与"天""地"并立为三。人若舍弃他能与天地并立为三的凭借，而妄想直接获得与天地并立为三的结果，就会陷入迷惑。人能与天、地并立的凭借就是人之"治理"能力，此能力正为"天生人成"架构能成立之关键，故此荀子再三强调，担忧人的忽略。

事实上，在"天人合一"的宇宙观中，不仅这种"自然之天"存在着"职分""职责"，即便是"命运之天"乃至带有神性的"主宰之天"也在某种程度上带有"职分"之义。元朝文豪关汉卿的著名悲剧《窦娥冤》中就有窦娥对鬼神天地的咒骂，可以看出人们对神性"主宰之天"的职分：

有日月朝暮悬，有鬼神掌着生死权。天地也只合把清浊分辨，可怎生错看了盗跖颜渊。为善的受贫穷更命短，造恶的享福贵又寿延。天地也，做得个怕硬欺软，却原来也这般顺水推船。地也，你不分好歹何为地？天也，你错勘贤愚枉做天！②

这段台词虽是戏剧创作，但也反映了民间百姓对"主宰之天"应具职分的某些共同看法。就正面来看，人们确定"主宰之天"的职分是分清世间清浊善恶，并让为善者享受福贵长寿，让造恶者贫穷短命；就反面来看，一旦社会出现了不公正现象，特别是极端颠倒黑白的现象，人们毫不犹豫会对"主宰之天"痛批狠骂，不留情面。换句话说，"主宰之天"并不具备超越一切，凌驾众人之上的绝对权威。其所谓"至高无上"之地位是在达成其所应尽职分之后的回报，若"主宰之天"没有达到人们所界定的职分要求，则其地位瞬间变得毫无意义，落得个"枉做天"的评价。"主宰之天"实质上仍是人们借以维护社会正义秩序的想象性工具。

中华优秀文化典故中无论哪种含义之"天"，都没有脱离"天人合一"的基本脉络。而"天人合一"的基本脉络所代表的则是一种有助于人世间实现平安幸福、公平正义的宇宙秩序。"天""人"之间是为了此种状态而存在的不可

---

① 王先谦. 荀子集解［M］. 沈啸寰，王星贤，点校. 北京：中华书局，1988：8.

② 素芹. 国学经典：元曲三百首注释［M］. 上海：上海三联书店，2018：263-264.

分割的紧密联系。优秀文化典故中其他的天下观、社会观和道德观莫不以此为构建基础。

2. 优秀文化典故的天下观

"天下为公"是中华优秀文化典故中天下观的典型代表，代表着数千年来中国人欣赏与追慕的世界格局与视野。"天下为公"的文献起源便是《礼记》中《礼运》篇的一段论述：

> 大道之行也，天下为公，选贤与能，讲信修睦。故人不独亲其亲，不独子其子，使老有所终，壮有所用，幼有所长，矜、寡、孤、独、废疾者皆有所养，男有分，女有归。货恶其弃于地也，不必藏于己；力恶其不出于身也，不必为己。是故谋闭而不兴，盗窃乱贼而不作，故外户而不闭，是谓大同。①

作为儒家经典，"天下为公"的主要宗旨便是落实儒家政治哲学的一幅理想蓝图。就其中所描述具体内容来看，要做到"天下为公"，就是把儒家所重视的"仁爱"原则发挥到最佳状态。"仁爱"原则的核心要义就是孔子所讲的"己欲立而立人，己欲达而达人""己所不欲，勿施于人"。简言之，就是不以个人私利为中心，而是人人都能尽可能地相互体谅。当这一原则发挥到极致，那么，天下人便都不再有以私利为中心的小圈子、小集团，而是共兴共进的统一群体。在这样的"天下为公"秩序下，人们都将自己对待亲人的亲情扩展到其他人身上，不同年龄段的人都能获得最佳安置，弱势群体得到良好保障。人人对待财富货物都不贪多求大，只以不浪费为标准；人人都愿努力劳动，并不专为个人私利而工作。社会治安也极其和谐，不会有人图谋他人利益，盗窃暴乱这些犯罪也消弭，家家户户大门可以随意敞开。这便是一种"大同"的理想世界。显然，理想与现实差距极大，为了达到这一境界，"天下为公"的设想者更提出一系列相应对策方略供人们选择。这其中，"民为邦本""为政以德""任人唯贤""讲信修睦""亲仁善邻"正是其中较为显著的方略，可以看作是落实"天下为公"原则的践行路径与不二选择。

3. 优秀文化典故的社会观

"革故鼎新"是中华优秀文化典故中社会观的典型表现，代表着千百年来中国人深度思考与致力塑造的社会状态与历史感受。就文字含义来说，"革"之本

---

① 杨天宇. 礼记译注 [M]. 上海：上海古籍出版社，2004：265.

义与兽皮有关。《说文解字》注解"革":"兽皮治去其毛曰革。革,更也。象古文革之形。"① 从中可见,"革"与加工兽皮的工作有关。将带毛的兽皮去掉兽毛,这项加工环节可称作"革"。同时,去掉兽毛后的兽皮也叫"革"。"革"的这一本义所蕴含的"改变""更改"之义受到更广泛的重视。"周易"中即有"革"这一卦,其卦象为泽中有火,让人一望便感到非同寻常。沼泽主要是水的聚集地,却出现了与水相克的火,让人不可思议。当代也有人从自然科学中解释,认为这一现象很可能是沼泽淤泥中各种有机物腐烂分化出了沼气,在自然状态下发生了燃烧;甚至可能是某些蕴含着石油或天然气的沼泽地中发生了燃烧。但不管如何,沼泽中有火燃烧,总是一种突破常规的变化。郑玄注解"革"卦的卦辞道:"革,改也。水火相息而更用事,犹王者受命,改正朔,易服色,故谓之革也。"② 这就把"革""改变""更改"之义进一步沿用到了社会领域之中。漫长的中国古代历史上,人们既能体会到厚重的历史传承,也常常会感受历史变更,其最突出者莫过于王朝更替。这种变更极其重大,是对原有运行秩序的一种突破与改变,正与"泽中有火"所反映的变化程度相符合。"革"卦的"彖"辞评价道:"天地革而四时成。汤武革命,顺乎天而应乎人。革之时大矣哉!"③ 这里的评价则又上升一层,在重申"革"在历史变化、社会更替中的突破性含义的同时,更赞许其在根本之处又顺应了天地运行、人事发展的规律,充满高深的辩证智慧。与"革"字相应,"鼎"之本义与器物有关。《说文解字》解释"鼎":"三足两耳,和五味之宝器也。……昔禹收九牧之金,铸鼎荆山之下,入山林川泽者,螭魅蛔蛲莫能逢之,㠯以协承天休。"④ 鼎最初的含义即是古人烹饪饭菜、调和五味的炊具。而后演变成为君王首领以此祭祀上天、宣示权威的象征。《史记》中亦阐述道:"黄帝作宝鼎三,象天地人也。禹收九牧之金,铸九鼎,皆尝鬺烹上帝鬼神。"⑤ 按其解释,早在远古时期,作为部落首领的黄帝已开启通过铸鼎宣示权威的做法。大禹取得首领地位后,将此发扬推广,制作九只鼎,代表所统领的九州土地。由此,"鼎"便脱离原的有炊具地位,直接成为权力权位象征。《周易》中设有"鼎"这一卦,其卦象为木上有火,仍是反映原初炊具之义。《周易》中解释"鼎"卦的象辞为:"鼎,象也。

① 许慎,段玉裁.说文解字注 [M].上海:上海古籍出版社,1988:107.
② 黄寿祺,张善文.周易译注 [M].上海:上海古籍出版社,2004:376.
③ 黄寿祺,张善文.周易译注 [M].上海:上海古籍出版社,2004:377.
④ 许慎,段玉裁.说文解字注 [M].上海:上海古籍出版社,1988:319.
⑤ 司马迁,张大可.史记全本新注:第 1 册 [M].武汉:华中科技大学出版社 ,2020:336.

以木巽火，亨饪也。圣人亨以享上帝，而大亨以养圣贤。"① 这里对"鼎"的诠释就从普通人的烹饪之器皿延伸到大人物、圣人祭祀上天的重要礼器含义。"鼎"卦的象辞为："木上有火，鼎；君子以正位凝命。"② 此处更清楚地强调了"鼎"所代表的端正位置、凝聚使命意义。那么，"革"与"鼎"在何种意义上相联系呢？《周易·杂卦》中便将二卦对应起来诠释："《革》去故也，《鼎》取新也。"③ 这便是我们熟悉的"革故鼎新"典故的由来。联系上文所探讨的"革""鼎"各自的含义特别是引申义，"革故鼎新"所代表的社会历史观便十分清楚。古代中国人在漫长历史变化中不断感受到了旧物故去、新物兴起，旧权落幕、新权更迭，从中体会到奔涌向前、不可遏制的历史潮流。以此为基础，"革故鼎新"所反映的社会观便有两层相互依存的含义，一方面，人们对现实发展保持相对清醒的态度，密切注意社会发展趋势和社会现有积弊，并积极探索兴利除弊的措施，勇于批判保守心态、促进改革创新；另一方面，人们对历史积累十分尊重，重视对历史的反思总结，以历史反照现实，不断吸取教训、镜鉴经验。尤其令人称道的是，"革故鼎新"的社会观不回避错误经历，不惧怕自我审视，以开放心态面对整个历史发展。

4. 优秀文化典故的道德观

"自强不息""厚德载物"是中华优秀文化典故中道德观的重要体现，代表着千百年来中国人对道德内涵及个人实践的思考与理解。

"自强不息"出自《周易》中《象传》对"乾卦"的解释："天行健；君子以自强不息。潜龙勿用，阳在下也。见龙在田，德施普也。终日乾乾，反复道也。或跃在渊，进无咎也。飞龙在天，大人造也。亢龙有悔，盈不可久也。用九，天德不可为首也。"④ "天"是"乾卦"的自然形象，体现着刚健有为、锐意进取的品格，君子从中体悟到要自强不息。"乾卦"中的六爻以"龙"为标志，系统描述这种品格的发展历程。起初，刚健之品格还处于潜藏之中，但已有所萌动；接下来，刚健之品格稍有表现，便能带给大众福利；再接下来，刚健之品格需要反复实践、持之以恒；然后，刚健之品格应当进取创造，有利无害；再然后，刚健之品格助人达到巅峰成就；最后，刚健之品格在达到顶峰后需要进行反思检视。综之，刚健之品格提醒人们即使获得成就，也不可居功自

---

① 黄寿祺，张善文. 周易译注 [M]. 上海：上海古籍出版社，2004：385.
② 黄寿祺，张善文. 周易译注 [M]. 上海：上海古籍出版社，2004：386.
③ 黄寿祺，张善文. 周易译注 [M]. 上海：上海古籍出版社，2004：608.
④ 黄寿祺，张善文. 周易译注 [M]. 上海：上海古籍出版社，2004：7-8.

傲、独占鳌头。

"厚德载物"出自《周易》中《象传》对"坤卦"的解释:"地势坤;君子以厚德载物。"① "地"是"坤卦"的自然形象,体现着宽厚和顺、承载万物的品格,君子从中体悟到要宽厚包容。"坤卦"中的六爻以"龙"及其他现象为标志,系统描述这种品格的发展历程。

"履霜坚冰,阴始凝也。驯致其道,至坚冰也。"② 起初,宽厚之品格源自长久的积淀,如同在冰上行走一样,长期小心谨慎。"六二之动,直以方也;'不习无不利',地道光也。"③ 接下来,宽厚之品意味着保持方正平直,即便不熟悉也不会有危害。"'含章可贞',以时发也。'或从王事',知光大也。"④ 再接下来,宽厚之品格是将卓越能力有所潜藏而不轻露锋芒,等待时机便可以成就大事业。"'括囊无咎',慎不害也。"⑤ 然后,宽厚之品格还要缄口沉默,谨慎小心便无危害。"'黄裳元吉',文在中也。"⑥ 再然后,宽厚之品格如同人身穿黄色下裳,文采内藏心中,大吉大利。"'龙战于野',其道穷也。"⑦ 最后,宽厚之品格达到极致能与刚健品格交相辉映,穷尽做事做人的道理。"用六'永贞',以大终也。"⑧ 综之,宽厚之品格提醒人们坚守正道,最终必然是好结果。

通过对"自强不息""厚德载物"两种典型道德分析,既能理解古人怎样培育、运用两种不同的道德达到不同的个人实践及社会发展效果,更要明白两种典型道德之间相互依存、相互促进的内在紧密关联。从相互依存来看,如同庄稼种植一样,"天""地"缺一不可。"天"带来阳光普照、雨露滋润、春风秋月,是一种创造的力量之源,正是刚健进取的"自强不息"品格;"地"带来肥沃土壤、宽阔田野、大江大河,是一种生长的承载之基,正是宽厚和顺的"厚德载物"品格。对个人或群体发展来说,如果他"刚而不柔"就没有韧性、缺少承受力,稍微遇到打击就容易折断;反之,如果他"柔而不刚"就没有斗志、缺少进取心,稍微遇到困难就容易退缩。从相互促进来看,"自强不息"代表着进取、创造,在这种道德激励下,人们才能努力奋斗、辛勤劳动,方能有所收获、有所成果,这是人们生存发展的基础;"厚德载物"代表着坚守、承

---

① 黄寿祺,张善文.周易译注 [M].上海:上海古籍出版社,2004:24.
② 黄寿祺,张善文.周易译注 [M].上海:上海古籍出版社,2004:25.
③ 黄寿祺,张善文.周易译注 [M].上海:上海古籍出版社,2004:26.
④ 黄寿祺,张善文.周易译注 [M].上海:上海古籍出版社,2004:27.
⑤ 黄寿祺,张善文.周易译注 [M].上海:上海古籍出版社,2004:28.
⑥ 黄寿祺,张善文.周易译注 [M].上海:上海古籍出版社,2004:28.
⑦ 黄寿祺,张善文.周易译注 [M].上海:上海古籍出版社,2004:29.
⑧ 黄寿祺,张善义.周易译注 [M].上海:上海古籍出版社,2004:30.

载，在这种道德指导下，人们才能谦虚谨慎、兼容并包，确保已有收获、成果不会随意失去。

（二）优秀文化典故的情怀感召魅力

情怀感召是中华优秀文化典故的思维凝聚魅力的外在表现。这意味着，优秀文化典故对人们的思维凝聚既通过内在的价值观吸引，也通过相对外在的情怀予以感召。情怀是人们心灵深处形成的情感与心境，其本质是人们所认可的核心价值观在情感表达、精神状态方面的深度反映，也是人们在长期共同实践中产生的共同精神追求。中华优秀文化典故中所产生的情怀感召主要包括家国情怀、天地情怀、民生情怀和山水田园情怀等方面。

家国情怀是千百年来中华优秀文化典故对亿万华夏儿女最深层、最厚重的情怀感召，它代表着中华优秀文化典故最深沉的情怀底色。对于大多数中华民族的成员而言，无论生于何种时代、无论身处何地、无论何种身份，甚至无论相互之间存在着多么大的冲突与对立，一旦接触到文化典故中的家国情怀，大都能立即在心中引起十分相似的情感共鸣，短时间内便能激起大家作为民族共同体成员的共同心境。文化典故中的家国情怀有其内在的逻辑路径和实践路径，这就是"家国同构"的现实秩序与"修齐治平"的治理思路。"家国同构"的现实秩序以古代中国漫长的小农经济生产方式为经济基础。小农经济的生产方式正是以家庭为基本单位开展农业种植和相关副业生产。相对粗糙的生产工具所具备的生产能力较低，便只能拥有相对狭小的生产规模。这样，一个家庭的成员足以满足狭小生产规模的需求，而其产出也刚好满足家庭成员的生活需求。与此同时，这样的生产方式中商品经济不发达、社会交往也相对简单。因而，以血缘为主要纽带的家庭成员、亲戚之间的关系也大体适合类似社会秩序的构建。家庭秩序建立之后便可扩大成家族秩序，家族秩序再扩大就是地方政权、中央政权。记载古代典章制度的典籍《周礼》中对此有多种说明，《周礼·大司徒》记载："令五家为比，使之相保；五比为闾，使之相爱；四闾为族，使之相葬；五族为党，使之相救；五党为州，使之相赒；五州为乡，使之相宾。"[1]《周礼·遂人》记载："五家为邻，五邻为里，四里为酂，五酂为鄙，五鄙为县，五县为遂。"[2] 秦汉以下各王朝均有类似制度，虽名称有异，而结构相同，都是对"家庭—家族—国家"结构的描述。这种现实描述中已然催生了众多大众熟知的典故，诸如"乡里乡亲""左邻右里""闾巷草野"等成语，"海内存知己，

---

[1]　阮元. 十三经注疏 [M]. 北京：中华书局，1980：707.
[2]　阮元. 十三经注疏 [M]. 北京：中华书局，1980：740.

天涯若比邻"等古诗词，字里行间充满了让人倍感温暖的情愫。"修齐治平"的治理思路则是对"家国同构"现实秩序的确认与优化完善。儒学经典《大学》中有所谓"八条目"的表达：

> "古之欲明明德于天下者，先治其国。欲治其国者，先齐其家。欲齐其家者，先修其身。欲修其身者，先正其心。欲正其心者，先诚其意。欲诚其意者，先致其知。致知在格物。物格而后知至，知至而后意诚，意诚而后心正，心正而后身修，身修而后家齐，家齐而后国治，国治而后天下平。"①

在这一经典描述中，我们可以清晰把握一条以"修德"为主线，将个人与天下有机统一起来的逻辑路径，也基本反映了大多数中国人内心对"家国"的情感依归。很大程度上讲，家国情怀成为贯穿中华民族几千年的兴衰演变的主要精神红线之一，是中华民族历经劫难风波、战乱频仍、内忧外患阻隔而始终屹立不倒的坚强支柱之一。

天地情怀是中华优秀文化典故中独具特色、彰显博大格局的情怀感召，它代表着中华优秀文化典故最浩瀚的情怀视野。前文有述，"天人合一"的视域奠定了古代中国人独具特色的宇宙观，不仅是对自然世界的观察与反映，更是筑起了中国人精神世界的坚实根基。在这样的精神世界根基之上，便也产生了中国人情有独钟、气势博大的"天地情怀"。

"天地情怀"之感召首先表现在"天地"中蕴藏世间万物包括人世社会产生发展的源泉与密码。《周易》的《系辞》中正是从"天地"着眼来描述伏羲创作易经之过程

> "古者包牺氏之王天下也，仰则观象于天，俯则观法于地，观鸟兽之文，与地之宜，近取诸身，远取诸物，于是始作八卦，以通神明之德，以类万物之情。"②

这里的关键不在于究竟以何种方式从天地万物中获得灵感来制作八卦进而创造《易经》，而在于开篇即将"天""地"当作起始的源头。这一路径对于一

---

① 杨天宇. 礼记译注［M］. 上海：上海古籍出版社，2004：800-801.
② 黄寿祺，张善文. 周易译注［M］. 上海：上海古籍出版社，2004：533.

个外来文化成员或者是不熟悉中国文化者来看，多少会有些疑问：为什么源头是"天地"，这背后还有没有更高更深的原因（例如上帝）？但是对于长期浸润于中国文化特别是受到文化典故熏陶的华夏子孙来说，从"天地"开始便不会有任何疑问。"天地"之出场便意味着最堪信赖、无可置疑的地位。与此相似而又有所不同，老子代表的道家也有相应表述："天地不仁，以万物为刍狗，圣人不仁，以百姓为刍狗。天地之间，其犹橐籥乎？虚而不屈，动而愈出。多言数穷，不如守中。"① 此处与《周易》中伏羲对待天地的不同之处在于，老子没有从"天地"中攫取创造、创生之义，反而是一种"不仁""守中"的虚无态度；而此处与《周易》中的相似之处则在于，都自觉将"天地"当作了无可置疑的尊重与仿效对象。

"天地情怀"之感召其次表现在作为人世变迁的永恒见证者。南北朝时期周兴嗣撰写的经典蒙文典故《千字文》即以"天地"开篇："天地玄黄，宇宙洪荒。日月盈昃，辰宿列张。寒来暑往，秋收冬藏。"② 其整篇文字表述的主体当然是人世社会的产生发展历程，但却并不以人开头，而以"天地"开头。由宏大的天地宇宙，讲到随旋递照的日月星辰，然后再经寒暑交替过渡到人世社会的秋收冬藏。这就比单独从人开始渲染了丰富的博大气氛，人世社会更替便不再显得单调贫乏，而借助天地增添了印照古今的耀眼光辉。唐朝诗人陈子昂的名篇《登幽州台歌》咏叹："前不见古人，后不见来者，念天地之悠悠，独怆然而涕下"③。此诗文典故承接《千字文》之思路，更用天地之永恒对比人世之有限，表达出面对博大天地，既自感渺小又感激莫名的一种刻骨情思。"天地情怀"之感召最后还表现在"天地"作为人世理想的深度参与者与坚实检验者。孟子阐述"君子三乐"之第二乐便是"仰不愧于天，俯不怍于人"④。在这里，"天"成为人显示自身"无愧"的承诺对象。之所以如此，是因为人们已然将"天"当作了价值理想的代表者，并因其无所不在、无所不覆的特性成为人之作为的全程参与和见证者。北宋大儒程颐之佳作《秋日》也有此等含义："闲来无事不从容，睡觉东窗日已红。万物静观皆自得，四时佳兴与人同。道通天地有形外，思入风云变态中。富贵不淫贫贱乐，男儿到此是豪雄。"⑤ 他所尊崇之"道"从这个意义上讲，民间的常用的"天地良心"俗语也是此一"天地情怀"

① 任继愈．老子绎读［M］．北京：北京图书馆出版社，2006：12-15.
② 姜越．千字文：古典文化启蒙书［M］．北京：中国书籍出版社，2019：4-5.
③ 沈德潜．唐诗别裁集：上［M］．长春：吉林出版集团股份有限公司，2017：130.
④ 朱熹．四书章句集注［M］．北京：中华书局，2011：332.
⑤ 许渊冲，许明译．宋元明清诗选［M］．北京：五洲传播出版社，2018：198.

的流露。

民生情怀是中华优秀文化典故中人文关照沉郁、历史沉淀深厚的情怀感召，它代表着中华优秀文化典故最温暖的情怀关照。前文有述，"天下为公"反映出的天下观充分体现中国人欣赏与追慕的世界格局与视野，这一格局视野铺展开来便是人文素养浓厚的"民生情怀"。中华优秀文化典故中民生情怀之感召首要表现为一种朴素的历史发展观，即意识到黎民百姓生存发展是社会历史发展的本质与动力。反映三代之治的经典《尚书》中便提出"民本"理念："皇祖有训，民可近，不可下。民惟邦本，本固邦宁。"① 其基本含义即主张民众为国家之本，要求执政者重民爱民。此一表述不仅提出理念，亦有文化传承，以其所说"皇祖有训"来看，实为对长期以来相应理念的传承。由此而上追溯，黄帝执政时期"治五气，艺五种，抚万民，度四方"②，便早已将"以民为本"确立为执政理念并认真践行。黄帝之后的颛顼、帝喾、尧、舜、禹的执政也都属于类似的"民本"典范。周武王伐纣时誓师于孟津，亦提出重视民生的典故："天视自我民视，天听自我民听"③，这是对"民惟邦本"的升华，强调民生不仅是国家根本，更代表至高的天意。同在此篇，周武王还提出"天矜于民，民之所欲，天必从之"④ 的说法，将民生落实为黎民之欲求愿望，以此将天意具体化。在这样的背景下，孟子提出，"民为贵，社稷次之，君为轻"⑤，以民生为核心，重新界定国家、君王的地位关系，成为从历史本质层面表达民生情怀的不刊之论。荀子提出，"天之生民，非为君也；天之立君，以为民也"⑥，同样也是以民生为基础、以"天"为权威，建立起"君""民"关系的正当架构。

民生情怀之感召其次表现为一种悲悯之心，哀叹民生艰难并致力于拯救改善。与认识到民生为社会历史发展基础相联系，人们普遍感受到现实中黎民百姓特别是底层劳动人民生存之艰难，进而形成浓郁的悲悯情怀。爱国诗人屈原之所以被千载铭记，既在于他对国家兴衰的忧思，更在于他十分重视民生疾苦，其所谓"长太息以掩涕兮，哀民生之多艰"⑦ 感人至深，可谓字字泣血，带给人们穿越历史时空的悲痛。唐代大诗人杜甫《茅屋为秋风所破歌》名句"安得

---

① 顾宝田. 尚书译注 [M]. 长春：吉林文史出版社，1995：263.
② 司马迁，张大可. 百家汇评本《史记》上 [M]. 北京：商务印书馆，2020：19.
③ 顾宝田. 尚书译注 [M]. 长春：吉林文史出版社，1995：327.
④ 顾宝田. 尚书译注 [M]. 长春：吉林文史出版社，1995：323.
⑤ 朱熹. 四书章句集注 [M]. 北京：中华书局，2011：344.
⑥ 王先谦. 荀子集解 [M]. 沈啸寰，王星贤，点校. 北京：中华书局，1988：504.
⑦ 朱祖延. 引用语大辞典：增订本 [M]. 武汉：武汉出版社，2010：72.

广厦千万间，大庇天下寒士俱欢颜，风雨不动安如山"，自身处于饥寒困窘，却不仅哀叹于个人穷困，而仍耿耿于天下百姓寒士之困境，为大众前途呐喊，于悲愤中彰显崇高境界。宋代范仲淹于名篇《岳阳楼记》中表达："不以物喜，不以己悲，居庙堂之高则忧其民，处江湖之远则忧其君"，亦是相似情怀展现。近代林则徐有言："苟利国家生死以，岂因祸福避趋之"，此中悲悯民生之情怀又推进一步，从为民生疾苦呐喊呼吁，跃升至为家国安危、民生前途牺牲奉献而在所不辞。

民生情怀之感召最后还表现为一种警示告诫，以各种典故对掌权者反复提醒。在周厉王时期，厉王暴虐且以刑杀止民之谤，召穆公即坚决劝谏，认为：

> 防民之口，甚于防川。川壅而溃，伤人必多，民亦如之。是故为川者，决之使导，为民者，宣之使言。①

厉王不听，最后引发了"国人暴动"，驱逐厉王后，由召穆公和周定公共同执政，称为"共和"行政，留下"防民之口，甚于防川"的千古警示！《孟子》中高度评价商汤对夏桀的征伐，"诛其君，吊其民，如时雨降。民大悦"②，以激愤之语阐述"吊民伐罪"的训诫，不仅被代代传承，更一再被后人践行。《荀子》中有"君舟民水"的精彩之喻，"君者，舟也；庶人者，水也；水则载舟，水则覆舟"③，同样成为后世人们谆谆劝谏君王、君王自我反省的经典题材。北宋王朝以国家名义颁发《戒石铭》，其言："尔俸尔禄，民膏民脂；下民易虐，上天难欺"④，亦是历代为官者之警戒底线。刻有此铭言之碑石至今矗立在河北保定的直隶总督府中，声声威严告诫，跨越千载言犹在耳。

山水田园情怀是中华优秀文化典故中美感强烈、寄意幽远的情怀感召，它代表着中华优秀文化典故最浪漫的情怀寄托。前文所述家国情怀、天地情怀、民生情怀都是对群体、集体的重视，是在个体与群体的亲密关系中展现情怀。相形之下，山水田园情怀中所展现的个体精神世界更为突出。

中华优秀文化典故中的山水田园情怀之感召，首先表现在为人们提供了可供遣怀的倾诉对象。对于古代中国人的情怀追求而言，在有可能的情况下，首选者必然在于家国、天地与民生，其更能代表崇高理想。但从现实境遇来看，

① 何汉. 中华散文观止：古今合璧 [M]. 北京：中国戏剧出版社，1995：10.
② 朱熹. 四书章句集注 [M]. 北京：中华书局，2011：250.
③ 王先谦. 荀子集解 [M]. 沈啸寰，王星贤，点校. 北京：中华书局，1988：544.
④ 朱祖延. 引用语大辞典 [M]. 武汉：武汉出版社，2010：146.

往往事与愿违，殊难达成愿望。此时，山水田园便成为可以寄情与倾诉的对象。儒家在先秦诸子百家中属于家国情怀、民生情怀最强烈的思想派别，其人物品格之刚强、意志之坚定也是远超其他各派之上。然而，即便如此，他们也常常要面对挫折而不得不遣怀山水。孔子便曾感叹说，"道不行，乘桴浮于海。"① 孔子之叹虽仅为口头之语，现实中仍不懈奔波，但从中仍流露出将大海作为郁郁情怀排遣对象之感。《论语》中还描述过著名的"公西华侍坐"典故，更将儒家此种情怀展现得更明白。在与三位弟子对话中，孔子对于子路治理大国之愿望、冉有治理小国之愿望及公西华担任司仪官的愿望都不置可否，反而对于曾皙春天出游之愿望表现出极大的赞赏。

> "点，尔何如？"
> 鼓瑟希，铿尔，舍瑟而作，对曰："异乎三子者之撰。"
> 子曰："何伤乎？亦各言其志也！"
> 曰："莫春者，春服既成，冠者五六人，童子六七人，浴乎沂，风乎舞雩，咏而归。"
> 夫子喟然叹曰："吾与点也！"②

子路、冉有和公西华的愿望显然更符合儒家一贯的追求，且堪称远大。相形之下，曾皙的愿望则显得比较细小，几乎不涉及家国、民生，纯乎是个人的一种自然体验。在晚春时节、穿上新做的春服、邀上几位成年伙伴、带上几名童子小孩，一起到沂水中沐浴，在求雨台上吹风，最后唱着歌谣返回。这其中对比出的问题连他自己也意识到了，所以起初还有些不好意思说出来。在孔子鼓励之下，曾皙才敢于畅快表达。孔子之所以对曾皙这种自然体验给予高度评价与认可，固然可以有很多解释，但其中必定包含着孔子对寄情山水生活的某种向往。哪怕不是长期归隐山林，而只是短暂地去春游的体验经历，同样在孔子及其所代表的儒家追求中占据着重要的情怀地位。

山水田园情怀其次表现在为人们提供从大自然中发现人生价值的机缘。如果说孔子代表的儒家只是将山水田园当作奔波旅途中的短暂休憩之地，那么后世的一批田园诗人则是以之为真正的栖居之地，乐在其中而别无他求。陶渊明作品堪为此种情怀之开辟者。其诗言：

---

① 朱熹.四书章句集注［M］.北京：中华书局，2011：76.
② 朱熹.四书章句集注［M］.北京：中华书局，2011：123-124.

　　"少无适俗韵，性本爱丘山。误落尘网中，一去三十年。羁鸟恋旧林，
池鱼思故渊。开荒南野际，守拙归园田。方宅十余亩，草屋八九间。榆柳
荫后檐，桃李罗堂前。暧暧远人村，依依墟里烟。狗吠深巷中，鸡鸣桑树
颠。户庭无尘杂，虚室有余闲。久在樊笼里，复得返自然。"①

　　从中可见，陶渊明归往山林田园之起因是官场仕途不得志而放弃，但当他
真正投入到山野田园之后却完全见识了另一番天地。一方面，他从中找到了自
己本有的"爱丘山"之本性，在过往人生中他因有官场抱负而对此有所忽视，
此时失而复得。于此，山水田园是让他"重识本性"之境遇。另一方面，他对
山水田园本身也是一种"再认识"。从小因家道中落而常受贫苦，陶渊明事实上
对乡野生活并不陌生。正是仕途受挫而返归山林之后，他才发现了过去完全没
有意识到的种种乐趣。草屋农田、狗吠鸡鸣、墟里炊烟这些再简单、普通不过
的乡村景象，在归隐诗人眼中显现出无比自然的自由脱俗面貌。此一路径在后
世拥趸渐众，成为古代诗歌中的最主要流派。诸如诗歌盛世的唐朝最顶尖诗人
都对此情怀多有阐述。浪漫派的李白自不当言，其《梦游天姥吟留别》吟诵：
"世间行乐亦如此，古来万事东流水。别君去兮何时还？且放白鹿青崖间。须行
即骑访名山。安能摧眉折腰事权贵，使我不得开心颜！"这几乎就是对陶渊明情
怀的重温与致敬。孟浩然、王维等大家更发展出了唐诗中的田园诗派，风格独
树一帜。孟浩然早年对入仕颇有向往，却屡屡失之交臂，一生未能做官。其诗
作在抒发心有不甘的同时，也表达着安于田园之情。其《岁暮归南山》有言：
"北阙休上书，南山归敝庐。不才明主弃，多病故人疏。白发催年老，青阳逼岁
除。永怀愁不寐，松月夜窗虚。"此诗之中对于无法入官场施展抱负的哀怨之情
甚重，但其以"南山"作为题目与归宿，"松月"之夜的描述则仍将内心深处
之平静展露无遗。相比之下，王维仕途更顺，二十余岁即得中进士得志，一生
未离开官场，最后以尚书右丞归隐。但他对官场事务了无兴趣，长期半官半隐，
热衷于在终南山中居住，以辋川之地为中心创作大量田园名作。其《山居秋暝》
有言："空山新雨后，天气晚来秋。明月松间照，清泉石上流。竹喧归浣女，莲
动下渔舟。随意春芳歇，王孙自可留。"此诗句在传承对山水田园平凡简约描述
的基础上，更有一种对其中空灵境界的发掘构建。"随意春芳歇，王孙自可留"
看似落笔随意，却道出此种自然境界具有深邃魅力，其本身足以让人难以割舍。

---

　　① 许渊冲. 不朽的美 大风起兮云飞扬 许渊冲经典英译诗词 周朝：六朝 第 1 辑 ［M］. 北
　　京：新世界出版社，2019：93.

人只要到此情景之中便再难离开，并非是因逃避官场喧嚣而不得不流落或受困至此。其《辋川闲居赠裴秀才迪》有言："寒山转苍翠，秋水日潺湲。倚杖柴门外，临风听暮蝉。渡头馀落日，墟里上孤烟。复值接舆醉，狂歌五柳前。"此诗之境亦如渊明隐居之地再造，在情怀重温中更多了几分追思与畅想。诗人们对山水田园情怀的追求总体上较为积极，即便是注重现实的杜甫也常对此情怀难以抗拒，其《客至》有言："舍南舍北皆春水，但见群鸥日日来。花径不曾缘客扫，蓬门今始为君开。盘飧市远无兼味，樽酒家贫只旧醅。肯与邻翁相对饮，隔篱呼取尽余杯。"这字里行间虽略有不如意之伤感，但整体上仍描绘出在草舍乡居之地感受到的恬淡、安适，与乡人聚居的洒脱与畅意。

山水田园情怀最后还表现在为人们带来的心灵抚慰。在中华优秀文化典故的表达中，山水田园情怀不仅能为忙碌者提供休息地，为留居者提供家园依归，还能为受伤者带来心灵抚慰。南唐国主李煜以羸弱能力担任一国之君，遭逢争雄乱世，注定悲剧非常。其人生之大起大落与巨大伤痛，常人殊难体会，尽皆寄情山水词中。其《长相思》言："一重山，两重山。山远天高烟水寒，相思枫叶丹。菊花开，菊花残。塞雁高飞人未还，一帘风月闲。"整篇文字不见伤痛字眼，却处处流露愁思。在这里，重重高山、瑟瑟寒水，既阻隔人之来去成愁思之源，亦因其高远成为掩映愁心之物。菊开菊残、塞雁高飞、离人未还，眼见这愁思愈加浓厚而似无可开解，最终落笔却为有惬意之"闲"。这其中变化正在于山水以其无言之态与人心灵以抚慰。南唐亡于北宋之手，但北宋亦始终难以收复华北故土，在辽国大兵压境之下势若累卵，其中愁闷不遑多让，山水田园之抚慰作用有增无减。婉约派词人是个中典型代表。柳永大半生浪荡，屡试不第，混迹于歌舞酒场，凄惨离别之景几成家常便饭，若无山水寄情，万万难以支撑，其名篇《雨霖铃》有言："今宵酒醒何处？杨柳岸，晓风残月。此去经年，应是良辰好景虚设。便纵有千种风情，更与何人说？"人因愁闷而醉，因水岸杨柳风月而唤醒；醒也无用，离人已去，心事无所寄托，照旧只能返归山水之中。与柳永不同，晏殊少年中第，后官至宰相，官场生涯颇为得志。然其词仍以婉约著称，可见愁闷已成彼时主要风气。晏殊之《浣溪沙》有言："一曲新词酒一杯，去年天气旧亭台。夕阳西下几时回？无可奈何花落去，似曾相识燕归来。小园香径独徘徊。"其节奏与柳永词相类，因酒而与山水相逢，却感伤于人世变迁无可奈何，最终又因燕归而兴浓，在小园香径中找到心安之所。与婉约派相对，苏轼素以豪放著称，但其诸多作品中亦有较多此类情怀。其《定风波》有言，"莫听穿林打叶声，何妨吟啸且徐行。竹杖芒鞋轻胜马，谁怕？一蓑烟雨任平生。料峭春风吹酒醒，微冷，山头斜照却相迎。回首向来萧瑟处，归去，也无风雨也无晴。"整首词看上去气势雄浑，非些小哀伤情可比。但仔细品读，个中仍多有愁绪滋味。之所以词人能在竹林中从容吟啸前行，竹杖芒鞋也不惧风雨，仍有饮酒且醉之故。到后来风吹酒醒，再回首观望，情绪猝然变化，归于平淡并难掩一丝无奈之感。靖康之变后，南宋偏安江南，局势比北宋更堪可悲，故此愁闷更渐加深。辛弃疾文武双全、豪情盖天，在历史大势之前也难逃英雄气短。其词与苏轼相类，虽重豪放大气，仍屡屡透出伤感。其《鹧鸪天》有言："郁孤台下清江水，中间多少行人泪？西北望长安，可怜无数山。青山遮不住，毕竟东流去。江晚正愁余，山深闻鹧鸪。"就总体景象而言，此词气势浩荡，由眼前大江，遥想远在群山之外的长安故土，视野极其开阔。但恰因高山阻隔而愁绪渐浓，与迫近的江上晚景相映照，深山之中鹧鸪悲鸣声声传来，更让人悲从中来难自抑。总而言之，在此类优秀文化典故描绘中，山水田园成为人们内心抑郁的倾诉对象与倾听者。但无论高处远方还是切近身旁、荒山野外还是家园墙里、平静如水还是激荡若风，山水田园都以其自然天成、默默无言、恣意往来等景象不断涤荡人们充满坎坷的心灵。

　　值得注意的是，优秀文化典故中不管是哪种山水田园情怀，人对于山水田园的钟爱一定是曲折经历之后的结果，而不是对山水田园从开始到最后未有任何丝毫改变的感受。此中变化颇似于佛教禅宗所阐述的人生三重境界：从"看山是山，看水是水"到"看山不是山，看水不是水"，最后又回到"看山还是山，看水还是水"。若从辩证唯物主义认识论角度来看，正是一种从感性认识到理性认识，由表面的"熟知"上升到内在的"真知"的螺旋式发展。

第三章

运用中华优秀文化典故资源提升高校思政课教学魅力的对策探讨

制约新时代高校思政课提升教学魅力的问题是多方面的，我们当然无法依靠一种方法、一种路径予以全部解决。通过对优秀文化典故资源及其魅力的全方位考察，结合现实中高校思政课教学魅力提升的主要需求，我们尝试通过多样化挖掘运用优秀文化典故资源来探索提升思政课教学魅力的有效路径。大体上，我们主要从优秀文化典故资源促进高校思政课教材体系向教学体系转化、融入高校思政课的课堂教学过程、融入高校思政课实践教学和融入高校思政课教师培训的探索几个方面予以探讨。

第一节　优秀文化典故资源促进高校思政课教材体系向教学体系转化

高校思政课的课程建设是一个由多种要素、多层次结构组成的复杂系统工程，其中实现教材体系向教学体系转化是其中的关键性、控制性环节。因而，高校思政课教学魅力的提升，也同样以促进这一转化为奠基性工作。一定意义上讲，通过优秀文化典故资源的融入来促进教材体系向教学体系转化的机制，是提升高校思政课教学"基础魅力"之所在。

一、中华优秀文化典故促进高校思政课教材体系向教学体系的逻辑结构转化

教材体系与教学体系在逻辑结构上既有相似性，又有差异性。做好促进高校思政课教材体系向教学体系转化工作，把握两者在逻辑结构上的相似性与差异性很重要。优秀文化典故资源对这两方面工作都可以起到较好地促进作用。

（一）逻辑结构相似性条件下教材体系向教学体系的转化

前文第一章中曾专门探讨了教材编写结构具有严谨性与均衡性的相应优点，

这些优点正与教学体系所需要的逻辑结构相一致，为教材体系向教学体系转化奠定良好基础。在总结这些逻辑结构相似性的基础上，选取相应的优秀文化典故资源融入其中，能更好发挥其中的优势，提升思政课教学魅力。

首先，优秀文化典故资源促进思政课教材结构之严谨性转化为思政课教学的主体叙事框架。习近平在中国人民大学考察时再次对思政课进行专门强调，提出"思政课的本质是讲道理"①的新论断，为我们建设好新时代高校思政课提供新的指引。正是在这一论断指引下，我们充分明确，对于高校思政课而言，不管是教材内容结构还是教学结构，都应服务于"思政课的本质是讲道理"这一根本目的，按照如何讲好马克思主义特别是习近平新时代中国特色社会主义思想之道理的要求来构建科学合理结构。从这个意义上讲，当前高校思政课教材结构与教学结构就有了根本上一致的基础。高校思政课教材结构所具有的严谨性特点是落实"讲道理"的必须要求，而这也正为思政课教学实现"讲道理"提供了主体的叙事框架。在这一顺应式的转化过程中，恰当运用优秀文化典故资源有助于将这种转化之势更好地放大扩展，起到锦上添花的作用。

一方面，思政课教学在展开较宏观的马克思主义"大道理"的开篇之际，需要将教材严谨的结构简洁明快地展现给学生，让"大道理"的基本轮廓在学生头脑中形成基本印象。此时，合理运用优秀文化典故资源可以在较短时间内让学生把握此道理框架的关键词，大大强化这一效果。"原理"教材的第三章"人类社会及其发展规律"主要讲述历史唯物主义基本原理，开篇之际就要让同学们大体掌握相关逻辑框架，必要之选择就是把本章节次内容所包含的道理及其逻辑联系让学生尽快理解。本章包含三个节次，分别是第一节"人类社会的存在与发展"、第二节"社会历史发展的动力"和第三节"人民群众在历史发展中的作用"。这三节存在着紧密的逻辑联系，大体上就是在回答"历史本质是什么""历史发展的原因何在"及"谁是历史的创造者"三个大问题。但如果教师在教学中简单地把三节内容抛出来、再分析其背后的问题及逻辑，总显得有些生硬与枯燥。此时用文化典故便可以针对性地化解这一难题。明朝文学家杨慎对历史多有研究，其所撰写的咏史诗词饱含哲理，很多典故可用于此处教学之中。其《西江月》有言：

道德三皇五帝，功名夏后商周。七雄五霸斗春秋。顷刻兴亡过手。

---

① 习近平在中国人民大学考察时强调 坚持党的领导传承红色基因扎根中国大地 走出一条建设中国特色世界一流大学新路［N］. 人民日报，2022-04-26（1）.

青史几行名姓，北邙无数荒丘。前人田地后人收。说甚龙争虎斗。

此词虽用词简约，但节奏明快、视野开阔、含义隽永，适合引用于教学之中。在让同学们领略此词文化韵味之余，还可通过品读诗词内容来凸显此章三节主要内容之间的逻辑关联。首先，作者在词中表达了对历史本质的困惑。他以"道德""功名""雄霸"等范畴来简要概括从三皇五帝到春秋这几千年的历史，颇见其历史功力，但同时也反映了作者困惑于在种种均能起到关键作用之范畴中，究竟什么才是历史的本质呢？其次，作者在词中表现出对历史流变的感慨。他强调历史"兴亡"是"顷刻"过手，几千年历史瞬间流过。那么，这其中究竟有何种力量在推动呢？最后，作者在词中还表现出对历史主宰者、所谓"历史赢家"的追问。词的后四句基本在探索追问这个主题。成功者便能在青史上留下几行姓名，失败者或者默默无闻者便湮没在北邙荒丘之中。很多人看似在历史上取得巨大成就、一副"龙争虎斗"的架势，其实只不过是在前人的基础上水到渠成地收获而已，甚至某种意义上是遇上了"捡便宜"的机会而已。于是乎，这里面值得追问和反思的问题就是，究竟谁才是历史真正的创造者、真正的主宰者呢？在实际的教学中通过引入杨慎的这首词，便在文学层面营造起了一种浓郁的历史文化氛围，进而通过品读，便可以很自然地转到教学主体中来，同学们跟随着老师的品读，头脑中对本章、对历史唯物主义的整体逻辑框架也基本建立起了。

另一方面，思政课教学在讲授某一个逻辑脉络很强但又很抽象的知识时，既需要确保将知识脉络准确传递给学生，也需要将抽象内容转化为更好把握的具体形象。在这方面正有优秀文化典故资源的用武之地。"社会存在"是马克思主义中历史唯物主义的核心概念。在教学中教师除了讲清这一概念的含义和重要地位之外，一个必须达到的目标就是让同学们准确掌握"社会存在"所包含的三个要素及其相互之间的地位关系，就是自然地理环境、人口因素和物质资料生产方式三要素，以及物质资料生产方式在这里面起到决定性作用。就此而言，教师平铺直叙的讲述和反复强调当然可以达到目的，但显然在吸引力及效果层面是有所不足的，同学们一时也很难将其与自己熟悉的生活实际相联系。此时我们便可考虑引入一首优秀的革命歌曲（俗称"红歌"）作为典故资源来活跃教学。这首歌曲就是脍炙人口的《我的祖国》。在歌曲的开篇就是全国上下十分熟稔的经典的歌词："一条大河波浪宽，风吹稻花香两岸；我家就在岸上住，听惯了艄公的号子，看惯了船上的白帆"。这几句歌词让大家熟悉到只要看到就忍不住唱出来的程度，足以吸引同学们的注意力。事实上，为了加强效果，老师确实可以带着学生们一起把这段歌词唱一遍，课堂气氛会达到更热烈的高度。对于讲课而言，这里实际上还设置了一个"小悬念"，学生们会很好奇，在哲学课上突然唱歌、又讲解歌词，到底和哲理有什么关系？这就在一定意义上达到孔子所说的"不愤不启，不悱不发"[①]的情形，教师便可在学生充满期待的目光下开始讲解。通过分析歌词可见，这短短五句歌词不仅仅是用语自然、旋律优美，而且富含历史唯物主义哲理，其中表达虽通俗，但在不经意间就把"社会存在"的三大要素全幅涵盖了。歌词以"一条大河波浪宽"开篇，极富气势，切合中国人日常生活感受，更重要的是介绍了"社会存在"的第一个条件"自然地理环境"。为什么放在最开头？这充分说明"自然地理环境"正是一个群体、一个民族乃至所有人类生存生活的必要条件，人们总是在某种自然地理环境中生活生产，人们所需之物质资源正是以所处自然环境为来源。事实上，紧接着的第二句"风吹稻花香两岸"就是在说这个道理。"稻花"显然不是随意生长的植物，而是给人们带来生活必须食物的重要作物。再接下来，第三句提到了"我家"的居住地，还有河上的"艄公"，人口因素合理出场。从"社会存在"的角度讲，人口因素是社会存在发展的另一大必要条件。所以，单纯的自然地理环境并不构成社会存在的意义，一定是有了生活于其中的人口之后，自然地理环境方才从纯自然转变为社会存在的条件。在此基础上，教师再引导同学们进一步思考，歌词中的"稻花"是哪来的，"艄公"身份意味着什么呢？这就涉及了人们的生产活动。"稻花"意味着人们从事了稻米耕种的农业活动，"艄公"身份意味着人们在从事打鱼、航运等水事活动，这也就是"社会存在"中"物质资料生产方式"的具体表现。至此，通过四句歌词的简要分析，"社会存在"的内涵及其所包含的三要素便形象地展示在同学们面前了。问题还不止于此，教师还可以发问，就歌词表述来看，自然地理环境、人口因素和物质资料生产方式三要素哪一个最具决定性意义呢？经过短暂讨论可知，起决定意义的是"物质资料生产方式"。因为，大河边的人们之所以能从容生活下来并不断繁衍人口，并非单纯地从大河中获取资源，而是从事了种稻、打鱼、航运这些生产活动。甚至可以说，面对着同一条大河，如果人们采取的活动不同，生活条件就会大不一样。善于种稻、打鱼和航运的人就比不善于做这些活动的人生活得更好，人口繁衍得也会更好、更有规模。到了工业时代，人们就着大河还可以从事更高水平的生产，例如依傍河水建立现代化城市，汲取河水烧热后驱动蒸汽机，发展机械化航运来运输煤炭石油等能源，在大河上修建大桥打

---

① 朱熹. 四书章句集注 [M]. 北京：中华书局，2011：52.

通两岸公路铁路交通等。某种意义上讲，这正是人类文明发展起来的大体脉络。

其次，优秀文化典故资源促进思政课教材结构之均衡性转化为思政课教学多样化叙事线结构。前文第一章有述，高校思政课教材编写非常注意结构的均衡性，既重视平行的各章、节、目的内容相对均衡，也重视上级标题内容与下级标题内容的对应均衡。这种均衡结构有利于思政课教学中进行叙事线结构的构建。优秀文化典故资源也可在其中发挥促进作用。

"主线叙事+支线叙事"是思政课教学最常用的叙事结构。"纲要"课的第一章第一节"鸦片战争前后的中国与世界"主要讲中国近代史的开端问题，其主线叙事当然是鸦片战争的前后经历及其严重后果，其余"中国封建社会的衰落""世界资本主义的发展与殖民扩张"则属于支线叙事。教学中合理分配两者的叙事比例非常重要。"鸦片战争及其后果"作为主线叙事必须要占据讲述的主体内容，否则主次不分；但作为支线叙事的其他部分也不能太过忽视，否则听众对"鸦片战争及其后果"就会缺乏必要基础，理解便会不够深刻。我们便可运用优秀文化典故资源来化解此难题。"历史周期律"是由近代民主人士黄炎培提出著名典故，其内容正对中国古代以来历史进行了经典总结。黄炎培描述的"历史周期律"所使用的"其兴也勃焉""其亡也忽焉"本身源自古代典籍《左传》。鲁庄公十一年秋天，宋国发大水，鲁庄公派人去慰问。使者对宋国国君转达了慰问之词，表示这场洪水是天灾，感慨上天没有体恤百姓。宋国国君则回答说，水灾并非天的过错，而是因为自己当国君的有罪，没有敬重上天，才惹下了灾祸。鲁国著名贤臣臧文仲听说后，对宋国国君的作为十分赞赏，并以历史对比进行高度评价："禹、汤罪己，其兴也勃焉，桀、纣罪人，其亡也忽焉"。[①] 他将宋国国君的自我批评上升到禹、汤这种古代圣王品质的高度，并强调这是国家兴亡的根源；反之，则对比批评桀、纣这种著名昏君，强调这是国家迅速衰败的根源。这一思路被黄炎培沿用于历史评价并强化，他在延安窑洞中对毛主席说：

　　我生六十余年，耳闻的不说，所亲眼见到的，真所谓"其兴也勃焉，其亡也忽焉"，一人，一家，一团体，一政党，一地方乃至一国，不少都没有能跳出这周期率的支配力。大凡初起之时聚精会神，都是艰难困苦，没有一事不用心，没有一人不卖力，力求从万死中求得一生，因而无不显得生机勃勃、气象一新，及至环境渐渐好转了，精神也就渐渐放下了。有的

---

① 王守谦，金秀珍，王凤春译注. 左传全译 [M]. 贵阳：贵州人民出版社，1991：130.

因为历时长久，自然地惰性发作，由少数演为多数，到风气养成，虽有大力无法扭转，并且无法补救。一部历史，或政怠宦成，或人亡政息，或求荣取辱。总之没有能跳出这个历史周期率"。①

和《左传》中的原意相比，黄炎培所说的"历史周期率"立场相似但又有较大深化。相似的立场在于二者都同意执政者应对国家兴衰负主要责任，即《左传》所谓的"罪己"之说。深化之处则在于《左传》之说将国家兴亡原因局限于君王个人自我批评态度问题，未免过于简单化和主观化；黄炎培的说法则将国家兴亡原因扩大到整个执政集团的认真努力与否层面，同时更凸显出"周期率"中所包含的客观趋势、无法逃避之特征，而不局限于一时一地、一人一国的主观选择方面。毛泽东对黄炎培之说明确提出了"民主"的解决办法，但在此处的教学中这个解决办法尚不是重点。我们重点是引用"历史周期率"的范畴来概括鸦片战争之前的中国历史发展主要脉络。在这种引用讲述中，既可以运用《左传》原意凸显古代中国君主制的优缺点，更可以运用黄炎培深化后的解释，勾勒出鸦片战争之前中国古代史发展的大概线条。至此，通过"历史周期律"这一典故的运用，我们便以简洁而富有魅力的方式较好地实现了"主线叙事+支线叙事"的教学结构展示。

"多主线叙事"在思政课教学中的使用频率也较高。在思政课教学中常常遇到某个主要知识点需要从多个方面予以展开和论证，呈现出多个分论点。这些分论点之间的关系不分主次，地位相当。在教学叙事中需要对这些分论点平衡用力，适合使用"多主线叙事"的教学叙事结构。"原理"课第三章第一节第一目"社会存在与社会意识"中讲到"社会存在决定社会意识"这一重要原理，就包含了三个地位相当的分论点，分别是"社会存在是社会意识内容的客观来源""社会意识是人们进行社会物质交往的产物"和"社会存在的发展决定了社会意识或早或迟地变化和发展"。在教学中对这三个论点必须同等重视，只有学生对这三个论点的理解都达到了相应的程度，才算是真正理解了"社会存在决定社会意识"这一基本原理。此时，我们运用优秀文化典故资源中的"孝文化"就有助于以"多主线叙事"的方式达到较好的教学效果，提升相应的教学魅力。首先，通过引导同学们讨论，明确"孝文化"的本质是一种独特的社会意识，既表现为个人意识，更代表着中华民族的一种传统的群体意识；

---

① 中国行为法学会廉政研究委员会编. 从严治党与立党之本［M］. 北京：新华出版社，2022：136.

既有意识形态层面的思想理论、道德规范乃至法律规范，也有社会心理层面的情感、习俗。而追溯"孝文化"的根源，就不仅仅是人们主观的思想观念、价值选择，更在于坚实的社会存在。从古代社会来看，"孝文化"的产生正是与长期的自然农耕生产方式密不可分。在这种生产方式之下，人们主要的生产单位就是家庭或家族。因而，人们农耕生产能力的高低及繁衍生息都非常需要家庭家族的组织协调、凝聚能力，于是便形成了以家长、族长为核心的组织系统与秩序规范，"孝文化"应运而生。这就体现了"社会存在决定社会意识"的第一个分论点"社会存在是社会意识内容的客观来源"。其次，继续引导同学们讨论，"孝文化"的某些具体要求是如何形成的呢？大家从小耳熟能详的《三字经》《弟子规》中有很多要求可以拿来讨论。《弟子规》中开篇即言："父母呼，应勿缓，父母命，行勿懒；父母教，须敬听，父母责，须顺承。冬则温，夏则清，晨则省，昏则定；出必告，返必面。"[①] 从中可见，这些规范要求都不是人们随意规定的结果，而是与日常物质交往关系密切。"孝文化"要求子女积极回应父母呼唤、命令，完全顺从父母的教育、批评，冬天夏天都要为父母提供温暖或清凉的生活条件，早上晚上都要问候请安，外出和归来都要和父母告知一声。我们现在看来，这些做法中有不太合理的地方，有要求过度的地方，甚至有些地方没有尊重子女的独立人格，但在传统农耕社会的物质条件下却有其必然性。与完成了三次科技革命的现代社会相比，传统农耕社会知识积累、信息技术和交通技术水平都非常低下，为相应的物质交往奠定了基础。一方面，整个社会变化节奏慢，人们相互交往的范围小，可能几代人、上百年内的人生经历都相差不大。因而父母长辈的经历对后辈具有直接的现实借鉴意义，父母长辈积累的经验同样具备可供效法的意义，他们成为权威便是不可避免的结果。父母长辈成为权威就不仅是尊重他们的思想和意见，更表现在物质生活上的尽力照顾。某种意义上，这也是为所有人提供一份可以信赖的晚年保障，毕竟，排除意外死亡外，大部分人都会走向老年。另一方面，在缺乏迅疾便利信息交流条件下，人与人之间的有效交流必须要设计一套相对死板的要求，以获取相对稳定的信息，维持相对可预见的关系。这也是相对经济实惠的选择。概言之，"孝文化"中的种种规定，大体上都指向维护相对稳定的家庭家族秩序，最终服务于农耕生产需求。这就能体现出"社会意识是人们进行社会物质交往的产物"这一论点的含义。最后，教师还是引导同学们讨论，"孝文化"在历史中是固定不变的还是不断变化的呢？毫无疑问，从历朝历代的史实可见，"孝文化"并非

---

① 王馨. 中国家风家训［M］. 北京：台海出版社，2017：1.

一成不变，而是处在不停息地变更之中。其中，最显著变化就是近代以来的变更。时至今日，社会条件特别是经济生活、交通信息等硬件设施的变化早已天翻地覆，家庭、家族作为生产单位的情况几乎荡然无存，维护以父母长辈为核心的家庭家族秩序的经济意义基本不复存在。面对一日千里的社会变化，"代沟"产生的年龄段不断缩减，父母长辈人生经验的对于子女的现实价值大大减弱。"孝文化"中的很多要求对于生活实际的意义大为减弱，除开对小朋友安全教育之外，对于成年子女更多只剩下形式上的意义。大部分情况下，今天谈到"孝文化"更多还是强调子女对父母的尊重爱戴，营造家庭生活的温馨亲情，而不再有太多直接的经济意义。当然，当代人们对待"孝文化"的态度并非完全同步地改变。对比来看，经济发达、现代化程度高的地域人们对待传统"孝文化"的态度改变更快、更明显，经济欠发达、现代化程度较低的地域人们对待传统"孝文化"的态度就改变较慢、不显著。这一状况就体现了"社会存在的发展决定了社会意识或早或迟地变化和发展"这一论点。至此，通过"孝文化"这一典故的运用与解读，我们便集中且均衡地实现了"多主线叙事"结构的教学展示。

（二）逻辑结构差异性条件下教材体系向教学体系的转化

前文第一章专门探讨过高校思政课教材形式结构与教学结构的差异问题。这种差异性很大程度上是因为教材与教学二者各自具有不同的表达逻辑需求。就二者所面对的对象来看，思政课教材与思政课教学存在着"对象无限定"和"对象有限定"的差异。所谓"对象无限定"主要是教材的特点。思政课教材以提供阅读的方式面向读者，其对象虽主要是学生，但一旦出版后推向社会则其对象就是无限定的，社会上任何人都能来阅读教材。所谓"对象有限定"主要是教学的特点。思政课教学面对的就是学生，除了同行或督导，很少会有非学生的群体来接受思政课教学。即便是同行或督导来听课，其目标最终也仍是站在学生角度来评价教学。"对象无限定"的思政课教材在表达逻辑上更强调结构上的规范统一，侧重满足大众读者的阅读习惯，以粗线条、轮廓式的逻辑结构为主要特点；"对象有限定"的思政课教学在表达逻辑上虽然也有一定的规范统一要求，但在这个基础上具有更多灵活性、多样性选择，强调不拘泥于某种既定的结构模式，特别注重针对学生作为观众要"听"和"看"的需求，设计一些带有戏剧性的叙事结构。

就二者的呈现方式来看，思政课教材与思政课教学存在着"间接面对"与"直接面对"的差异。所谓"间接面对"主要是教材的特点。思政课教材的内容本质上是教材编写者面向读者在讲道理，但人们读教材时，编写者并不在场，只是借助教材与读者间接交流。所谓"直接面对"主要是教学的特点。思政课教学是通过现场讲授的方式直接面对学生。此时的学生既是观众、听众，同时也是读者。这其中的差异正是我们做好高校思政课教材体系向教学体系转化工作的重要着力点。主要以"间接面对"方式呈现的思政课教材在表达逻辑上更为从容，可以采取长链条、多线索的逻辑结构。因为教材摆在读者面前，给予读者充足的时间去反复阅读，不用担心因为逻辑结构的长链条或多线索而陷入困惑。相比之下，主要以"直接面对"方式呈现的思政课教学在表达逻辑上就比较紧迫，更适于采取短线条、单线索式的逻辑结构。因为教学是即时性的活动，其最大要求就是在讲课的现场让学生接受尽可能有效的知识与信息，形成即时满足的获得感。固然有所谓"师傅领进门，修行在个人"的说法，更多的学习收获要求学生在课后进行大量温习与巩固，但把学生"领"进知识大门的还是当时的教学。在这种情形下，一旦思政课教学像思政课教材一样采取太长的逻辑线条、太多的逻辑线索，让学生陷入了困惑，那么这种教学的即时性效果就无法实现，教学魅力也无从发挥了。

明确了高校思政课教材与思政课教学的逻辑结构差异，那么我们运用优秀文化典故资源来做好教材体系向教学体系转化的着力点便也十分清楚了。这就是选取恰当的优秀文化典故资源促进教材体系的规范统一结构向灵活多样、体现戏剧性的教学结构转化，促进教学体系的长链条多线索逻辑向教学体系的短链条单线索逻辑转化。

选取恰当的优秀文化典故资源促进教材体系的侧重规范、统一结构向灵活多样、体现戏剧性的教学结构转化，主要是采取"倒叙""插叙"式叙事结构。

这里所说的"倒叙"所涉及的"序"并非指事情本身或知识本身的顺序，而是教材原有的结构顺序。因而，"倒叙"式叙事结构就是结合教学需求，将教材原有的结构顺序中处于后面的内容拿到前面来提前纳入教学之中。"纲要"课第一章"进入近代后中华民族的磨难与抗争"，包含有四节内容，分别是第一节"鸦片战争前后的中国与世界"、第二节"西方列强对中国的侵略"、第三节"反抗外国武装侵略的斗争"和第四节"反侵略战争的失败与民族意识的觉醒"。就教材的书面表达逻辑来看是比较顺畅规范的，围绕"中华民族的磨难与抗争"大体上按照磨难之背景与起因、磨难之表现、抗争之表现和抗争之结果这样的逻辑展开。但是，在教学中的情况有所不同，除非是在一节课能讲完这一章内容，否则的话就难免遇到逻辑上的自我束缚。例如，第一节讲到"鸦片战争"时如果完全以教材内容来教学，就只能讲英国的侵略，不能讲中国的反抗，因为反抗的内容在第三节；而且即便是讲英国的侵略也不能讲透彻，因为很多侵略的后果在第二节。此时就应该对教材顺序采取"倒叙"的方式，把第二节、第三节的内容拿到第一节来先讲，把"鸦片战争"这一重大历史事件讲清楚、讲完整。特别是在第三节中"三元里抗英"这一近代中国人民英勇抗敌的典故要着重讲述，把其中蕴含的中国人民自古具有的爱国情怀充分展现出来。

与"倒叙"式叙事结构的教学相似，"插叙"式叙事结构也是就教材编写的内容顺序而言。结合教学需求，在大体按照教材设定的叙事顺序进行教学的过程中，在某处插入一段与此处教学内容相关但在教材中却没有放在此处的内容来展开教学。"纲要"课第三章"辛亥革命与君主专制制度的终结"包含三节内容，分别是第一节"举起近代民族民主革命的旗帜"、第二节"辛亥革命与中华民国的建立"和第三节"北洋军阀统治与旧民主主义革命的失败"，就教材的书面表达逻辑来看同样非常清晰顺畅，大体上围绕"辛亥革命"按照革命爆发背景及原因、革命爆发过程及成果和革命最终的失败结局及影响来展开，但是，从教学角度来看，这其中的第三节"北洋军阀统治与旧民主主义革命的失败"就与下章内容即第四章"中国共产党成立和中国革命新局面"的第一节"新文化运动和五四运动"在内容上形成了交叉。因为第三章第三节所讲的北洋军阀统治时期刚好是第四章第一节"新文化运动""五四运动"发生的历史背景。教材在编写逻辑上考虑到两章内容各自的主题和完整性可以理解，但客观上确实造成了一种"一件事、分两截"的情况，给教学带来了不大不小的麻烦。此时，我们就可以考虑采取引入相应文化典故"插叙"的方式来讲述这一问题。所谓"插叙"，就是在讲北洋军阀统治问题时，将后面的新文化运动内容插入叙述，丰富对此问题的阐述，也为后面问题的教学打下基础。陈独秀创办《青年杂志》（后改名《新青年》）是新文化运动的标志性事件，其在《新青年》上发表的《〈新青年〉罪案之答辩书》名噪一时，是新文化运动中的经典文献。事实上，教材也以二维码的方式将这篇文献内容标在了页面之上，正可让我们在教学中将其重点引入，以"插叙"形式用于教学之中。

　　　他们所非难本志的，无非是破坏孔教，破坏礼法，破坏国粹，破坏贞节，破坏旧伦理（忠、孝、节、义）。破坏旧艺术（中国戏），破坏旧宗教（鬼神），破坏旧文学，破坏旧政治（特权人治），这几条罪案。

　　　这几条罪案，本社同人当然直认不讳。但是追本溯源，本志同人本来无罪，只因为拥护那德莫克拉西（Democracy）和赛因斯（Science）两位先生，才犯了这几条滔天的大罪。要拥护那德先生，便不得不反对孔教、礼法、贞节、旧伦理、旧政治。要拥护那赛先生，便不得不反对旧艺术、旧宗教。要拥护德先生又要拥护赛先生，便不得不反对国粹和旧文学。大家平心细想，本志除了拥护德、赛两先生之外，还有别项罪案没有呢？若是没有，请你们不用专门非难本志，要有气力、有胆量来反对德、赛两先生，才算是好汉，才算是根本的办法。①

此段文字略长，却正是整篇文献精华，教师运用于教学中时，需十分熟稔，乃至达到可以大体背诵之程度，方能发挥其中的经典魅力。首先要约略介绍下文章背景，其起因是《新青年》杂志出版后引起诸多反对意见，陈独秀故写文以正面"答辩"。在他看来，反对意见可分为两大类，第一大类属于表面反对，实际赞成的主张，略过不表。第二大类是真正的反对意见，就是文中所列的种种意见。接下来就重点分析讲述选文的第一段内容。陈独秀把这些反对意见精当地总结为九个"破坏"。陈独秀对此批评完全接受，承认《新青年》的文章的确是在做这九个"破坏"，其现实原因就是当时北洋军阀统治时期的种种"倒行逆施"。借此展开讲述，便可以与第三节第一目"封建军阀专制统治的形成"内容结合起来了。《新青年》所承认的九个"破坏"之"孔教""礼法""旧伦理（忠、孝、节、义）"和"旧政治（特权人治）"都实际指向了袁世凯复辟的相关反动措施。其余各项主要与思想文化相关，也一直在北洋军阀统治时期得到统治者尊崇吹捧。最后就是对选文的第二段的分析讲述。其内容正是新文化运动的两大主题"德先生"和"赛先生"。由陈独秀原文可知，他的论述结构非常紧凑清晰。"德先生"对应的就是九个"破坏"中的五个，"赛先生"对应的是九个"破坏"中的两个，与两"先生"都相关的则是剩余的两个"破坏"。事实上，按照陈独秀原文来教学，学生们可以更清晰地把握当时新文化运动特别是前期新文化运动所主张的"德先生""赛先生"也即"民主""科学"的实际内涵。从中可见，"民主""科学"均集中在唯物史观所说的"上层建筑"之内，包括国家政权（即旧政治）、政治法律制度（礼法、旧伦理）和社会意识形态（其余各种均属此类）。因而，前期新文化运动的优点与缺陷均十分清晰。优点表现在其批判当时中国旧的社会形态的上层建筑比较全面，看问题较有针对性；缺陷表现在没有触及中国旧的社会形态的经济基础问题，看问题不够深刻，特别是提倡"科学"这位"赛先生"，却忽略了最为重要的非上层建筑的自然科学，局限性一目了然。

选取恰当的优秀文化典故资源促进教材体系的长链条、多线索逻辑向教学

---

① 陈晋. 毛泽东读书笔记精讲：壹 战略卷［M］. 南宁：广西人民出版社，2017：44-45.

体系的短链条、单线索逻辑转化，主要做法就是采取"逻辑链条再整合"式叙事和"逻辑线索重梳理"式叙事这两者教学方法。

"逻辑链条再整合"式叙事结构即将教材体系中拉得比较长的逻辑链条按照教学要求重新拼接，运用一个恰当的文化典故将相关知识集中讲述。"实践是检验真理的唯一标准"是马克思主义认识论的重要内容。"原理"课教材第二章"实践与认识及其发展规律"在编写这一内容时为照顾结构规范，将这一内容拉开了较长的逻辑链条，从第一节"实践与认识"延伸到了第二节"真理与价值"。其中，第一节"实践与认识"的第二目"实践的本质与基本结构"中讲到"实践对认识的决定作用"时，其第四点正是"实践对认识的决定作用"。第二节"真理与价值"的第二目中则专门阐述"真理的检验标准"。如果简单按照教材编写顺序来讲，便会有些拖泥带水、不够畅快；而采取"逻辑链条再拼接"式叙事则可以更好处理其中问题。中国明朝时期有一个著名的"万户飞天"经典故事，可以用于此处将"实践是检验真理性的唯一标准"相关内容集中起来展开教学讲述。据记载，"万户飞天"的主角是明朝初年的一个名叫万户的木匠。他既有技术天赋，也痴迷于喜欢钻研木工技巧，有过很多发明创造。生于乱世之中，他曾从军打仗，甚至帮军队改进过不少武器。之所以产生飞天愿望，源于他的军中好友被敌人所抓。为营救好友，他决定制造一只"飞鸟"飞入敌营。因计划有变，"飞鸟"尚未造出，好友已被敌人杀害。出于思念好友和厌恶乱世生活，他想要"飞天"的愿望更加强烈。他认真学习掌握当时已有的各种飞行技术，包括烟花制造、军事设备"火箭"制造及风筝制造等方面技术，反复琢磨思考，先搞清其中的基本理论，在大脑中完成构思，再画出详细图形，根据图形制作出可以载人上天的巨大"飞鸟"。最后就是万户的亲身实践了。在一个满月的夜晚，万户带着一群人抬着"飞鸟"走到一座高山的山顶，将"飞鸟"尽可能靠近崖边，"鸟头"朝向月亮放好。他自己坐上"飞鸟"，用绳索固定好身体，掌握好操作杆，再让身边人帮他点燃"飞鸟"尾部的火药引线。片刻后，"飞鸟"如烟花一般向天空直冲上去，其风筝般的翅膀也扇动起来，万户真的飞到天上，越飞越高、越飞越远……遗憾的是，他最终还是失败了，人们在山脚下发现了万户的尸体和"飞鸟"的残骸。美国科学家基姆1945年出版的《火箭和喷气发动机》一书中还专门提到了这个典故，并称万户为"世界航天第一人"，使得万户的事迹逐渐为世人所熟知。为纪念万户，月球背面有一座环形山被人们命名为"万户山"。这一典故非常有助于充分"实践是检验真理的唯一标准"的主要知识内容。一方面，"万户飞天"是一次非常标准、带有科学性的实践活动。他有了"飞天"的想法后，认真研究了理论，最后更是敢于通过亲身实践来检验。虽然最后不幸失败而付出了生命，但这种追求真理、敢于探索的实践精神是难能可贵的。另一方面，更值得讨论的是，"万户飞天"最后失败是否彻底证明了"人类飞天"是一种错误想法呢？按照"实践是检验真理的唯一标准"的基本内容来看，似乎是这样。人们头脑中的想法在付诸实践后失败了，不正是证明了这一想法是错误的吗？但这里充满矛盾的是，虽然万户失败了，数百年后的人类却成功了。时至今日，人类飞天不仅正确，几乎就是基本常识了。那么，究竟实践是不是检验真理的唯一标准呢？如果是，为什么被实践检验失败了的认识后来又被实践检验成功了并成为真理了呢？这里的讨论很关键也很有意义。从中正可以反映出马克思主义认识论所强调的实践作为检验真理标准的确定性和不确定性之间的辩证关系。实践作为检验真理标准的确定性就是这一标准的唯一性。但凡人们需要检验真理，那么实践是唯一的选择，没有第二个选择。反之，凡是被人们发现并承认的真理，也必然是经过实践检验过的。所以，"人类能飞天"这一认识虽然在万户时期没有被人们承认为真理，但后来能成为真理还是通过后来人们的实践检验成功所达到的，而不是仅仅通过"思辨"得到的。实践作为检验真理标准的不确定性就是这一标准具有条件性。当实践条件不具备的时候，即使人们从事了对某一认识的检验也无法真正证明其认识的可靠与否。万户生活的时代，显然人们实践的条件还比较简陋，无法去检验"飞天"这种较复杂的认识。到了数百年后的工业化时代，人们实践条件大大进步，就具备了去检验"飞天"这种认识的条件。就此还可以进一步追问，那么究竟一个认识在何时才具备充分检验它的条件呢？否则的话，有人便可将条件不具备当作所有实践失败的借口，让真理和谬误失去基本的界限。理解这一点，就在于不能把"实践是检验真理的唯一标准"中的"实践"当作一个人的一次性实践。大家必须明白，并不是任何人将自己的想法随意实践一次便可得到最终的结论。毛泽东指出，"许多时候须反复失败过多次，才能纠正错误的认识，才能到达于和客观过程的规律性相符合，因而才能够变主观的东西为客观的东西，即在实践中得到预想的结果。"① 事实上，不管是成功还是失败的理论都要反复去接受检验，因为实践是在变化发展之中的。已经成功的理论人们肯定会再次去用，这是理所当然。而对于造成失败的理论，情况就要复杂一些。如果就某一个具体的人在某一个具体时间段而言，很大概率他会抛弃一个失败的理论。比如，你采取了某种学习方法去学习却没有取得好成绩，你就会放弃这个方法。但如果站在一个全社会的宏观角度，那就不一

---

① 毛泽东. 毛泽东选集：第一卷［M］. 北京：人民出版社，1991：294.

定了。在你身上失败的方法，可能在别人身上成功了，他会再去实践。还有人的人性格倔强一点，明明失败了他还是要再去试一次（比如爱迪生）；更离谱的情形是，已经被证明是错误的理论，也有人敢去实践，比如考试前通过"拜考神"取得好成绩，显然不可能，但仍然有大量同学坚持这样做。所以，当我们去看这些情形的总和时，你就会发现生活中绝不存在"一种想法只被人在实践中检验一次便得出结论"的情况。特别是有些已然在实践中失败的想法，每一次失败后都还会有人去继续实践。如果这种理论的确是真理的话，终究会有人取得成功。一旦成功，则接受这个理论的人就成倍增加，继续去实践检验的情况也越来越多，就实现了对这一理论的检验。对这一问题的分析更反映了我们在哲学上、生活中要重视唯物辩证法的道理。以上过程的分析就充分运用了普遍联系的观点、运动发展的观点、质量互变的观点、全局与部分的观点、必然和偶然的观点等。反过来，如果你采取一种静止、孤立、片面的观点来看待上述问题，就会走入死胡同。你就会把真理的检验问题狭隘地理解为"某一个人某一次实践的检验"，当成一种一锤子买卖。人们既不会因为你一个人尝试成功就绝对相信你的说法，也不会因为你的一次失败就完全不会再去尝试。很多我们今天认可的真理，都是在较长的时间中成千上万人各自实践后得出的总体结论；很多我们今天反对的谬误，也是如此。

"逻辑线索重梳理"式叙事结构即将教材体系中多维度、相对分散的逻辑线索按照教学要求重新整理，运用一个恰当的文化典故将相关知识恰当讲述。

"客观规律性与主观能动性相统一"是马克思主义哲学的重要原理，若展开来看，这一原理可以说横跨了唯物辩证法、辩证唯物认识论和唯物史观各个哲学板块。因而，"原理"课教材对这一原理的表述也带有明显的"多线索"复杂论证的特点。这一原理的首先出场是在第一章"世界的物质性及发展规律"的第一节"世界的多样性与物质统一性"的第二目"物质与意识的辩证关系"中，本目第三个问题正是"主观能动性和客观规律性的辩证统一"。在此处的教材的论述中，已经出现了与后面辩证唯物认识论和唯物史观相关的表述。例如教材叙述，"人们只有在正确认识和掌握客观规律的基础上，才能正确地认识世界，有效地改造世界"[①]，这就是辩证唯物认识论的内容；"人创造历史，不是随心所欲地创造。只有遵循历史的规律和进程，把握时代的脉搏和契机，人才能真正成为历史的主人"[②]，这就是唯物史观的内容。在第二章"实践与认识及

---

① 本书编写组．马克思主义基本原理［M］．北京：高等教育出版社，2023：35.
② 本书编写组．马克思主义基本原理［M］．北京：高等教育出版社，2023：27.

其发展规律"的第二节"真理与价值"中讲到"真理与价值在实践中的辩证统一"时，其内容叙述，"任何成功的实践都是真理尺度和价值尺度的统一，是合规律性和合目的性的统一"。① 在第三节"认识世界和改造世界"中讲到"认识世界和改造世界的过程是从必然走向自由的过程"时即阐述了"自由""必然"与规律的关系，"必然性即规律性，指的是不依赖于人的意识而存在的自然和社会发展所固有的客观规律"。② 后文引用毛泽东的经典之语又涉及与历史的关系，"人类的历史，就是一个不断地从必然王国向自由王国发展的历史"。③ 在第三章"人类社会及其发展规律"的第一节"人类社会的存在与发展"中讲到社会形态更替的具有必然性与人们的历史选择性时，也谈到了相关的内容，"社会形态更替的必然性主要是指社会形态依次更替的过程和规律是客观的，其发展的基本趋势是确定不移的"。④ 这里就是用唯物辩证法中的"规律"来解释唯物史观中社会形态更替的客观必然性。"规律的客观性并不否定人们历史活动的能动性，并不排斥人们在遵循社会发展规律的基础上，对于某种社会形态的历史选择性。"⑤ 这里就是用唯物辩证法中的"主观能动性"来解释唯物史观中社会形态更替中人们的历史选择性。"社会形态更替的过程也是一个主观能动性与客观规律性相统一的过程。"⑥这里更是直接将唯物辩证法中的"主观能动性与客观规律性相统一"用到了唯物史观中社会形态更替的解释之中。仅就以上内容已然看得很清楚，教材对于"客观规律性与主观能动性相统一"知识的阐述采取的正是多线索结构的复杂方式。针对教材内容表现出的这种复杂结构，我们在教学中可以通过一个恰当的文化典故将其中的线索重新整理，实现具有更好教学效果的转化。申纪兰奶奶是2019年新中国成立70周年时国家所表彰的"共和国勋章"获得者之一，申奶奶的经历与事迹正属于社会主义先进文化中的典故，正可用于此处的教学转化之中。申纪兰一生贡献很大，我们在教学中主要选取她在1949年后首次提出并践行"男女同工同酬"主张，最后写入宪法，产生巨大社会影响的事迹。

首先，通过她的事迹来讲解"主观能动性和客观规律性的辩证统一"这一原理。申纪兰在当时成为首个提出并践行"男女同工同酬"的模范人物，这正

① 本书编写组. 马克思主义基本原理 [M]. 北京：高等教育出版社，2023：108.
② 本书编写组. 马克思主义基本原理 [M]. 北京：高等教育出版社，2023：112.
③ 本书编写组. 马克思主义基本原理 [M]. 北京：高等教育出版社，2023：113.
④ 本书编写组. 马克思主义基本原理 [M]. 北京：高等教育出版社，2023：147.
⑤ 本书编写组. 马克思主义基本原理 [M]. 北京：高等教育出版社，2023：148.
⑥ 本书编写组. 马克思主义基本原理 [M]. 北京：高等教育出版社，2023：148.

是一种积极主观能动性的体现。事实上，她从少年时期就已经是远近闻名的劳动积极分子。这种积极能动性基于她对客观规律的把握。虽然我们在申纪兰的各种讲话表述中没有看到她对客观规律的明确解读，但通过分析她的经历可以看出她对规律的把握。她生长生活的地方隶属山西长治市，地处太行山脉南段西半侧，是典型的干石山区，全境地形崎岖，山高谷深，土壤瘠薄，干旱缺水，自然条件恶劣。早在抗战时期，这里就是太行抗日根据地的一部分，朱德、杨秀峰等老一辈革命家都曾在此生活和战斗。正是在这样的革命氛围中生产生活，申纪兰少年时代就已然小有名气，是村庄著名的女劳模和积极分子。她的经历也正反映了教材所论述的"人创造历史，不是随心所欲地创造，只有遵循历史的规律和进程，把握时代的脉搏和契机，人才能真正成为历史的主人"。① 在当时的条件下，包括当地一些先进分子在内的人们都没有清醒意识到"男女平等""男女同工同酬"已然成为整个社会历史发展的必然趋势，对此或是观望，或是嘲讽乃至反对，申纪兰在这方面显然领先了大多数人的思想，属于把握到时代脉搏和契机的人。

其次，通过申纪兰的事迹来讲解"真理与价值在实践中的辩证统一"这一原理。申纪兰从少女时代就认定了跟着党走干革命这条正确的道路，一生投身到伟大实践之中，并不断取得新成就。这正反映了"任何成功的实践都是真理尺度和价值尺度的统一，是合规律性和合目的性的统一"。② 申纪兰带领全村妇女追求男女平等、实现男女同工同酬的活动无疑是极具价值的活动，不仅代表着广大女性的利益，更代表全人类的整体利益。同时，这一活动也是对社会实践、社会发展现实的一种科学反映，也代表着一种真理。申纪兰在这个过程中正是抱着一种为真理斗争的精神，不断与各种反对声音、各种谬误进行斗争，最终是在实践下得到了检验和认可。当时，按照集体规定，村里男人下田一天记 10 分工，妇女下田一天记 5 分工。集体制定规则时的依据就是，妇女们劳动能力、生产能力弱于男性。针对这种依据，申纪兰不是仅靠口舌辩论，而是直接用实践检验。她带领村里的妇女们组成小组在农田里和男人们的小组展开了多场"劳动竞赛"活动。结果证明，妇女们的劳动效率并不弱于男性，甚至在某些环节上还具有优势。申纪兰正是这样以实践结果有力地证明了自己的观点，争取到了"男女干一样的活，应记一样的工分"的要求。这就既发现了一条真理，也创造了巨大的价值。

---

① 本书编写组．马克思主义基本原理 [M]．北京：高等教育出版社，2023：35.
② 本书编写组．马克思主义基本原理 [M]．北京：高等教育出版社，2023：108.

最后，通过申纪兰的事迹来讲解"社会形态更替的具有必然性与人们的历史选择性"这一原理。申纪兰生于1929年的旧中国，逝世于2020年，是名副其实的"世纪老人"。她的人生经历正伴随着近代中国从半殖民地半封建社会到新民主主义社会的巨变潮流。作为革命老区，她的家乡先于全国大部分地区率先实现了社会形态的变革，在她少年时代已经都完成了土地革命，废除了封建土地制度，全体百姓实现了翻身做主人的身份转变。从社会形态更替的必然性角度来看，近代中国结束半殖民半封建社会，进入更先进的新民主主义乃至社会主义社会是一种历史趋势，并不是任何反动势力可以阻挡的。申纪兰和老乡们能实现身份转变正是这一趋势的应有之义。而从社会形态更替中人们的历史选择性来看，之所以申纪兰所在的山西长治地区能领先于全国其他地区实现转变，正在于当地人民在党的坚强领导下充分利用了历史机遇与条件，付出了艰苦努力所取得的成果。这样一种居于全国领先地位的环境，也就为时代先进人物的诞生提供了更适宜的土壤。事实上，申纪兰结婚后所生活的西沟村早在抗战时期就是各抗日根据地中的知名模范村。近现代史上著名的"劳动英雄"李顺达正是这一时期西沟村涌现的优秀人物。抗战时期，在李顺达的带领下，西沟村表现非常突出，他们不仅生产了满足自己需要的粮食，而且还有余力支援前线的八路军。1943年，他们已经建立了农业劳动互助组，在全国大部分地区尚未解放的情形下，他们已经产生了社会主义萌芽。申纪兰在这样的环境中生活成长，思想素质、实践能力得到优秀的锻炼，使她既拥有发现问题、勇于挑战的勇气，也拥有善于扫除旧事物、创造新事物的能力。在漫长封建旧传统的影响下，当时的西沟村所残存的最大的负面风气就是对女性的歧视。在当地乃至整个太行山区普遍流行着"好男走到县，好女不出院"的所谓古训，即便是劳动妇女们也长期被"三台"（锅台、炕台和碾台）围困，饱受压迫之累。面对这样的大环境，申纪兰首先是以自身言行做出了表率，在自身劳动和家庭生活中表现出全面的能力。她丈夫是一名解放军战斗英雄，在结婚当天就跟部队出发奔赴前线，一走就是6年，直到抗美援朝凯旋二人才重逢。在丈夫离家的漫长岁月中，申纪兰撑起了整个家庭的内外大小事务。这就从根本上打破了当时人们习惯中认为的男强女弱、男主外女主内的偏见，也使得申纪兰在后面的妇女动员中具备了坚实的权威与说服力。1951年12月10日，山西省西沟村初级农业生产合作社成立，申纪兰以出色表现当选为副社长。她上任的第一件事就是动员、带领社里的妇女，走出院门和男人一样下田劳动。其后，再经过不断壮大队伍、与各种阻挠势力斗争，特别是组织妇女劳动队取得男女劳动竞赛的胜利后，使得以"男女同工同酬"为核心的男女平等之风迅速刮遍华夏大地。

从历史发展轨迹来看，男女同工同酬是具有划时代意义的大事。申纪兰作为一名文化水平不高的基层党员，她虽然没有这样的历史视野的高度，但凭借一腔热忱和朴素的实干精神，却真真切切把握到了历史脉搏。1953 年 1 月 25 日，《人民日报》发表了长篇通讯《"劳动就是解放，斗争才有地位"——李顺达农林畜牧生产合作社妇女争取同工同酬的经过》。1954 年 9 月，申纪兰当选为中华人民共和国第一届全国人大代表，她提出的"男女同工同酬"倡议，被写进了中华人民共和国的第一部宪法。申纪兰及其集体在山村中的奋斗，成为促进中国社会形态发生变更的重要力量之一。

二、中华优秀文化典故促进高校思政课教材体系向教学体系的内容要素转化

前文第一章分析过，高校思政课教材体系与教学体系在内容要素方面既有相一致的方面，也有相差异的一方面。关于在二者相一致的条件下如何提升思政课教学魅力的问题在第一章中已有比较充分的论述，因而我们在此处主要探讨在二者相差异的条件下如何运用优秀文化典故资源来提升思政课的教学魅力。如第一章所述，高校思政课教材体系与教学体系在内容要素方面的差异主要表现在教材中的部分内容非常厚重厚实、部分内容过于抽象，显得比较"平面""静止"，我们应从优秀传统文化、革命文化和社会主义先进文化中提炼相应"典故"融入不同课程的教学设计，让"平面""静止"的理论内容"饱满""活动"起来。

（一）厚实的教材内容向教学"深入浅出"转化

如前所述，高校思政课教材对部分思想理论的阐述非常厚重、厚实，如果教学中教师只是将这些理论直接讲出来，就达不到"深入浅出"的教学要求，制约思政课教学魅力的发挥。运用优秀文化典故资源来化解这一难题，主要可从两方面入手，包括展开对教材熟知概念的理论追溯、深化对教材看似简单概念的繁复剖析。

1. 以优秀文化典故展开对教材熟知概念的理论追溯

何谓哲学？这是"原理"课要重点阐释的核心范畴之一，也是极具理论追溯特点的关键范畴之一。事实上，"原理"课教材在第一章第一节"世界的多样性与物质统一性"的第一目中有非常多的理论追溯。在第一目"物质及其存在方式"中专门有一个前缀性内容介绍哲学概念及其基本问题，紧接着介绍"哲学的物质范畴"，其中都包含着大量对"哲学"范畴及相关理论追溯。单纯的理论描述显然不利于让学生们产生较浓的学习兴趣，而我们的优秀文化典故资源

中本身就具备十分丰富的相关内容，可以在教学中用于此处，充分展开对教材熟知概念的理论追溯。这一展开可以从汉语中的"哲""学"两词的解析开始。在古代中华文化典故中，原本没有"哲学"这个整体词汇，"哲"与"学"是两个词。《说文解字》中解释"哲"是"哲者，智也。从口，折声"。《玉篇·子部》解释"学"是"学者，觉也"。19世纪后期，熟稔中华文化词汇的日本学者西周在学习西方文化时经过反复思考，确定将"philosophy"翻译成"哲学"。留学日本的梁启超将此用法引入中国并大力推广，终成定论。因为这个原因，导致了一个争论话题延续至今。这一话题就是，既然中国古代并没有"哲学"这个范畴，那么究竟是否存在中国本土的哲学呢？借用许多学者的术语，也就是所谓"中国哲学"的"合法性"问题。毫无疑问，如果完全按照西方哲学的研究线索与具体范畴来说，古代中国确实没有相同或相似的研究成果，但是如果把视野放宽一些，更明确地讲，就是按照恩格斯所总结的哲学基本问题的范围要求来看，聚焦古代中国的思想实质，则可以说，中国自古以来就有源远流长、博大精深的哲学研究。我们亦可将此研究历史扼要划分为六大阶段，分别是先秦诸子百家学说、两汉儒家经学、魏晋玄学、隋唐佛学、宋明理学和明清实学。这些思想内容就代表了中国本土的哲学流派。

中国的先秦时期如同西方的古希腊时期，属于各类哲学思想充分萌发、百花齐放、百家争鸣的思想高峰时期。先秦诸子百家中的绝大部分流派与学说都属于中国哲学的思想内容。主要包括阴阳家、儒家、道家、法家、墨家、名家等。

先秦时期诞生并流传至今的典籍中，最早的一部带有哲学思想的典籍正是《周易》。这部典籍大体区分为《易经》《易传》两大部分，其创作历程十分漫长，按照学界通行说法，是周文王创作了《易传》的八卦符号，周公撰写"易经"的卦爻辞，孔子及其弟子则完成了《易传》十篇，前后已近六百年之久。如果把传说中的伏羲画卦也算进去，那就更加久远了。《周易》对于中国哲学整个传统乃至中国人生活影响深远。一方面，《周易》的创作以人们的生产生活经验为坚实基础，其各种符号的建立很大程度上是在模仿自然及人类社会的现象，其卦爻辞解释则更与当时人们的生产生活经验密切关联，这就包含了浓厚的朴素唯物主义元素。其又以阴爻、阳爻两种符号为基础，构建起了相互联系的八卦、六十四卦系统，特别注重阴、阳两种要素的相互作用，这就包含朴素的辩证方法。另一方面，《周易》的研究对象无所不包，从人们直接接触的自然环境、生活状况到相对内在的个人心理感受、情绪起伏，再到家庭事业兴衰成败、国家民族的前途命运，乃至更加神秘的神灵力量等，都有所涉及。这又使其蒙上了较多神秘主义、唯心主义色彩。无论好坏、正误,《周易》的复杂内容、种种特质都对其后的众多哲学思想产生了无法磨灭的影响。

儒家是诞生于春秋时期,最终成为中华传统文化中最主干的思想流派。虽然儒家典籍的内容一直追溯到远古的三皇五帝时期,但儒家作为思想流派,特别是哲学思想,创始人仍是孔子。大约在距今 2800 年前的东周早期,一群原属于贵族的人由于家族事业的衰败变成了庶民。他们大多数没有从事农业、手工业或商业的能力,最大的资本是懂得大量的来自祖辈口耳相传的"礼仪"。而"礼仪"又恰恰是周朝社会所注重的生活习俗。无论喜事还是丧事,无论生产还是作战,无论普通人交往还是诸侯国之间的交往,都有大量的礼仪规矩需要履行。于是,这些没落的贵族们就变成了为人相礼的"儒"者,就是我们今天在社会上随处可见的司仪、主持人这一类的角色。不过,他们与今天的司仪的本质区别在于,"儒"者们所精通的礼仪不仅只是一种烘托气氛的生活习俗,而是饱含浓厚的文化内涵与理想诉求。这样一种内涵使得"儒"者们在发展延续的过程中开始发生人文性的变化——一部分"儒"者不满足于只是做司仪,而是往前进一步,通过领会贯通"礼"里面的文化内涵上升为追求"礼"理想的知识分子。其杰出者就是孔子,他将"儒"者变成了"儒"家。孔子对"儒家"之贡献的确是奠基性的。一是确立了"礼"的价值根据——人性之"仁"。二是手定了儒家的文献经典——"六经"。三是树立了儒家的终极理想——"克己复礼,天下归仁"。此三者在此后数千年历史流变中始终得以巍然屹立,对儒家乃至华夏族群的影响都是深入骨髓的。除开这些思想理论上的贡献外,孔子自身的行为举止也成为典范。尤其是他"有教无类"的开放式教育以及"知其不可为而为之"的责任担当,亦成为华夏族群的一个永恒的人格象征。

道家的创始人是老子,与孔子同时代而更年长。老子原是周王室的"图书馆馆长",博览群书知识广博,所以连孔子也曾跋涉千里前去请教。老子的思想汇集在一本薄薄的小册子之中,这就是《道德经》,也称《老子》,一共才 5000 多字,大体上相当于我们今天随便写的一篇文章。但这篇小文章却开创了中华文化的又一主干——道家思想。"道"是整个道家思想的核心,既是世界的本源,也是世界运行的规律。"道可道,非常道",《老子》的开篇就讲出了十分精妙而神秘的语言,迄今人们还在争论其真实含义。基本可以肯定的是,老子心中的"道"并非某种人们可以清晰把握的物质,而是思维的产物。"道生一,一生二,二生三,三生万物",可见,"道"是万事万物的根源,也标志了道家思想的唯心主义色彩。如果说作为世界起源的"道"难以说清内容,而作为世界的运行规律的"道"则相对可以清晰把握。这就是"无为而治""清静无为"

"柔弱胜刚强""一曰慈，二曰俭，三曰不敢为天下先"等内容，总体上表现出顺应自然、无为代有为、以退为进等特征，其中可以看出丰富的辩证法思想。道家思想开启了中华文化中向往自然、退居山林、隐士生活的潮流并延续至今。

墨家创始人墨子原先也是儒门弟子，但他反对儒学重视礼仪、看重亲情等做法，后来便退出儒家，自创墨家一派。墨家思想的著名主张包括"兼爱""非攻""节葬""节用"等，可以说是以重视百姓生活为基础的一种唯物、唯心思想的杂糅。从唯物主义角度看，墨家提倡"节葬""节用"，强调把有限的物质资源用于改善全体百姓生活上，反对贵族生活的铺张浪费，同时身体力行，要求国家全体上下君民要一视同仁地参加生产劳动，有一种原始共产主义的元素。从唯心主义角度看，墨家提倡"兼爱""非攻"，幻想靠人与人之间无差别的友爱来化解矛盾斗争，还提出"明鬼""天志"等说法，承认鬼神存在，并希望借助鬼神的力量来监督人们"为善去恶"，显然都是过度夸大了人们主观想象的作用。值得注意的是，墨家是重视行动的派别，从创始人墨翟开始就建立了严密的组织机构，严格地执行其主张，不仅全体从事艰苦劳动和朴素生活，无私帮助穷人，而且经常参与诸侯国之间的战争，帮助弱势一方去抗衡强势力量，达到现实的和平。这个组织在历史上沿袭了很多年，中华文化中著名的民间武侠精神，有很大程度上是墨家思想的发展结果。

法家也与儒家有着千丝万缕的联系。其起源与儒家关系不大，但后期的壮大则与儒门弟子关系密切。从起源上看，法家来源于春秋时期的著名的变法改革派，如帮助齐桓公称霸的管仲，与孔子同时代的晏子等。他们当然与儒家关系不大。而让法家思想越发壮大的后期法家人物则大多来自儒门弟子，如在楚国变法的吴起、在魏国变法的李悝，都是孔子的第四代弟子，帮助秦国达到巅峰的韩非子、李斯等人物，都是战国儒学大师荀子的弟子。法家的思想的最大特点就是主张"变化"。韩非子的《五蠹》中说"故事因于世，而备适于事"①，认为事情总是随着时间在变动，人们的措施也要不断改变，这就带有浓厚的朴素辩证法及唯物主义思想。但他们提出的具体变法内容则有些极端。因为，他们以自私自利作为人的基本属性，在此基础上强调用功名利禄和严刑峻法两面来诱导人们顺从国家所有法制，特别是听从君主的号令，同时，还实行钳制人们思想言论的高压政策，后世更演变成惨绝人寰的"焚书坑儒"，都成为无法抹去的缺陷。如众所知，严酷的法家思想帮助秦国统一六国，建立第一个大一统的王朝，但同时也让秦朝二世而亡，成为短命王朝。取代秦朝的汉王朝深刻吸

---

① 韩非.韩非子［M］.秦惠彬，校点.沈阳：辽宁教育出版社，1997：178.

取了秦朝教训，不再极端推行法家思想，而是在道、儒、法、阴阳等各家思想中谨慎选择，最终在汉武帝时将儒学确定为官方最高意识形态。

两汉时期，成为最高意识形态的儒家变为"经学"。其思想内容中虽然也保持了孔子时期儒学的一些基本范畴和主张，但也结合现实中封建王朝的统治需求，发生了重大改变。其中重要的变动就是为王朝统治进行合法性辩护。以汉武帝时影响巨大的儒学大师董仲舒为例，他一方面重视孔子儒家思想中的"礼仪""仁爱"主张，另一方面，则一改孔子儒学不信神灵的态度，提出"天人感应""君权神授"，创造出一个有意志、有力量的"神学之天"，以之为帝王权力的来源，将帝王家族作为"天子"传人，试图从神灵信仰角度确立帝王权力牢不可破的合法性。这就使儒学在封建王朝官方的赞赏与支持下获得了史无前例的飞速发展，成长为最主干的思想派别。当然需要指出的是，两汉儒学并未将支持君王权力的道路走到绝对专制的程度，很大程度上他们还是保留了孔子儒学中的"民本"传统，给百姓留了一点空间。具体做法就是用"神学之天"来监督帝王。借用阴阳家说法，把大自然的气候灾变与王朝统治秩序进行主观联系，把自然灾害、天象变化打上"天意"的标志，以此警告君主帝王在统治中不要滥用权力。更有甚者，运用谶纬等迷信学说把孔子塑造为"神"，以此抬高儒学思想的独立地位等。从历史事实来看，在那种科学技术水平整体较低的氛围中，这套做法发挥过一定的作用。

魏晋时代盛行的哲学是玄学。这是道家学说的一个变种，其盛行源于封建统治的愈加残酷和儒家经学的危机。东汉末年，王朝统治失控。中央层面，君王权力旁落，外戚和宦官交替专权，经常发生相互之间的绞杀，连皇帝本人也难逃被杀的命运。地方层面，诸侯纷纷割据混战，广大百姓遭受多重压迫，处境悲惨，农民起义此起彼伏。这种局面下，儒家经学所阐述的种种理论全然失效，所发挥的作用仅限于谎言欺骗和对百姓生活的束缚。一批贵族知识分子有感于此，纷纷产生逃避想法，转向对道家自然主义、隐居生活的向往。他们所谈论的话题往往都虚无缥缈，玄而又玄，称之为"玄学"。例如，世界究竟产生于"有"还是"无"，"道"究竟有形还是无形，人出生之前和死后到底存不存在？等等。而他们的言行举止更是处处放浪形骸，故意与现实中的礼教唱反调，也显示出很多人看不懂的"玄妙"。著名的"竹林七贤"是典型代表。他们经常一起在洛阳边的竹林里聚会，喝酒唱歌、谈玄说道，喝醉了以后衣裤都不穿，赤身裸体。有人看到后就劝他们注意下形象，结果，他们说，"我以天衣服，以大地为裤子，你怎么跑到我裤裆里来了？"让人瞠目结舌，无言以对。

佛学作为外来思想，自汉朝传入中国后，一直在扩展着传播范围。魏晋南北朝时期迎来一次小高峰。由北方少数民族建立的北魏、北齐、北周等均大兴佛教，今天著名的大同"云冈石窟"、洛阳"龙门石窟"都是彼时佛教杰作，在汉族建立的南朝同样一时风行，所谓"南朝四百八十寺，多少楼台烟雨中"也是真实写照。究其原因，既有此时期兵荒马乱、百姓生活悲惨，需要寻求精神安慰的现实需求，也有贵族上层特别是知识分子在思想上厌恶儒家经学，转入虚空玄妙思想的追求。佛教思潮延至隋唐时期达到鼎盛，无论宗教势力还是哲学思想都成效显著，影响巨大。从佛教哲学来看，最大的成果就是诞生了本土化佛教流派及其思想。禅宗是其中的佼佼者，其影响力达到让外来佛学成为中华传统文化主干流派之一。直到今天，中国人思想中很多根深蒂固的观念都仍有禅宗的烙印。相比于印度原始佛教及早期中国衍生流派来看，禅宗的优势在于"不立文字，直指人心"，用相对通俗、简约的佛教语言快速精准地传播佛教思想。这就大大放宽了信徒的准入门槛，更容易获得大众认可。禅宗以传说中的印度僧人达摩为中国派别的始祖，五传至四祖道信，达到一个高峰并开始南北分流。其弟子之一的弘忍开创北派，是为五祖；另一位更著名的弟子慧能来自广东，开创南派，是为六祖。禅宗哲学以"心"为核心范畴，带有强烈的主观唯心主义色彩。弘忍曾写诗"身是菩提树，心如明镜台；时时勤拂拭，莫使染尘埃"，诗文浅显易懂，符合禅宗风格。诗中强调信佛者修行的要求也不复杂，就是用身体本身做修炼场所，以"心"为修行对象，把它当作洁净的镜子一样常常擦拭，就可以达到修佛的境界了。慧能回应了一首诗"菩提本非树，明镜亦非台；本来无一物，何处染尘埃"，仍然典型禅宗简练风格，在佛教境界上又比弘忍高了一层。慧能认为，弘忍所讲的修佛还不够彻底，对洁净的"心"有所挂恋；他的说法则更彻底，让人们不要去想什么修佛的场所、对象，在心里对"修行"本身也不要想，说过就忘、做过就忘，这才是佛教所推崇的"空"境界。一次，慧能与徒弟一起坐禅。突然风起，把庙门外的红旗吹动了。一个徒弟就提醒师傅说"红旗动了"，另一个徒弟反驳说，"红旗没动，是风在吹动"。慧能将二者同时否决，他说，"红旗没有动，风也没有动，根本的还是你们心动了"。他认为徒弟们的"心"不够空，还在牵挂外在事物。慧能这种讲究彻底的修行风格影响极大，逐渐成为佛教思想主干。后世也流传着很多类似的禅宗故事。比如，南宋著名的济公行为怪诞，完全不管佛教的各种清规戒律，提出"酒肉穿肠过，佛祖心中留"。明朝时期有几位僧人为了拯救被盗贼抓住的百姓，也按此说法在盗贼面前大吃大喝，传为佳话。这些都成为中华文化、哲学思想的重要材料。

宋代以后，中国哲学上最著名的就是"理学"思想，由北宋至明朝，绵延六百年，统称为"宋明理学"。理学的兴起正源于儒学人士对佛教的批判吸收再创造。早在佛教大盛的唐朝中期，韩愈、李翱等已开始通过批判佛学而重振儒学。他们的主要贡献就是深入研究儒学的性善思想，并仿照佛教的传承谱系塑造了一个儒学人物的"道统"谱系。他们所开创的做法获得了持续几百年的响应与扩大，最终，成为蔚为大观的"理学"思想。理学思想的特点就是为古代社会的伦理道德确定一个永恒的本源。先秦时期孟子确定的是人性之善，两汉经学确定的是神学之天，宋明理学对此并不完全反对，但是在论证上更精致。以北宋程颐为代表，直到南宋朱熹的一派将这个永恒根源确定为"天理"。这是一种超越于现实世界之上、无形无相但却统摄一切的纯粹精神，这属于典型的客观唯心主义。以程颐的胞兄程颢为代表，之后有陆九渊，直到明朝的王阳明这一派将永恒根源确定为"心"。这个"心"在王阳明那里被进一步确定为人人所具有的"良心""良知"。王阳明所讲的名言"心外无物""心外无理""心外无事"正是从这个意义上来论证的。也就是说，人们所注重的事物、事情、道理不应该超出自己良心的范围之外，不要做违背良心的事情。虽然他们的思想带有主观唯心主义色彩，但抛开其中某些极端化表述不谈，王阳明所讲的道理是很有意义的。从风格上看，理学的思想无论哪一派都受到了佛教哲学中"佛"和"心"的范畴影响，事实上，他们和佛教不少僧人的关系一直不错。理学特别是程颐和朱熹这一派的思想对于后来中国文化、中国人生活的影响十分深远。从南宋至清朝末年，在近700年的时间长河中，朱熹所注释的儒家经典"四书"成为官方科举考试的钦定教材，彻底确定了儒学文化在整个中国古代传统中的统治性地位，也在潜移默化中为多民族的中华文明打造了文化凝聚力的坚固内核。特别是考虑到这中间有元朝、清朝两大军事力量充沛的少数民族王朝，在入主中原后也都自觉举起了程朱理学的意识形态旗帜，这种文化聚合力更加难能可贵。中国人整体的精神气质、民族性格也与之息息相关。从正面意义上看，中国人做事勤勉刻苦，做人谨慎稳重，与人交往谦退礼让，直到今天仍受夸奖。但与此同时的负面影响也让国人吃尽苦头。科举考试教材几百年不做更改，将一代代优秀读书人的才华都耗费在了钦定的几本古书和少数几人的思想观点框架内，文化僵化保守的特点愈演愈烈，社会发展水平长期停滞不前，甚至常有倒退。最骇人者莫过于贵族阶级借助理学搞出极端化的"封建礼教"，借着"天理""良知""贞节"等好听词汇，编制出残酷的刑罚，对处于被压制地位的百姓、年轻人、女性采取种种束缚压迫乃至扭曲变态的做法，制造出无数人间血泪惨剧，成为中华传统社会最大憾事。

明末清初代表性的哲学是实学思想。这也是儒学发展出的一个派别，也可以说是古代中国传统哲学最后的大流派。实学思想是在对理学的批评中产生的，一部分人物原本就是理学传人。早在明朝中后期，有识之士针对"理学"弊端的反思已不断出现。著名者如千古"异端"李贽，对"吃人"礼教大加鞭笞，对专制统治极力批判，对思想僵化猛烈冲击，最后以身殉道也在所不辞。实学思想主旨与李贽等人观点相类，反对理学特别是后期心学那种"无所事事""袖手空谈心性"的无聊做法，反对君主一人独裁，倡言"民主君客"，重视学问的经世致用，注重研究经济生产、职业教育、军事科技等实际问题。明亡后至清初，此反思更风行一时。顾炎武、黄宗羲、唐甄等都是其中佼佼者，特别是有古代思想"集大成者"之称的王夫之，倡言"天理即在人欲之中，无人欲则天理亦无从发现"，大张湖湘实学旗帜。清初又有颜元、李塨、戴震等续此文脉。他们痛斥"心性"儒学为"空谈误国"，指斥"政治化"儒学乃为专制张目，进而在儒学框架下描绘了大量政治蓝图。对君主权力制约、天下归民、庶民权利等皆有深刻讨论。颇类华夏民族之"思想启蒙"。不过，此一潮流最终结束于清朝之严酷思想钳制。伴随惨绝人寰的"文字狱"，一切思想讨论皆归于沉寂。此时，仍能产生重要影响的只有为科举考试服务的程朱理学余脉。从中分化出一批以文字训诂、文献考古的儒学者，也可以看作是另一种形式的"实学"。他们对于文献整理功莫大焉，但究竟无法再在思想水平上更上层楼。

2. 以优秀文化典故深化对教材看似简单概念的繁复剖析

"实践"范畴是马克思主义辩证唯物认识论最基础、最核心的范畴。但单纯从字面来看的话，"实践"则只是一个非常普通的常识性概念。前文第一章有过分析，仅仅就教材所展示的内容来讲"实践"，很难达到让学生深刻掌握实践在马克思主义哲学乃至整个哲学史上的重要意义。针对此问题，我们可以引入中华优秀文化典故中的"知""行"范畴并予以繁复剖析，可以对此问题有所化解。事实上，"原理"课教材本身也对这一点有所涉及，但只是一笔带过，未有展开。在先秦哲学中，荀子有一段名言是对"知行"关系较早、较清晰地直接阐述，其在《儒效》中写道：

> 不闻不若闻之，闻之不若见之，见之不若知之，知之不若行之，学至于行之而止矣。行之，明也。明之为圣人。圣人也者，本仁义，当是非，齐言行，不失毫厘，无它道焉，已乎行之矣。①

---

① 王先谦. 荀子集解 [M]. 沈啸寰，王星贤，点校. 北京：中华书局，1988：142.

在这段话中，荀子首先明确了"行"的最高地位，是"闻""见""知"这一系列范畴的最高指向。其次，荀子强调了"行"的具体内涵——"为圣人"。"圣人"是儒家文化最为推崇的理想人格。从中可见，荀子所说的"行"绝非我们一般的日常行动，而是有所指的理想目标。由"本仁义，当是非，齐言行，不失毫厘"这一系列语句描述可知，他所讲的"行"就是指一个人的言行举止完全符合儒家"仁义"要求，非常恰当，绝无丝毫不妥当之处，也绝不会有丝毫是非争议。所以，他所讲的"行"归根结底就是人们的道德行为，或者说是怎样按照儒家标准去做人的问题。以荀子所论述的"知行"为基础，两千年以来，中国哲学都基本在这个范围内讨论"实践"问题。宋朝是传统儒学文化发展的另一个高峰时期，以程朱理学为代表的儒学家更详细讨论过"实践"问题。《宋史·理宗纪》中出现了"实践"这个词语，"朕惟孔子之道，自孟轲后不得其传，至我朝周敦颐、张载、程颢、程颐，真见实践，深探圣域，千载绝学，始有指归"。[①] 由整段文字可知，此处所说的"实践"内涵是"孔子之道"，也正是荀子所强调的"为圣人"之道，特指突出儒家伦理道德的言行。程朱理学发展到明朝，出现另一个理学高峰，这就是王阳明发扬光大的"心学"。他认为程朱理学所强调的"孔子之道"并不是外在于我们的道理，而是内在于人们心中的"良知"。在这个基础上，他谈到了"知行合一"主张。在他看来，"知是行之始，行是知之成"[②]"知而不行，只是未知"[③]。这里的"知"不是我们一般所说的"知道、明白"，而特指"良知"；"行"也就是按照"良知"去行动。所以，"知是行之始，行是知之成"的意思是说，人之所以能做合乎良知的事情，是因他先有良知；而他有良知只是逻辑上的开始，最终这个良知的表现、完成仍表现在行为上。"知而不行，只是未知"的意思是说，人有良知却不按照良知去做事，那等于他没有良知，也就是俗话说的"昧良心"。无论是宋儒还是明儒，他们对"实践"中所包含的道德伦理行为做了很有益的探讨，即使在今天看来，也仍然是"实践"必不可少甚至极其重要的部分。但是，从内涵角度上看，仍然显得有所偏颇，不够全面。中国古代着重从伦理道德上来探讨"实践"，所带来的较好的方面是培养起了较为厚实的道德风气，很大程度上引导了全社会对"做人""做好人"的重视和追求。但是，这其中的弊端也是不容忽视的。当人们将伦理道德当作"实践"的最主要内涵甚至唯一内涵时，就忽略

---

① 任继愈.中华传世文选 古文渊鉴：下［M］.长春：吉林人民出版社，1998：890.
② 陈荣捷.王阳明"传习录"详注集解［M］.上海：华东师范大学出版社，2009：19.
③ 陈荣捷.王阳明"传习录"详注集解［M］.上海：华东师范大学出版社，2009：19.

了人们所从事的其他同样重要的实践活动，例如物质生产实践的地位便不高。很多时候，工农业生产只是被当作伦理道德行为一种附属行为。过于强调生产常常会有被看作"重利轻义"的嫌疑而不得大力提倡。评价人物的是非黑白乃至一段历史的正误对错，也常常是以伦理道德状况作为最高标准，而不是以生产水平来论高低。而从人们的实际生活状况来看，脱离具体的生产力水平特别是生活水平来单纯评价伦理道德往往不得要领，甚至会走向反面。在中国古代社会中，经常出现伦理道德的"异化"状况，正是典型表现。其原因既在于忽略生产实践等重要实践活动，也在于伦理道德被抬升到"最高""唯一"地位后，其效用发生扭曲。在程朱理学日益鼎盛的南宋、明朝，士大夫阶层中出现大量伪君子人物，"满口仁义道德，一肚子男盗女娼"。一方面自身生活穷奢极欲，另一方面却大谈特谈"重义轻利"，看淡名利。特别是将许多道德规则强加在女性身上，炮制出所谓"贞节牌坊"，让许多年轻女性为所谓的"守节"而葬送青春乃至生命。一些恶性分子还发明出"缠足"等方式，在伦理道德名义下推行变态审美方式，加重对女性的摧残与压迫。如此种种灾难性后果，虽说原因众多，但社会上对伦理道德的过分强调、对"实践"内涵过于狭隘的解释，无疑正是其中的重要因素。

　　从西方哲学史来看，人们长期在精神层面内来讨论"实践"范畴。"实践理性"是德国近代著名哲学家康德提出的范畴。康德哲学带有强烈的理性主义色彩。他将人所拥有的理性分为两种。一种是理论理性，主要表现为人们认识事物的能力，反映人们对外界事物"是什么"的界定。另一种是实践理性，表现为人们实行伦理行动的能力，反映人们"应该做什么"的界定。康德所阐释的"实践理性"与人们的行为存在一定的关联，部分可以与当今人们对"实践"的理解相联系，但问题同样很大。从他的表述可见，"实践理性"即便与人们的言行相联系，那也局限于伦理行为，与中国古代"知行"观中的"实践"相似。更大的问题在于，康德"实践理性"的重心根本不在于"实践"，而在于精神性的"理性"上面。他提出并深入研究、反复阐释"实践理性"，主要目的在于为人们"做好事""做好人"寻找一个精神层面的必然理由，揭示人们会"做好事""做好人"的不可抗拒的逻辑理由。德国古典哲学的集大成者黑格尔也有相似的思路。他提出的是"实践理念"，与康德的"实践理性"一字之差。从字面就可以看出，二者都是精神属性的范畴。二者的区别在于，"实践理性"属于人的一种能力，本身不具有主体作用；而"实践理念"则具有主体作用。也就是说，人的行为主体不是人自己，而是"实践理念"。人之所以会展开活动，背后的推动者是"实践理念"。黑格尔这个思路与他所主张的"绝对精神"范畴是一脉相承的。康德和黑格尔对"实践"的探讨强调了精神的能动性，但是过于夸大，以至于掩盖了人本身。这里面的原因归根到底还在于，他们的哲学是唯心主义立场，习惯于将思想、精神当作世界的本质和根源。所以，在他们看来，即使是"实践"这样明显与人们行动更密切的范畴，也必须以思想、精神为根据。甚至只要有了精神层面的根据，行为本身反而不重要了。

与黑格尔同时代稍晚的唯物主义哲学家费尔巴哈开始从现实层面来看待"实践"。他反对黑格尔所代表的唯心主义者将"实践"放在纯精神领域来讨论，认为"实践"应是人们的尘世生活。但是，费尔巴哈囿于旧唯物主义的局限性，将"实践"所代表的尘世生活看得过于简单，仅限于吃喝等生物性日常活动，仍然没有把握到完整的"实践"内涵。和黑格尔、康德相比，费尔巴哈所谈的"实践"缺少了人们在其中所发挥的能动性、创造性。两个群体恰恰走到了两个相反的极端。

通过对以上这些中外哲学史上典型人物、典型思想的回顾，我们再来看马克思恩格斯的"实践"范畴，其重大意义就显得更为明白。"从前的一切唯物主义——包括费尔巴哈的唯物主义——的主要缺点是：对事物、现实、感性，只是从客体的或者直观的形式去理解，而不是把它们当作人的感性活动，当作实践去理解，不是从主观方面去理解。所以，结果竟是这样，和唯物主义相反，能动的方面却被唯心主义发展了，但只是抽象地发展了，因为唯心主义当然是不知道真正现实的、感性的活动的。费尔巴哈想要研究跟思想客体确实不同的感性客体，但是他没有把人的活动本身理解为客观的活动。所以，他在'基督教的本质'中仅仅把理论的活动看作是真正人的活动，而对于实践则只是从它的卑污的犹太人活动的表现形式去理解和确定。所以，他不了解'革命的''实践批判的'活动的意义"。① 马克思恩格斯所发现的"实践"范畴，既是一种客观实在的活动，同时也是人们主观能动性的发挥，是主观与客观相互连接、主体与客体相互作用的活动。黑格尔、康德的唯心主义，包括中国古代的儒学家，都片面强调并夸大了人们主体能动性这方面的因素。换句话说，他们敏锐地发现了人从事实践活动时所必然发挥的主体能动性，但却将这一能动性当成了实践的全部内容或者说核心内容。中国古代儒家在强调"知行"之"行"的伦理道德特质时，常常是以"人禽之辨"为根本指向。黑格尔、康德所讨论的"实

---

① 中共中央马克思恩格斯列宁斯大林著作编译局．马克思恩格斯全集：第3卷［M］．北京：人民出版社，1960：3.

践理念""实践理性"也与此有异曲同工之处。在他们的思想中，人之所以为人、之所以和禽兽相比具有根本差异，就在于人具有伦理之"行"。客观上看，这一看法并非没有道理。禽兽当然不具备从事人的伦理行为的能力，而伦理之"行"当然是人类重要的特质。问题在于，如上文所阐释，将此种伦理之"行"片面等同于人的全部本质，当作人的全部实践，既没有客观全面反映人的内涵，更在现实中一再带来错误乃至灾难性的后果。除了导致人们过度强调"伦理"乃至于扭曲、异化的现象外，而且在一定意义上还成为对现实的社会实践中不公正压迫进行辩护的理论支持。这也充分证明如实、全面反映客观实践活动对于坚持正确价值立场的意义。正是因为人们不能正确认识社会中物质生产等活动作为实践活动的本质，不能正确认识包含物质生产在内的实践活动的根本地位，也就不会给予实践活动正确的价值定位。反而，有利于维护现实中压迫者、剥削者统治地位的"精英创造历史""君王地位万世一系""君民地位永恒不变""君王代表最高道德""服从君王是最大美德""劳动者是下等人"等种种臆造说法，借机窜入唯心主义的"实践"范畴之中，增强自身的理论"护身符"。在这种情形下，唯心主义立场的哲学家固然囿于保守立场，如费尔巴哈这样极有见地的旧唯物主义哲学家也不能幸免而走入歧途。如上马克思恩格斯的经典原文所言，费尔巴哈"没有把人的活动本身理解为客观的活动"，他所确定的客观活动与人没有根本联系。而他所认为的人所特有的活动正是"理论的活动"，这与黑格尔、康德等唯心主义者立场是一致的。在他眼中，"实践则只是从它的卑污的犹太人活动的表现形式去理解和确定"，也就是那种现实物质的实践是与"非人类"或"低层次人类"相联系的，这也与中国古代哲学家以"伦理"之"行"界定真正的人与"动物"之别相一致。这样一来，费尔巴哈亦无法正视劳动者们所从事的物质生产、社会政治乃至科学文化等实践活动，"不了解'革命的''实践批判的'活动的意义"。马克思恩格斯的"实践"范畴，正是从人在社会中的现实活动出发来发现并确立科学实践观的。在这里，他们所说的"革命的""实践批判的"活动的意义，隐约是在对康德所代表的古典哲学予以回应。众所周知，康德最著名的著作就是"三大批判"，他也习惯于将自己对理性的阐释称作"哥白尼式的革命"。在《纯粹理性批判》第2版序言中，康德把他的批判方法看成是向自然提出问题，要求自然答复。这不同于以前的理性受教于自然就是理性反映自然的方法，这种批判方法是从主观到客观而不是从客观到主观，就像哥白尼体系把托勒密体系中的太阳围绕地球转改成地球绕日旋转。而在马克思恩格斯看来，单纯的"理性"哲学不足以达到"革命"，也谈不上真正的"批判"。真正的革命、批判必须是在现实活动特别是生产实践活动之中。也就是说,很多表面上看,是单纯从思想领域引起的革命、批判,其根源仍在现实的实践之中。在这样的思路下来看马克思在《关于费尔巴哈的提纲》中的这句话的意义就更明确,"人的思维是否具有客观的真理性,这并不是一个理论的问题,而是一个实践的问题。人应该在实践中证明自己思维的真理性,即自己思维的现实性和力量,亦即自己思维的此岸性。关于离开实践的思维是否现实的争论,是一个纯粹经院哲学的问题"。① 他所说的仅仅从理论层面来探讨"人的思维的客观真理性"问题的做法,正是古代以来哲学家们,包括普通人所习惯的做法。黑格尔和康德,作为近代最著名的德国古典哲学代表人物,都极其重视用逻辑推演来证明真理的客观性,甚至将其视为唯一的获得真理的途径,并以之诠释"实践"范畴的内涵。根本原因就在于,他们未能发现,特别是重视社会现实中的实践活动。康德、黑格尔也强调,经过理论逻辑论证的客观真理具有"现实性",但他们所说的"现实性"事实上就是将思维本身当作一切现实的根据,而不是反过来。从这个意义上看,就涉及"本体论"问题,也就是把哪种思维当作世界本源和根据的问题。大体上说,既可以从主观唯心主义和客观唯心主义来区分,也可以从"经验论"和"唯理论"角度来区分。主观唯心主义认为是人自身头脑中的思维或感觉具有"现实性",是世界本源和根据。康德所讲的"理性"正是这种情况。客观唯心主义认为,人自身之外有一种思维或精神具有"现实性",是世界的本源和根据。黑格尔所讲的"绝对理念",正是这种情况。"经验论"认为,人的感觉经验具有"现实性",是世界的本源和根据,比如贝克莱。"唯理论"认为,人的理性具有"现实性",是世界的本源和根据,比如笛卡尔。这里面的思想派别中,绝大部分都是唯心主义立场,只有"经验论"中的一部分是唯物主义立场,如培根、霍布斯等。可以说,以上四种思想基本概括了古代以来所有关于"认识的真理性"看法的全部立场。举例来说,如果回答一个人如何才能正常生活?主观唯心主义就会强调,遵从自己内心或头脑中的理性。至于理性从哪里来,不用多问,理性本来就有,是个正常人都有。客观唯心主义就会强调,遵从一种神秘的"启示"。这种启示或者来自神,或者来自生活中一种莫名经历的"提醒",或者来自不可捉摸的"命运",甚或就是来自最权威人物,最权威、最流行思潮的"指示"。"唯理论"的主张与主观唯心主义差不多。"经验论"中的唯心主义者会强调,遵从自己身体感受、感官感受、直觉,不要思考太多。"经验论"中的唯

---

① 中共中央马克思恩格斯列宁斯大林著作编译局. 马克思恩格斯全集:第3卷 [M]. 北京:人民出版社,1960:3-4.

物主义者会强调，遵从自己观察到的、自己体会到的最直接的案例，同样不要思考太多，特别是不要去思考观察到的事情背后的规律，一切以观察到的东西本身为准。

马克思主义哲学则会强调，对上面的所有说法都不能盲从。最关键的问题是要动手、动身去参与活动，特别是生产劳动实践。在实践中将各种所知道的想法进行检验，同时收获新的经验。这样不断反复进行，正常生活就这样展开了。

（二）抽象的教材内容向教学"生动具体"转化

如前所述，高校思政课教材对部分思想理论的阐述比较抽象，对于抽象之理论如果教师只是平铺直叙，则很难对听众产生影响，从而导致对本科思政课"生动具体"教学要求的制约，影响教学魅力的发挥。运用优秀文化典故资源来化解这一难题，主要在于通过"事理结合"的讲述方式将抽象平面的哲理形象具体化，将陌生的理论熟悉化。

"原理"课程教材第一章"世界的物质性及发展规律"第三节"唯物辩证法是认识世界和改造世界的根本方法"中的"辩证思维方法"包括四对范畴，其中，"抽象与具体""逻辑与历史"两对范畴的文字表述比较抽象难懂，在教学中正需要进行形象具体化和理论熟悉化。

首先来看如何讲清"抽象与具体"的辩证思维方法。教材指出，这一方法主要描述了人们从感性具体上升到理性抽象、再从理性抽象达到理性具体的思维过程。仅从教材的文字表述来看，无论是对"感性具体""理性抽象"和"理性具体"这些范畴的解释，还是对整个思维过程的表达，都带有很强的抽象性、理论陌生感。在实际的教学中，我们可以尝试用中华优秀文化典故中的成语典故来化解其中困境。一个成语的形成及运用，很大程度上正是这一思维过程的展现。"螳螂捕蝉，黄雀在后"是人们常用的一个成语兼歇后语。汉代刘向编著的《说苑·正谏》中记载："园中有树，其上有蝉，蝉高居悲鸣饮露，不知螳螂在其后也；螳螂委身曲附欲取蝉，而不知黄雀在其傍也。"① 这里所描述的是"螳螂捕蝉，黄雀在后"的现实场景，而人们之所以知道这一成语，最初正因为目睹过这样的实际场景。就此而言，现实中的螳螂、蝉、黄雀这些动物及其正在发生的事情就是人们通过感官把握的"感性具体"。对于一个缺少理性思考的人而言（例如，一个小孩），他对于"螳螂捕蝉，黄雀在后"的认识就止步于"感性具体"的层次了，在他看来，这就仅仅是一个有趣的自然现象。而对于善

---

① 仲新朋 . 中华典故 ［M］. 长春:吉林文史出版社，2019：379.

于理性思考的人来说，就不会只停留于这一层次，而是会进一步发现这一现象背后展现的"道理"。这一"道理"的内容就是"当人们执着于眼前利益时，往往忽略背后隐藏着巨大的危险"。显然，这一"道理"的内容本身是抽象的，不能直接摆到人们眼前来看。因而，这就是一种"理性抽象"。人们要把握这一道理，就不能只停留于对"螳螂捕蝉，黄雀在后"这一"感性具体"本身的认识之上，而是要通过思考理解其中包含的道理。当人们真正理解其中道理之后，再看到"螳螂捕蝉，黄雀在后"这样的情形，所感受到的就绝不仅仅是一个自然现象，也绝不仅仅是感官受到某种冲击，而是在脑海中迅疾产生"当人们执着于眼前利益时，往往忽略背后隐藏着巨大的危险"这一道理的含义。其道理的含义此时就不再是一种不可捉摸的抽象对象，而是在人们心中真真切切展现出"具体"形象的对象。久而久之，人们便忽略了"螳螂捕蝉，黄雀在后"其原有的感性内容，而把它当作了"当人们执着于眼前利益时，往往忽略背后隐藏着巨大的危险"这一道理本身。"螳螂捕蝉，黄雀在后"就成为一种人们思想中的"理性具体"。之所以说是"理性"，因为其中确实有抽象的道理；之所以又说是"具体"，因为确实展现出了一个具体形象、具体情境。从生活实际来看，在任何场合下，只要交往的双方都是能够熟练运用"螳螂捕蝉，黄雀在后"这一成语或歇后语的人，双方对此都无须任何解释。甚至，大家在交流中还可以将这个典故用出不同的现实效果，产生出多样繁复的典故价值。就此而言，我们就充分证明了人们认识事物为什么会经历"从感性具体上升到理性抽象、再从理性抽象达到理性具体"这个过程，以及为什么"理性具体"会是人们思想认识达到最高水平的结果。我们在教学中通过这样的讲解，学生们将会更形象清晰地掌握相关的原理。我们也就实现了通过"事理结合"的讲述方式将抽象平面的哲理形象具体化的效果。

其次，我们来看看如何更好讲解"逻辑与历史"这一辩证思维方法。我们在前文第一章探讨过，相对而言，同学们对这对范畴中的"历史"还较熟悉，基本都知道含义。关键在于这里的"逻辑"指什么？"原理"课程教材对此讲得比较复杂，引用了许多马克思恩格斯经典原著中的大段表述，事实上对于同学们来说是比较陌生的。所以，我们在教学中便应想办法运用优秀文化典故将这个关键概念给同学们讲明白。"得道多助，失道寡助"是大家十分熟悉的传统儒家思想典故，这其中所讲述的是一种重要的军事政治"逻辑"。"得道多助，失道寡助"的内容最早是先秦孟子所阐述：

"天时不如地利，地利不如人和。三里之城，七里之郭，环而攻之而不胜。夫环而攻之，必有得天时者矣；然而不胜者，是天时不如地利也。城非不高也，池非不深也，兵革非不坚利也，米粟非不多也；委而去之，是地利不如人和也。故曰：域民不以封疆之界，固国不以山谿之险，威天下不以兵革之利。得道者多助，失道者寡助。寡助之至，亲戚畔之。多助之至，天下顺之。以天下之所顺，攻亲戚之所畔；故君子有不战，战必胜矣。"①

我们通过孟子的论述，可以把握到的正是"得道多助，失道寡助"这一论断所包含的战争胜负"逻辑"或者说国家存亡"逻辑"。这一逻辑的根本立足点就是"道"与"助"之间的必然联系。具体而言，"道"的内涵主要就是"人和"。与此"道"相比，其他的诸如"天时"所代表的时机；"地利"所代表的城池坚固、兵革坚利、米粟充足，都要退居次席。一旦战争的一方占据"人和"这个条件，必然获得"天下顺"之"多助"，就会取得最终胜利。反之，在战争中，如果没有掌握"人和"这个条件，就属于"失道"的一方，那么其他条件再优越，也会导致"亲戚畔"的"寡助"局面，最终走向失败。我们注意到，孟子在这里论述时是通过假设情境来论证。他所说的"三里之城，七里之郭，环而攻之而不胜"并没有说出是现实中哪个具体案例、哪个小城的实际经历。既然如此，为什么大家还认为他讲得有道理呢？到这一步，就涉及理解"逻辑与历史相统一"的辩证思维方法问题。孟子用假设情境讲道理之所以让大家一听就明白，正在于这里面的逻辑不是他凭空想象臆断的，而是对历史上众多真实事件总结后的结果。孟子所处的先秦时期，历经近 800 年战乱，其中发生的战争数不胜数。即便没有哪一个刚好符合"三里之城，七里之郭，环而攻之而不胜"的情形，但类似的情形是俯拾皆是的。诸如在春秋时期称霸的晋文公、齐桓公、秦穆公等，战国时期不断壮大的诸侯国，他们的作战中所取得的胜利很多正是"得道多助，失道寡助"这一逻辑的反映。孟子从诸侯国作战胜败的历史中总结出决定战争胜负的逻辑，成为大家公认的合理结论，这就是"逻辑与历史相统一"的辩证思维方法的形象展现。进一步我们还需要强调，"逻辑与历史相统一"的辩证思维方法不能教条式的运用，也就是说，并非历史上每次战争胜负都完全符合"得道多助，失道寡助"这一逻辑。教材中指出，"逻辑的东西和历史的东西是辩证统一的"。②，从历史事实上看，秦王朝最

---

① 朱熹．四书章句集注［M］．北京：中华书局，2011：224.

② 本书编写组．马克思主义基本原理［M］．北京：高等教育出版社，2023：61.

后统一六国，事实上就没有完全按照"得道"的逻辑来进行，主要还是靠强大的军事硬实力。但是，六国之所以被消灭，则大体上符合"失道寡助"的逻辑，因为他们自身的国家治理和策略确实有问题。苏洵在《六国论》中明确指出，"弊在赂秦"①，也就是六国面对强秦，都选择为自保而割地送给秦国。他们不管是国内还是相互之间都没有真正团结起来，没做到"人和"。秦国虽然借着这些"天时""地利"的机遇完成统一，但因为没有重视"人和"，最后也是短命而亡。这里面就看出，从历史上短期来看、从个别事件来看，可能出现与逻辑相背离的情形。但从长期来看，从整体发展来看，最终还是与逻辑相统一了。以此观照中国历史几千年的兴衰，便可见到"得道多助，失道寡助"这一逻辑的科学性是不容置疑的。抗日战争时期，毛泽东同志写下经典著作《论持久战》中也引用并运用了这一逻辑来分析抗战的形势。在分析中，毛泽东结合当时的历史事实，进一步挖掘和发展了这一逻辑的更丰富内涵。一方面，从当时国际反法西斯战争的角度对"道"和"助"都给予了更深刻的解读。此时的"道"不仅仅是孟子所讲的"人和"这样相对简略的内容，而是代表了整个人类反法西斯的进步与正义力量。"助"所代表的也不仅仅是相对简略的"天下顺"，而是当时国际反法西斯力量对中国抗战的实实在在的援助。尤其值得注意的是，毛泽东并没有过于轻飘地看待日本法西斯力量所获得的"寡助"，而是在承认日本已获得较多法西斯国家援助的基础上，再强调我们将获得更多的援助。"日本虽能得到国际法西斯国家的援助，但同时，却又不能不遇到一个超过其国际援助力量的国际反对力量。这后一种力量将逐渐地增长，终究不但将把前者的援助力量抵消，并将施其压力于日本自身。这是失道寡助的规律，是从日本战争的本性产生出来的。总起来说，日本的长处是其战争力量之强，而其短处则在其战争本质的退步性、野蛮性，在其人力、物力之不足，在其国际形势之寡助。"②另一方面，毛泽东特别强调了不能孤立看待、片面运用"得道多助，失道寡助"这一逻辑的问题。他清醒地认识到，"得道多助，失道寡助"固然是决定战争胜负的重要因素，其中也包含着客观规律，但决不能将之当作唯一的因素和唯一的规律。正是在这样的思路指导下，毛泽东才科学提出并有力论证了"持久战"策略。他指出，"'为什么是持久战'这一个问题，只有依据全部敌我对比的基本因素，才能得出正确的回答。例如单说敌人是帝国主义的强国，我们是半殖民地半封建的弱国，就有陷入亡国论的危险。因为单纯地以弱敌强，

---

① 韩愈，柳宗元，欧阳修，等．唐宋八大家散文［M］．成都：天地出版社，2022：247.

② 毛泽东．毛泽东选集：第二卷［M］．北京：人民出版社，1991：448.

无论在理论上，在实际上，都不能产生持久的结果。单是大小或单是进步退步、多助寡助，也是一样。大并小、小并大的事都是常有的。进步的国家或事物，如果力量不强，常有被大而退步的国家或事物所灭亡者。多助寡助是重要因素，但是附随因素，依敌我本身的基本因素如何而定其作用的大小。因此，我们说抗日战争是持久战，是从全部敌我因素的相互关系产生的结论。敌强我弱，我有灭亡的危险。但敌尚有其他缺点，我尚有其他优点。敌之优点可因我之努力而使之削弱，其缺点亦可因我之努力而使之扩大。我方反是，我之优点可因我之努力而加强，缺点则因我之努力而克服。所以我能最后胜利，避免灭亡，敌则将最后失败，而不能避免整个帝国主义制度的崩溃。"① 将毛泽东的论证和孟子的论证对比可见，孟子虽然创造性发现并提出"得道多助，失道寡助"这一科学逻辑，但他的论证确实过于绝对化，把"得道"当作了战争胜利的唯一因素，而主张可以完全忽略"天时""地利"等其他战争因素。如果人们完全依照这样的逻辑去实施战争，就会常常陷入困境乃至失败之中。毛泽东则是从实际出发，在马克思主义哲学更为全面的辩证思维指导下，看到了其中的问题，并进行了更深入的分析。他鲜明强调，必须从"全部敌我对比的基本因素"出发才能得出战争胜负的正确结论。"得道多助，失道寡助"虽然是决定战争胜负的合理逻辑，但也仅仅是因素之一。其余诸如双方国力强弱、战争力量大小乃至战争机遇条件等都不容忽视，人们必须在战争中充分考虑一切影响因素并综合分析，才算是真正把握了战争规律。不仅如此，他还特别强调了在历史发展中人的主观努力问题。就抗战而言，看不到"得道多助，失道寡助"逻辑及其他有利于我们抗战胜利的因素是一种短视、愚蠢的行为；反过来，看到了这些因素便盲目乐观，以为什么都不用做就可以等来抗战胜利同样是无知、错误的态度。各种有利因素再好，哪怕是符合历史客观规律的因素，都不可能自动天然地产生效果。一切客观因素最终要发挥作用，都离不开人们在实践中的努力。这里面也呼应了我们之前强调过的人们发挥主观能动性与尊重客观规律性相统一的重要原理。从这个意义上讲，毛泽东同志在指挥革命战争时常常对这一原理有精彩的运用。解放战争时期，国民党反动派在全面进攻失败后转入重点进攻，以数十万兵力发动对陕北根据地的猛烈进攻。面对来势汹汹的敌人，毛泽东考虑到延安附近解放军力量薄弱，果断决定主动放弃延安，带着中央机关及部队沉着撤离，把一座空城留给蒋介石。很多人对此举动无法理解，毛泽东对

---

① 毛泽东. 毛泽东选集：第二卷［M］. 北京：人民出版社，1991：460.

此进行解释，提出了著名的主张："存人失地，人地皆存；存地失人，人地皆失"①。这一主张充满辩证色彩，与"得道多助，失道寡助"逻辑一脉相承，同样也是对历史发展过程的科学总结，并突出强调了人的主观能动性在历史发展中的重要意义。解放战争最终的实际进程更是从事实的角度检验了这一逻辑、规律的正确性。由此，我们就通过"得道多助，失道寡助"这一结合了优秀传统文化和革命文化的重要文化典故，实现了通过"事理结合"的讲述方式将"历史与逻辑相统一"这样的陌生理论转化为同学们相对熟悉的内容的教学效果。

第二节 优秀文化典故资源融入高校思政课的课堂教学过程

课堂教学是高校思政课教学的主渠道，也是提升思政课教学魅力的控制性环节。我们将优秀文化典故资源融入高校思政课的课堂教学过程，有利于提升高校思政课教学的"现场魅力"。具体而言，我们需要从两个主要方面入手。一方面是针对课堂教学的一般特点和制约我们发挥现场魅力的主要问题，将优秀文化典故资源融入思政课的课堂教学的主要环节；另一方面则是深入研究习近平运用优秀文化典故资源的主要经验与特点，指导我们持续做好这项工作。

一、优秀文化典故资源融入思政课的课堂教学的主要环节

广义上讲，思政课的课堂教学包括课前准备、课中讲授及课后温习等教学的主要过程。前文我们通过促进教材体系向教学体系转化方面的探讨实质上已经涉及了课前准备和课后温习方面的内容，因而此处我们主要探讨优秀文化典故资源在狭义层面课堂教学的运用，也就是主要聚焦思政课的课中讲授方面。

从高校思政课的课中讲授角度来看，提升教学魅力就必须充分研究其相对确定的时空范围，以此时空范围作为教学魅力提升的展示舞台。考虑到高校教学安排中"两节连排"的常规惯例，则将高校思政课的课中教学时间基本确定为90分钟；同样，考虑到高校思政课教学通常是大班级（100人左右）排课特点，则其空间范围基本确定为大教室。90分钟的授课时长决定高校思政课的课堂教学中的节奏安排。大多数学生在课堂上能够集中注意力的时间在20分钟左

---

① 中共中央文献研究室. 毛泽东年谱：下卷 [M]. 北京：人民出版社，中央文献出版社，1993：176.

右，因而课堂教学环节就应考虑安排四个阶段进行，确保在学生注意力即将分散时转入相对新的阶段，重新吸引注意力。在大教室的空间中授课决定了高校思政课的课堂教学中的场景设计。按照这样的空间分布来看，即便是同学们都很积极的情形下，也依然只有30%左右的同学能够和讲台、黑板近距离接触，大多数同学是处于相对远距离的地方。必须要有相对多样化的场景设计，才能确保大多数同学融入课堂氛围中来。

结合课堂教学叙事的需求，通过分析新一代大学生的认知特点，我们尝试以"四步渐进"的方法来设计课堂教学的主要环节，将优秀文化典故资源融入其中，提升课堂教学魅力。所谓"四步渐进"教学方法即按照讲课顺序，将一次课堂教学的叙事过程分解为"故事出场—道理跟进—价值在场—情感传递"四个步骤，层层渐进展开讲述。

"故事出场"是课堂教学的起始环节，也是能够抓住学生、掌控课堂、产生魅力的最关键步骤。这个步骤的设计事实上充分借鉴了中华优秀传统文化中说唱艺术的表演方式。在传统的说唱艺术中，无论是评书、快书还是单口相声，都很重视开场时的表演设计。这些设计的主要做法包括简要回顾上回故事情节将观众带入情境、说一件有趣的其他小故事活跃气氛、吟诵一首与故事相关的精彩古诗词带动观众情绪等，这些也正是我们在思政课的课堂教学采用"故事出场"所追求达到的主要目标。"唯物辩证法"是"原理"课的核心知识内容，其三大规律之一的"否定之否定规律"内容属于较复杂、较难理解的原理内容，与同学们日常生活相距较远，一般性地抽象表达不仅很难吸引学生，而且还容易让同学们"知难而退"。通过搜集分析，我们在经典名著《西游记》中找到一个有趣情节，可以作为此次课程出场的"故事"。这个情节就是唐僧师徒路经祭赛国时去扫塔的故事。讲课时，可将此故事的主要梗概描述一番。祭赛国原本有一座著名的金光寺佛塔，里面本来供奉着佛宝舍利，瑞霭高升，夜放霞光，吸引四夷朝贡。不想后来一场血雨下来，佛宝舍利失踪导致灯塔熄灭，各国不再来朝贡。国王迁怒于金光寺僧人，将他们全部抓起来虐待折磨，死伤惨重。唐僧师徒恰在此时来到该国，见此情形，自然不能坐视不管。于是，唐僧便带着孙悟空连夜去扫塔，既表达遇寺拜佛的敬意，也顺便去打探实情。师徒二人十分虔诚，沐浴更衣毕，一人一把扫帚开始登塔祭扫。后面的故事结局很多同学都知道，孙悟空通过扫塔抓住了两个小妖，最后破获了此冤案，寻回宝珠，拯救了全寺僧人性命。但很多人没有注意的是，唐僧师徒扫塔的顺序很奇怪。他们是从最低的一层开始一步步往上扫。这样一来就造成了无用功的结果，因为每往上走一层，扫下来的灰尘脏物就落在了下一层。等于是扫过一层脏一层，到最后时只有最高层是干净的，下面又都是肮脏的了。所以，我们在生活中打扫卫生都是从高处扫起，最后归总打扫最低一层方能真正干净。这里就可以提出一个问题让同学们思考，为什么《西游记》会设计这样一个违背生活常识的桥段？这个故事出场很有效果，一方面故事本身神话感十足、也充满悬疑意味，作为观众听得进去。另一方面，这个问题也确实具备可以探讨思考的空间，可以调动同学们的大脑思维。在实际的讲课时，到这里就圆满完成了"故事出场"的目标，同学们的兴趣和求知欲基本都被调动起来，渴望通过学习了解这背后的道理，我们下一步的道理讲述就顺理成章了。

"道理跟进"是课堂教学的承接环节，也是实现从故事讲述到进入教学的主体步骤。如同之前所说的说唱艺术一样，开场通过有趣的小故事抓住观众固然很关键，但毕竟不是观众在整个表演欣赏中最聚焦的内容。前面的开场把观众情绪调动起来后，接下来就一定要迅速承接上与之水平相符合的主体内容，否则便会前功尽弃。高校思政课的课堂教学亦是如此，学生在前面听故事时被吸引过来，但他更期待的则是后面所讲的知识道理，而绝不是只满足于故事。如果只是故事，或者说跟上来的道理和故事相差太远，那同学们依然会非常失望。因之，紧跟着故事所讲的思政课道理一定要和故事衔接紧密，让同学们既感到有些意料之外，仔细一想又在情理之中。这才能取得最佳效果。上文介绍，唐僧师徒在祭赛国扫塔时由低往高扫这一情节引出学生思考。后面我们紧跟着的道理正与唯物辩证法"否定之否定规律"的事物发展道路方向相符合。事物发展由肯定到否定、再到否定之否定的发展道路所呈现的是一种"曲折前进"或"螺旋式上升"的特点，这就跟唐僧师徒扫塔所走的路径相一致。这里面给人们的启示就是，既要看到事物总是向前向上发展的，又要看到事物前进上升总是要经历曲折。以扫塔而言，每扫一层，相当于人生前进一步。那么，上升一层后把脏东西扫下去，相当于在进行"自我否定"，把自己身上藏有的缺点去掉、把错误留在过去，保证今天的自己总是相对更干净、更光明、更先进的。紧跟着故事来讲这一道理，同学们的理解更为顺畅，复杂的哲理也变得更好理解把握了。

"价值在场"是课堂教学的深化环节，也是实现思政课教学导向目标的重要步骤。一切规范教学都绝不仅仅是知识传递、道理传授，更希望的是通过教学让学生确立起相应的价值观，并以此指导工作生活实践。高校思政课教学在这方面的追求尤其重要。如果一场思政课教学仅让同学们记住了一些原理和知识，却丝毫没有影响同学们的价值追求，甚至产生相反的价值导向，毫无疑问这次教学是失败的教学。如上文案例中，我们给学生讲授"否定之否定规律"就不仅仅是让大家懂得这一规律的复杂内容，更要让学生树立起重视自我反思、自我更新，不断追求进步的正确价值观。从这个角度看，"自我否定""否定之否定"并非马克思主义唯物辩证法所独创的哲理，在中国古代经典中同样有很多同学们耳熟能详的名言警句与此内涵相符。如《大学》有言："苟日新，日日新，又日新"①，《论语》有言："吾日三省吾身：为人谋而不忠乎？与朋友交而不信乎？传不习乎？"②，《荀子》中也有言："故木受绳则直，金就砺则利，君子博学而日参省乎己，则知明而行无过矣。"③ 以上经典中所说的"日新""三省吾身""君子博学而日参省乎己"正与"自我否定"含义相似，也正与唐僧师徒从下往上一层层扫塔的方式若合符节。

　　"情感传递"是课堂教学的收尾环节，也是思政课教学丰富自身魅力的必要步骤。一般而言，注重从理性层面讲道理是思政课教学的本质特点。2022年4月25日，习近平在中国人民大学考察时提出了"思政课的本质是讲道理"④ 的重要论断，是我们在抓好思政课教学方面的重要依循。但这里需要注意的是，思政课要想将抽象高深的道理讲进同学们的大脑与心灵，就不能只依赖理性传授，也要重视感性情感层面的关怀与传递。让同学在感受思想深度的同时，感受到情感温度。如上文案例中，我们给学生讲授"否定之否定规律"时，就应在引导学生学懂弄通原理、确立正确价值观基础上表达出对同学们的情感关怀。老师既可以以自己为分析对象，讲述自己在工作生活包括过去人生中与"自我否定"相关的实际经历，分析其中的成败得失，特别是在与学生相近年龄时的经历，以此拉近与学生们的心理距离。亦可以让同学们登上讲台讲述自己学懂这一原理后的体悟，这种体悟既可以用于同学们自身实践的分析，也可用于家庭家族乃至国家民族发展历程的分析，总体上增进课堂中的情感浓度。

　　优秀文化典故资源融入高校思政课的课堂教学，还可以结合信息技术时代备受重视的"翻转课堂"方式，增强课堂教学中的现场互动效果，从凸显学生主体地位中提升教学魅力。"翻转课堂"与传统课堂相比的一个主要变化就是让老师和学生的位置进行一定程度的变换。在一定的课堂范围内，让学生成为课堂教学的主体，教师则暂时退居为观察者角色。"翻转课堂教学使得课堂文化从以教师为中心的文化转变为以学生为中心的文化，利用课堂时间进行更深入的

---

① 朱熹. 四书章句集注［M］，北京：中华书局，2011：6.

② 朱熹. 四书章句集注［M］，北京：中华书局，2011：50.

③ 王先谦. 荀子集解［M］. 沈啸寰，王星贤，点校. 北京：中华书局，1988：2.

④ 习近平在中国人民大学考察时强调 坚持党的领导传承红色基因扎根中国大地 走出一条建设中国特色世界一流大学新路［N］. 人民日报，2022-04-26（1）.

主题探索，创造更丰富的学习机会。在传统的以教师为中心的模式中，教师是信息的主要来源。与此相反，翻转课堂教学有意将教学转向以学习者为中心的教学模式，课堂时间致力于更深入地探究主题，创造丰富的学习机会。"① 正是按此思路，我们在高校思政课教学中，选取了部分片段尝试让学生成为课堂主导者，激励学生主动深入课程内容探索，发挥学生在优秀文化典故资源选取和加工创造中的主动性、积极性。"八七会议"为主题是新民主主义革命时期我们党召开的一次紧急会议、重要会议，在"纲要"课和"概论"课中都属于较重要的知识点。实际教学中，由于许多同学缺乏一定的近现代史特别是党史基础，不管老师如何强调，他们都很难深刻把握此次会议内容及其意义。我们在课堂教学中设计了学生表演环节，有一个小组的同学选择了这次会议作为表演内容。他们先是查阅了相关的历史资料，对此次会议开会的前因后果、过程细节有了初步把握；接着他们到汉口鄱阳街 139 号"八七会议"旧址进行了实地参观，加深印象；他们还集体观看了《建军大业》《光荣与梦想》等影视剧中对"八七会议"的情节展示。在充分掌握了以上内容后，同学们便开始分工合作，以"八七会议"为主题撰写剧本台词、划分扮演角色、反复排练彩排。在最后的课堂正式表演时，大家不仅将教室进行了一番布置，还专门穿上租来的戏剧服装，营造起不错的剧场氛围。短短 10 分钟左右的表演，效果十分出彩，同学们被这种新颖方式所吸引，都听得很认真。表演者先对故事的来龙去脉有所介绍，这就让听众大体明白了"八七会议"的重要地位；表演者刻画的主体部分是开会过程中的核心议题。这里面大家清楚地看到了当时陈独秀对大革命失败的反思不足、对革命武装的地位误解很深、对土地革命的地位重视不够，特别是在这些问题上陈独秀与瞿秋白、毛泽东产生的激烈矛盾冲突，成为会议焦点，也成为同学们戏剧表演的高潮冲突之处。几位主要角色的扮演同学非常投入，针锋相对、怒目圆睁、拍案而起等情绪十分饱满，台词表达流畅清晰，赢得了观众们的热烈掌声，同时也让同学们在内心深处理解掌握了"八七会议"及其相关内容的重要知识。"两弹一星"建设是新中国国防建设、科技建设的重大成就，其相关内容在"概论""德法"课中都有体现。但在一般性思政课讲授中，由于其具体科技知识过于专业化、其故事发生年代较远且曾长期是保密内容，因而往往让同学们有了不小程度的隔膜。对此，我们也设计了同学们的课堂表演环节。有一个班级的几位同学选取"两弹一星"功勋邓稼先院士的主要事迹，

① 蔡进. 高校师生对翻转课堂的采纳与持续应用：教学系统的视角 [D]. 武汉：华中师范大学，2019.

采取了诗歌朗诵表演的方式予以呈现，起到了很好效果。该表演的主体是一男一女两位同学分别扮演邓稼先和夫人许鹿希，两人采取对话形式展现邓稼先的光辉感人经历。表演时长 10 分钟左右，分为三幕展开。第一幕展现的是夫妻二人新婚之际，邓稼先与妻子"不告而别"投身国防事业的情形；第二幕展现的是邓稼先在研制核弹过程中舍身忘我，在关键时刻只身犯险，夫人在旁观看焦虑的情形；第三幕则是邓稼先去世之后，夫人向隅独白，表达深深思念及全体国人的敬仰。表演中，每一幕都根据剧情变换灯光和音乐，除了主角在对话朗诵之外，其他同学在旁进行形体表演，烘托气氛。表演小组的同学为此做了大量工作，不仅仔细查阅了相关资料，尽可能还原一些不为人知的情节故事，而且按照诗歌形式精心打磨台词，致力于艺术塑造，避免平铺直叙。两位主演的同学全情投入，大段台词记得清楚准确，毫无差错，而且他们在表演中倾注了真实情感，动情处感人肺腑。在教室的表演现场，许多同学都流下了热泪，大家真正被表演吸引，将邓稼先等功勋先烈为国为民的贡献刻入内心深处，被他们的真挚爱情、爱国精神深深打动。

综之，实践证明，将优秀文化典故资源采取合理方式融入思政课的课堂教学之中，从导入主题到分析问题，从价值认同到情感共鸣，从理性思考到感性升华，是我们提升新时代高校思政课教学魅力的必要途径之一。

二、习近平运用优秀文化典故对思政课教学的启示

习近平重视学校思政课，重视思政课教学建设。他不仅发表过相关重要讲话，做出过许多重要指示，而且他常常到各类学校包括高等学校的课堂直接听课，现场感受并指导教师如何上好思政课，学生如何学好思政课。这些重要讲话、指示、论断始终是我们做好高校思政课教学工作的根本指针。具体到本文所关注的优秀文化典故资源运用角度来看，我们更应深入研究习近平运用"文化典故"的规律、特点、路径应用于课堂教学，活学活用。

习近平运用优秀文化典故对思政课教学的启示，首先表现在精确运用优秀文化典故凝练、生动地表达重要论断、重要思想的核心要义。培育践行社会主义核心价值观是高校思政课教学中的重要内容之一，这一教学内容在"德法""概论"课中都以专门章节呈现。习近平对各界人士所做的讲话中多次引用优秀文化典故来强调培育践行社会主义核心价值观的重要性。对于企业界人士，习近平在讲话中要求他们着重提升自身诚信、法治等素养内涵。他指出，"'诚者，天之道也；思诚者，人之道也。'人无信不立，企业和企业家更是如此。社会主义市场经济是信用经济、法治经济。企业家要同方方面面打交道，调动人、财、

物等各种资源，没有诚信寸步难行"。① 总书记在这里引用的"诚者，天之道也；思诚者，人之道也"正是来自传统儒家经典《中庸》的名言典故。短短数语，文辞精妙、含义深刻，道出了"诚"这一价值追求在事物发展的客观规律规则（天）和实践主体（人）之间的辩证统一关系。总书记将之用于对企业家的讲话中，是从一种哲学思想高度阐述了企业家讲诚信的必要性和重大价值，既饱含对企业界人士的殷切期望和指导，也适用于我们在这方面的教学需求。对于文艺界人士，习近平在讲话中要求他们着重提升个人修为，坚守职业道德。他指出，"良好职业道德体现在执着坚守上，要有'望尽天涯路'的追求，耐得住'昨夜西风凋碧树'的清冷和'独上高楼'的寂寞，最后达到'蓦然回首，那人却在，灯火阑珊处'的领悟"。② 习近平在这里是借用近代国学大师王国维所总结的做学问的三重境界之说。王国维之说则又是对宋代晏殊诗词《蝶恋花》和辛弃疾诗词《青玉案》的经典名句借鉴创造。习近平的借用则又进一步对此做了创新阐释，将三重境界用于强调文艺界人士如何坚守职业道德的要求。以此出发，将三重境界分别概括为确立高远之"追求"、耐住"清冷寂寞"之过程和实践之后的领悟，生动传神、意蕴丰富。这就把之前王国维相对抽象的解读进一步具体化和细化，把原先比喻局限于"境界"之内的解读大大扩展。事实上，习近平在此也给我们做了一个如何对优秀传统文化进行创造性转化、创新性发展的典范。弘扬社会主义核心价值观与公民道德建设之间存在着密切的内在联系。习近平指出，"古人说：'大学之道，在明明德，在亲民，在止于至善。'核心价值观，其实就是一种德，既是个人的德，也是一种大德，就是国家的德、社会的德"。③ 在这里，习近平引用了传统儒家经典《大学》开篇的经典名句"大学之道，在明明德，在亲民，在止于至善"来阐述核心价值观的内涵与地位，亦颇具新意。《大学》之原文所强调的是让古代读书人注重自觉的道德修养，永无止境地追求最高之善。习近平的阐述中保留了原文的基本思路，而又结合当代中国的发展要求，将原文所讲的个人修养之品德，扩大为社会主义核心价值所代表的更为丰富的内涵，并从"大德"层面予以总结，既激活了古代经典的现代意蕴，又以此让现代的社会主义核心价值观展现出典雅形象，凸显出文化魅力。社会主义核心价值观的日常培育践行既是高校思政课教学的主要内容，也是大学生实际成长所必须笃实践行的规范。习近平指出，"中国古代

① 习近平. 习近平著作选读（第二卷）[M]. 北京：人民出版社，2023：322.
② 习近平. 论党的宣传思想工作 [M]. 北京：中央文献出版社，2020：370.
③ 习近平. 习近平著作选读：第一卷 [M]. 北京：人民出版社，2023：238.

历来讲格物致知、诚意正心、修身齐家、治国平天下。从某种角度看，格物致知、诚意正心、修身是个人层面的要求，齐家是社会层面的要求，治国平天下是国家层面的要求。我们提出的社会主义核心价值观，把涉及国家、社会、公民的价值要求融为一体，既体现了社会主义本质要求，继承了中华优秀传统文化，也吸收了世界文明有益成果，体现了时代精神"。① 仔细审视我们传统的"修齐治平"思想，可以发现其逻辑结构与社会主义核心价值观的国家、社会、公民"三位一体"结构十分契合。这就意味着，通过对"修齐治平"思想的诠释、弘扬，在很大程度上能唤起人们对于社会主义核心价值观的理解与情感共鸣，将深厚的经典思想文脉与当代社会发展现实深度融合起来。改革创新是当前中国特色社会主义新时代凝练而成的时代精神的核心，这一核心同样在我们的优秀传统文化中表现突出。习近平指出，"中国是正在发生深刻变革的国家。我们的先人早就提出了'天行健，君子以自强不息'的思想，强调要'苟日新，日日新，又日新'"。② 一段时间以来，不少人受制于西方思想对中国的误读以及对于近代中国历史的不理解，热衷于将传统中国描述为缺乏创新的社会，将传统中国文化解释为"僵化静止"的文化，进而否定当今中国人的改革创新实践。习近平的讲话正是对此错误思想的针对性批判，他通过对优秀传统文化中重要理念的强调，鲜明地突出了中国优秀传统文化中的"改革创新"要素其来有自、源远流长。

习近平运用优秀文化典故对思政课教学的启示，其次表现在充分发掘阐释优秀文化典故本身包含的重要价值与现实意义。社会主义核心价值观是高校思政课中带有贯穿性的教学内容，各门课程中都有涉及。习近平在讲话中聚焦爱国这一极具代表性的优秀文化典故主题，启发教师如何教好这部分内容。习近平指出，"在社会主义核心价值观中，最深层、最根本、最永恒的是爱国主义"。③ 爱国主义这一主题之所以重要，正在于其要求实质上贯穿了社会主义核心价值观所涉及的三个层次。从直接内容上看，"爱国"已然涉及了关于国家这一层次；从其目标归属上看，"爱国"是属于对公民的价值要求；从其价值延伸来看，"爱国"亦关乎了一种良好社会的价值要求。正因为如此，阐扬"爱国"价值观的优秀文化作品从古至今层出不穷，且发挥出的文化感召力绵延悠长。习近平指出，"爱国主义是常写常新的主题。拥有家国情怀的作品，最能感召中

① 习近平. 习近平著作选读：第一卷［M］. 北京：人民出版社，2023：239-240.
② 习近平在布鲁日欧洲学院的演讲［N］. 人民日报，2014-04-02（02）.
③ 中共中央文献研究室. 十八大以来重要文献选编（中）［M］. 北京：中央文献出版社，2016：134.

华儿女团结奋斗。范仲淹的'先天下之忧而忧，后天下之乐而乐'，陆游的'王师北定中原日，家祭无忘告乃翁''位卑未敢忘忧国''夜阑卧听风吹雨，铁马冰河入梦来'，文天祥的'人生自古谁无死，留取丹心照汗青'，林则徐的'苟利国家生死以，岂因祸福避趋之'，岳飞的《满江红》，方志敏的《可爱的中国》，等等，都以全部热情为祖国放歌抒怀"①。这些光耀古今的名篇佳作之所以声名远播、妇孺皆知，正在于其中内容精准抓住了"爱国"这一价值观的深层意蕴，饱含了人们所共同追求的崇高情感。实现良好国家治理既是中国特色社会主义制度的必然内涵，也是应对现实难题的必要途径。中国优秀传统文化在此方面拥有极为深厚的底蕴，可资借鉴。习近平指出，"中国特色社会主义制度和国家治理体系具有深厚的历史底蕴。在几千年的历史演进中，中华民族创造了灿烂的古代文明，形成了关于国家制度和国家治理的丰富思想，包括大道之行、天下为公的大同理想，六合同风、四海一家的大一统传统，德主刑辅、以德化人的德治主张，民贵君轻、政在养民的民本思想，等贵贱均贫富、损有余补不足的平等观念，法不阿贵、绳不挠曲的正义追求，孝悌忠信、礼义廉耻的道德操守，任人唯贤、选贤与能的用人标准，周虽旧邦、其命维新的改革精神，亲仁善邻、协和万邦的外交之道，以和为贵、好战必亡的和平理念，等等"。② 在这里，习近平从十个方面系统阐述中华优秀治理传统，围绕"大道之行，天下为公"之理想追求展开，都与国家公共权力的正当运用密切相关。"六合同风、四海一家的大一统传统"描述国家公共权力的广泛运用范围，"德治主张""民本思想""正义追求""平等观念"体现国家公共权力运用中的指导思想，"道德操守""用人标准"注重对掌权者以公权谋私利的防范，"改革精神""外交之道""和平理念"体现国家公共权力运用的和平拓展。这些阐述多层次、多角度、多方面地为我们实现良好治理提供了最丰富的文化营养。"五四运动"是新民主主义革命的开端标志，习近平历来重视纪念这一伟大运动，号召大家传承弘扬宝贵的"五四精神"。他高度凝练了"五四精神"的深刻内涵，充分肯定了"五四运动"的历史地位，"五四运动形成了爱国、进步、民主、科学的五四精神，拉开了中国新民主主义革命的序幕，促进了马克思主义在中国的传播，推动了中国共产党的建立"。③ 习近平以"爱国、进步、民主、科学"四个概念总结"五四精神"，精准而又简洁，直透本质，易于这一精神在新时代

① 中共中央文献研究室. 十八大以来重要文献选编（中）［M］. 北京：中央文献出版社，2016：134-135.

② 习近平. 习近平著作选读：第二卷［M］. 北京：人民出版社，2023：277-278.

③ 习近平. 习近平谈治国理政：第一卷［M］. 北京：外文出版社，2014：166.

的迅捷传播，利于人们学习掌握。这一精神内涵还可以进一步总结，其最终极的核心就是"爱国主义"。"五四运动以全民族的力量高举起爱国主义的伟大旗帜。五四运动，孕育了以爱国、进步、民主、科学为主要内容的伟大五四精神，其核心是爱国主义精神。爱国主义是我们民族精神的核心，是中华民族团结奋斗、自强不息的精神纽带"。① 这一总结更体现了一种贯通时空的历史眼光，将五四运动在历史长河中承前启后的方位凸显出来。五四运动作为新民主主义的开端，正处在一个旧的时代结束、新的时代开篇的交汇点，其重要的历史使命便是对旧时代的一切进行"批判性传承"，保留精华、舍弃糟粕，再发展出新的文化内容。和平发展问题是事关世界发展主题和我国发展前途命运的大问题，也是"概论""形势与政策"等高校思政课教学的重要内容。当今世界正处在深刻的大变革、大调整时期。从发展态势来看，一方面，中国的崛起已成不可逆转之势；另一方面，美国等西方大国对中国的遏制与敌视亦要审慎应对。习近平所强调的我们有效应对西方大国敌视、挑战的文化因素就包括对我们优秀传统文化中"天下大同、天下为公"的优秀理念。将这种理念的内涵深度挖掘、广泛宣扬，必定可以赢得世界上绝大多数国家的支持、赞赏，营造有利于我们崛起的氛围。

习近平运用优秀文化典故对思政课教学的启示，最后表现在结合实践考察地点的特色典故阐释重要精神。谈起中华优秀传统文化的特色资源，一些著名的标志性物质文化遗产就会条件反射般在人们头脑中浮现起来，诸如长城、黄河、敦煌等。习近平十分珍视这些举世闻名、耳熟能详的文化标志。他曾密集调研了敦煌研究院、嘉峪关长城和黄河郑州段等地，不仅亲临现场视察，并对如何加强这些标志性物质文化遗产的保护工作展开了鲜明指示和深入阐释。习近平高度肯定了敦煌文化的价值和敦煌文化研究工作的意义。他指出，"敦煌文化保护研究工作很有意义、很有成效。敦煌文化延续近两千年，是世界现存规模最大、延续时间最长、内容最丰富、保存最完整的艺术宝库，是世界文明长河中的一颗璀璨明珠，也是研究我国古代各民族政治、经济、军事、文化、艺术的珍贵史料"。② 可见，敦煌文化无论从时空存续的角度，还是从内容丰富的程度，都冠绝世界，堪称中华文化耀眼的物质文化标志。1949 年以来，党和国家大力支持敦煌文化的研究保护工作，其中也凝结了一代又一代敦煌人顽强奋

① 中共中央党史和文献研究院. 十九大以来重要文献选编（中）[M]. 北京：中央文献出版社，2021：27.

② 习近平. 在敦煌研究院座谈时的讲话 [J]. 求是，2020（03）：4.

斗所形成的莫高精神。在我们所处的新时代，习近平更强调从国际文化对话、文化交流的高度来推动敦煌文化研究，"推动敦煌文化研究服务共建'一带一路'。我提出共建'一带一路'，加强文明对话，倡导'和平合作、开放包容、互学互鉴、互利共赢'的丝路精神，就是在新的历史条件下加强同世界各国的合作交流、促进各国文明对话和文化交流的重要举措"。① 这其中既是一种对敦煌文化所包含的文明交流特质的传承弘扬，也是将敦煌这种传统文化的发展融入当前世界文化发展大潮流中的高超举措。

对于长城文化，习近平倍加珍视，深刻总结其本质与当代价值。他指出，"长城凝聚了中华民族自强不息的奋斗精神和众志成城、坚韧不屈的爱国情怀，已经成为中华民族的代表性符号和中华文明的重要象征。要做好长城文化价值发掘和文物遗产传承保护工作，弘扬民族精神，为实现中华民族伟大复兴的中国梦凝聚起磅礴力量"。②长城是最能反映中华民族精神的物质文化标志之一。长城的标志性既表现在其外观的雄壮伟岸的气势与独特建筑风格，更在于其自始至终都反映着中华民族那种足以傲视世界的团结奋斗精神与爱国情怀。习近平也因此着重强调，必须要将长城文化的保护弘扬融入中华民族伟大复兴的历史进程之中，从中汲取源源不绝的民族力量。

对于黄河文化，习近平如数家珍，对其传承保护与当代发展寄予厚望。他指出，"千百年来，奔腾不息的黄河同长江一起，哺育着中华民族，孕育了中华文明。早在上古时期，炎黄二帝的传说就产生于此。在我国五千多年文明史上，黄河流域有三千多年是全国政治、经济、文化中心，孕育了河湟文化、河洛文化、关中文化、齐鲁文化等，分布有郑州、西安、洛阳、开封等古都，诞生了'四大发明'和《诗经》《老子》《史记》等经典著作"。③ 在这里，习近平通过追溯中华民族的发展历史，将黄河文化所塑造的伟大成果与产生的巨大影响娓娓道来，充分展示了黄河这一标志在中华优秀传统文化中的深深烙印。"九曲黄河，奔腾向前，以百折不挠的磅礴气势塑造了中华民族自强不息的民族品格，是中华民族坚定文化自信的重要根基。"④ 与长城文化标志一样，黄河同样是塑

---

① 习近平. 在敦煌研究院座谈时的讲话 [J]. 求是，2020（03）：6.

② 中共中央党史和文献研究院. 习近平关于社会主义精神文明建设论述摘编 [M]. 北京：中央文献出版社，2022：229.

③ 中共中央党史和文献研究院. 习近平关于社会主义精神文明建设论述摘编 [M]. 北京：中央文献出版社，2022：230.

④ 中共中央党史和文献研究院. 习近平关于社会主义精神文明建设论述摘编 [M]. 北京：中央文献出版社，2022：230.

造中华民族精神、奠定文化自信的重要根基，需要进行根脉性呵护。"保护、传承、弘扬黄河文化。黄河文化是中华文明的重要组成部分，是中华民族的根和魂。要推进黄河文化遗产的系统保护，守好老祖宗留给我们的宝贵遗产。要深入挖掘黄河文化蕴含的时代价值，讲好'黄河故事'，延续历史文脉，坚定文化自信，为实现中华民族伟大复兴的中国梦凝聚精神力量。"① 黄河文化所包含的范围无比宽广，其所涉及的文化类型不计其数，其中蕴含的价值更是珍贵无比。所以，习近平要求我们用一种系统性、整体性的战略态度来精心守护和发掘黄河文化的时代价值，同样也是在为中华民族伟大复兴的世纪性事业提供不竭动力。在甘肃考察时，他专门奔赴沙丘林场接见造林英雄，明确指出，"八步沙林场'六老汉'的英雄事迹早已家喻户晓，新时代需要更多像'六老汉'这样的当代愚公、时代楷模。要弘扬'六老汉'困难面前不低头、敢把沙漠变绿洲的奋斗精神，激励人们投身生态文明建设，持续用力，久久为功，为建设美丽中国而奋斗"②。这些在新时代通过不同方式在各自领域取得优异成绩、创造出感人肺腑事业的先进人物，既是我们社会主义文化自信建设的卓越成效，更是进一步加强建设的模范指引。

第三节　优秀文化典故资源融入高校思政课实践教学

理论教学与实践教学是高校思政课教学两大支柱。大学生学习马克思主义，既要认真听取理论教学中的老师们的讲解指导，在思想上理解掌握马克思主义理论的主要内核，更需要到社会实践中去践行，从而更深入把握马克思主义的立场、观点和方法。这也正是马克思主义所重视的"理论联系实际"特征的必然要求。"思政课实践教学是理论教学向社会生活的延展，其实质是通过参与社会实践实现对马克思主义理论的价值认同，最终外化为价值实践"。③ 从这个意义上讲，优秀文化典故确应成为思政课实践教学的必要选项。文化典故源于社会实践，也长期活跃于社会实践。思政课教师带领学生走出课堂，到街头里巷、大城小村乃至网络世界中去发现文化典故、检验思想理论，正可以实践之活水滋润理论之魅力。

---

① 习近平. 习近平著作选读：第二卷［M］. 北京：人民出版社，2023：263.

② 范景鹏. 三代人、四十年，八步沙绿色奇迹的启示［N］. 光明日报，2021－11－13（09）.

③ 夏海燕. 思政课实践教学的取径之误与取向之思［J］. 江苏高教，2022（3）：87－91.

一、中华优秀传统文化典故融入高校思政课实践教学

中华优秀传统文化典故孕育发展于中华民族数千年的悠久历史之中，传播时间最长、影响力最广泛，也提供了高校思政课实践教学最广泛的展开视野。从我们指导学生们开展的相关思政课实践教学来看，大家在这一部分实施的实践教学主要分为两大类：即将大众熟知的中华优秀传统文化典故融入思政课实践教学和将相对小众的本地优秀传统文化典故融入思政课实践教学。

将大众熟知的中华优秀传统文化典故融入思政课实践教学，主要就是思政课老师指导同学们结合自身体会，将产生于本地但已成为全民族乃至全世界熟知的著名典故作为考察学习对象，在理解掌握的马克思主义思想指导下进行再学习、再体验，深化自身的思想认知，强化价值认同。根据前文我们对文化典故的分类来看，同学们从这个角度所选择的实践教学资源主要集中于人物典故、物质成果文化典故和非物质文化典故。

就中华优秀传统文化中的人物典故来看，同学们选择的是自己家乡所拥有的知名历史人物进行考察，特别是一些颇具争议的历史人物。这种选择很有意义，有争议正说明其中存在可以探讨的问题。这就反映出同学们进行实践教学时具有不错的问题意识。这里所谓的争议主要是两方面，首先是某些历史人物在历史上的功过评价存在争议，二是某些历史人物的起源及经历存在不同的解释。首先来看实践教学中同学们对历史上功过评价存在争议人物的考察。一些来自湖北荆州的同学都探讨了对关羽的评价。在人们日常思维中，关羽以其勇武与忠义已经成为大众崇拜的"超级偶像"与精神图腾。然而，历史上的关羽虽成就非凡，但其品性缺陷与人生悲剧亦应引起反思。在代表蜀汉镇守荆州时，关羽个人功绩与权威达到顶峰，其骄傲自大也达到顶峰。在他看来，无论是对手、友军还是本方，除了刘备之外，基本都不放在眼里。而关羽最终败走麦城、死于敌手的结局正是多方力量合力作用的结局。关羽之死与荆州丢失，葬送了诸葛亮辛苦营造的"三足鼎立"局面与"复兴汉室"计划。同学们通过这一考察加强了对树立发展眼光、战略思维、系统思维的重视，加深了对"社会发展的必然性与人们的历史选择性相统一"原理的理解。来自湖北钟祥的同学考察了明朝嘉靖皇帝。嘉靖皇帝的故乡正是湖北钟祥，他是以堂兄弟身份继任皇帝宝座的。正史上和教科书上的嘉靖帝是昏君的典型代表。而同学们经过考察研究，发现实际上嘉靖帝虽然极度自负、自私奢靡，但也非常聪明而有谋略，起用过高拱、张居正和海瑞等名臣，国家治理也有成绩。这让同学们对唯物辩证法中"对立统一"矛盾规律的理解得以加深，也对唯物史观所讲的历史分析法、

阶级分析法有更多体会。其次来看同学们对历史上某些起源及经历存在争议的历史人物的考察。来自湖北武汉市黄陂区的一些同学考察了花木兰。历史上对于花木兰是否真实存在以及究竟是哪里人有诸多争议。同学们在考察中根据家乡是木兰乡，自古就有木兰山、木兰湖等地名，又查阅了汉朝、明朝和清朝相关典籍之后，确定花木兰真实存在且正出生长大于黄陂双龙镇（今姚集镇）。在此基础上进一步学习了花木兰作为女性从军，立下战功，又功成身退的众多事迹，从中加深对唯物辩证法矛盾普遍性与特殊性原理、实践与认识辩证关系原理的理解与把握。来自湖北荆门的同学实践考察了老莱子这一人物及其典故。历史上对于老莱子此人是否存在、与老子是否为同一人等有很多争议。同学们实地考察了荆门城西象山的东北麓竹皮河畔的老莱山庄，据说正是老莱子当年隐居之处。他们又通过一系列资料搜集，了解了孔子周游列国到达楚国后，曾与老莱子见面并交流思想。历史上著名的"齿刚而缺、舌柔而存"之比喻正出于此次对话。民间流传的《二十四孝图》之一的"老莱娱亲图"，也正是讲的这位隐士孝子的经典故事。从中同学们既加深了对于家乡名人典故的熟知程度，也增加了对"矛盾双方向对立面转化""人与自然和谐统一"等马克思主义原理的理解。

　　就中华优秀传统文化中的物质文化成果典故来看，许多同学选择了自己家乡的驰名产品进行考察，对其进行深入分析。来自湖北武汉的同学们考察了本地美食热干面。他们通过走访与查阅资料，掌握了热干面的生产发展历史。同学们发现，美味食物原来起源于一次无意中的操作失误。约在90年前，一位卖面小贩因生意不好发愁，不小心把麻油泼洒到了半熟的干面之上，却意外发现面条质量色泽变得更好，煮熟后他又放了一些芝麻酱和其他作料，一碗享誉中外的面条就此诞生。其后，大家不断对这碗面条的制作工艺、口味调制进行总结改善，打造出今天种类丰富、口味多样的热干面品牌。同学们从中既把握了更多家乡历史文化，更以此加深了关于"事物处在永恒变化发展之中""真理与谬误对立统一"等马克思主义原理的领会。来自湖北武穴的同学们考察了当地特产武穴酥糖。该特产是一种带有医用价值的特产食品，其起源还包含着感人的亲情故事。明代中期，当地一位姓董的贫穷小伙母亲患风寒而无钱看病。他便就地取材，将芝麻炒熟研成末伴以新鲜桂花，用蔗糖浸渍搅拌后给母亲吃。几天后，他母亲的剧烈咳嗽被止住，身体逐渐康复。这一药用食品名声大噪，得名"桂花董糖""止咳粹""孝母酥"，成为千古流传的节日往来馈赠佳品。因而人们送酥糖、吃酥糖，在品尝美食的同时，也在传递亲情、孝敬文化。同学们从中也进一步把握了文化、哲学与生产生活的密切关联，进一步熟悉了价值内涵、价值评价等相关思想，深刻领悟了文化为社会发展提供了思想保证、精神动力以及凝聚力量等重大作用。来自河南信阳的一些同学考察了本地著名特产信阳毛尖绿茶。他们先从特产的特点及生产过程出发，考察了其特殊的工艺和细、紧、圆、直的形状特点和品质，进而了解了这一工艺的历史变革。她们又走访了解了当地对于"信阳毛尖"的民间传说，发现信阳茶的起源与治疗瘟疫相关，也与当地人纪念舍己救人的春姑相关。从中同学们加深了对唯物史观中社会存在与社会意识辩证关系的把握，特别是从信阳毛尖茶文化蕴含的智慧中领悟到人与自然和谐发展等哲理。

就中华优秀传统文化中的非物质文化典故来看，许多同学选择了自己家乡的著名故事、文物等进行考察并深入学习。来自湖北武汉的部分同学探讨了"天上九头鸟，地上湖北佬"这一典故中的故事及意义。一方面，他们通过调研和资料查阅，发现了"九头鸟"这一意象的变化历程及其含义。"九头鸟"的形象从代表吉祥丰饶的"九头凤"逐渐演变为吸人魂魄的妖鸟"鬼车"，符合楚地人崇拜凤凰图腾的特点。而后明朝时期湖北人张居正主持变法，得罪了许多官员。这些官员私下里便用"九头鸟"来贬损张居正及其团队，逐渐成为一种对湖北地区人们的戏谑称呼而流传开来。另一方面，他们通过与本地人交谈走访，结合所学马克思主义思想来认识这一典故，发现以"九头鸟"称呼湖北人的双重内涵。"九头鸟"固然表达着狡猾、多变，但同时也代表湖北人做人做事灵活变通，甚至还有几分保持自身特点不随波逐流的坚持。这其中就表现出矛盾的同一性与斗争性道理。来自湖北天门的同学们考察学习了唐代天门籍名人、"茶圣"陆羽的著作《茶经》。通过对经典的了解，他们发掘了其中丰富的马克思主义哲学原理。《茶经》整体上探讨的是"人与自然"合理相处、和谐共生的问题，著作从茶的种植、制作、煮茶之水、风炉、灰承到饮茶用的茶碗，到茶具陈放、都篮等与茶相关进行十分完备地阐述，体现出较为全面、联系看问题的朴素辩证法思想。从作品创作来看，陆羽不是凭空想象，而是在充分实践基础上进行的创作。他遍游名山大川，遍访产茶之地，遍询种茶制茶工匠，遍览各地茶事记载资料，可以说，他的《茶经》是在人民群众实践创造的物质财富和精神财富的基础上形成的新的创造。来自湖北十堰的同学们考察并分析了武当山的文物与传说文化典故。武当山金殿修建了几百年一直完好无损，特别是被雷击中后也岿然不动且更加色彩辉煌。金殿里的雕塑是用数十万斤铜与数千两黄金铸成，其中的海马雕塑特别神奇。每逢下雨天，此雕塑居然开始自动吞云吐雾，如同复活一般。这些现象在古代长期被人们赋予神灵色彩，吸引各方人群前来膜拜。但经过现代的科学考察，同学们发现其真实原因只是金属导电现象和金属雕塑内外温差形成水蒸气的缘故。借此，大家从中更深切体会到了"社会生产方式决定人们的生活面貌""本质与现象"等原理。

将相对小众的本地优秀传统文化典故融入思政课实践教学，主要就是思政课老师指导同学们结合自身体会，将产生于本地尚不为其他地区人所熟悉的典故作为考察学习对象，运用所理解掌握的马克思主义思想指导下进行学习分析。具体来看，同学们从这个角度所选择的实践教学资源表现出宏观层次和微观层次两个主要方面。

同学们从宏观层面展开的本地特殊优秀传统文化典故实践教学主要是对本地文化特点进行了整体分析。来自湖北十堰的同学们考察了本地最具特色的移民文化。他们在实践考察中了解到十堰地区是著名的移民区，从先秦到当代经历过至少五次移民潮。比较著名的包括唐朝前期皇帝李显及大量官员被贬谪、明朝永乐年间大修武当山和1949年后的"三线"建设。而后，同学们从马克思主义关于"人的本质"论断来分析十堰地区这种移民特征带给当地文化的影响，既对此文化特征把握更深刻，也对马克思之一的人学思想有更多理解。来自湖北武汉的同学围绕"积玉桥"这一地名的历史变化，考察了家乡由渔业文化向工商业文化的演变。同学们由历史考察得知，古时此处属于河湖之地，渔业资源特别是鲫鱼很丰富，是附近村民主要的生活与经济来源，因而得名"鲫鱼桥"。到了近代时期，这座桥成为运输铜圆材料车辆的必经之地，此地商业贸易逐渐繁荣，当地人们的生活方式发生变化，便将原名"鲫鱼"改为"积玉"，寓意财富聚集。同学们由此深化马克思主义哲学中社会意识如何反映社会存在变化等原理的掌握，丰富了马克思主义政治经济学中商品经济相关原理的现实运用。

同学们从微观层面展开的本地特殊优秀传统文化典故实践教学主要是对本地极具代表性的文化典故予以具体分析。来自湖北孝感的同学们实践考察了本地特有的"雕花剪纸"工艺。他们了解到这种工艺具有上千年的历史传承，也实地观察了其工艺技术，亲自体验了这一工艺融合北方粗犷苍劲和南方纤秀细腻于一体的独特风格，领略到孝感"雕花剪纸"以自我为主，吸收外来优秀文化不断丰富发展壮大的合理路径。从中他们也体会到唯物史观经济基础决定上层建筑、上层建筑反作用经济基础的矛盾运动规律。孝感"雕花剪纸"是适应孝感地区经济环境的产物，同时这一剪纸工艺文化也对当地经济起到良好的促进作用。来自湖北恩施的同学们考察了本地"射杀盐阳"的经典民间故事。这一故事是当地少数民族土家族追溯自身起源的传说之一。古代巴国首领之一的廪君率部开疆时经过盐阳遇到盐水女神。女神爱慕廪君，愿以身相许并将盐阳之地献出。廪君虽感谢女神真情，但为了全体族人能有更开阔的土地生存，执意拒绝女神美意，甚至为尽快赶路而射杀了变为飞鸟来阻挠的女神。后世人们感念这段故事，将廪君与盐水女神当作夫妻共同祭祀。从中同学们既感慨于爱情的凄美，也反思了个体在历史发展进程中的选择问题，更从文化角度分析了其中公义胜私欲的民族精神。来自浙江温州的同学们实践考察了当地"江心寺后凤尾鱼"的典故。王十朋是南宋初年考取状元的著名才子，当年读书时曾寄居于江心寺苦读。寺庙主持法师因心疼王十朋生活清苦，便用法术将刨花变成鱼儿游到王十朋身旁吸引他抓鱼食用。王十朋见到鱼儿后，看到鱼儿们静止不动，感到好奇，就用一把剪刀去剪鱼儿们的尾巴，发现这些鱼儿即使被剪尾巴也毫无反应。聪明的他立刻明白了事情的真相。法师的好心虽然没有起到效果，却留下一段佳话和一道美食，这就是温州著名的尾鳍分叉凤尾鱼。同学们从中既体验了传说故事的神奇与温馨，也从中感受到"实践是检验真理唯一标准""意识具有能动性"等重要的辩证唯物主义原理。来自四川巴中的同学实践考察了当地"恩阳船说"文化典故。这一典故反映了巴中市恩阳区作为古代中国米仓古道第一镇的历史地位和文化底蕴。该典故借助现代声光影技术在美丽的恩阳河上演绎一段古典爱情故事，宣扬其中"恩义、恩爱、恩典"三大文化要素，将才子佳人的情意故事与家国情怀相融合，极具吸引力。同学们不仅欣赏了其中文化韵味，而且进一步从经济角度了解到当地以此文化典故为载体，打造"千年米仓道、早晚恩阳河"的地域特色，全面推进"城市景区化""旅游品牌化"建设的成功举措，以文化典故表演实现夜间经济赋能古镇旅游新业态的成效。来自贵州瓮安的同学们考察了当地著名的非物质文化典故"搓梗仔采阿诗"。这一典故又名"九龙穿洞"，是当地苗族同胞在传统的"三月三""六月六"节日里跳的一种芦笙舞蹈祭祀活动。同学们实践考察了解到这一典故最早在明代已有历史记载，也亲身体验过这一典故的实际场景。节日来临时，全村老幼身着民族盛装在小山坡、村寨空坝聚集，大家一起围成一圈伴随着芦笙曲、鼓点载歌载舞，既表达对先人的祭祀纪念，也借此创造青年男女相识的机会。通过实践学习考察，同学们深化了唯物史观中社会心理对社会存在具有重要能动作用的原理的理解把握。

值得注意的是，不少同学在实践考察中主动运用学到的马克思主义思想分析评价了家乡一些习俗的内涵及其优缺点，开始探讨促进传统习俗更新发展的路径问题。来自湖北武汉的同学考察并分析了当地"陶罐煨汤"传统。同学们首先了解到了家乡人们长期有用陶罐煨制排骨藕汤的习惯及历史，认同其包含的营养价值及文化氛围。而后，借助自身学习的生物、化学知识，他们进一步发现这样煨制的汤中嘌呤含量较高，长期大量饮用会导致痛风的问题。但是，即便他们把这一问题告诉身边亲朋好友，却依然无法改变大家的喝汤习惯，甚至已经饱受痛风困扰的亲人也依然故我。从这个现象同学们加深了社会意识对社会存在具有巨大反作用的认识。这其中，错误的社会意识是如何在长期社会实践中造成人们的思维定式，进而阻碍社会存在的正常发展这一问题，让同学们印象十分深刻。来自广西蒙山的同学考察了当地一种"偷青"的习俗。在农历除夕晚上午夜前后，村里面的人就三三两两跑到别人家菜地里"偷"摘蔬菜。摘菜的人不能贪多，被摘的人也不会介意。不同蔬菜还有不同寓意，如生菜寓意生财；大葱寓意聪明伶俐；白菜寓意财源滚滚；莴苣寓意考试高中；蒜苗寓意会打算等。同学们也在考察中了解到近些年这一习俗遭遇的尴尬难题。由于大多数人都进城安居，只是过年期间回来度假，所以村里种菜的人家就很稀少，到了"偷青"时，大家都盯着仅有的几家菜地里摘，不仅摘菜量变大，而且也践踏了菜地。被摘菜的人家逐渐不能容忍，往往与来摘菜者之间发生一些不愉快，习俗原有意义也便被冲淡了。同学们从对这一习俗的分析中加深了对马克思主义"辩证否定"的理解，支持社会淘汰"偷青"习俗中一些不符合时代潮流发展的因素。

二、中国革命文化典故融入高校思政课实践教学

中国革命文化是"中国共产党人领导人民在革命事业中创造的充满革命性的文化成果，包括革命思想理论、革命信念精神、革命价值伦理以及革命文化作品等"[1]，其产生发展的时间虽然相对较短，但却拥有无比波澜壮阔、斗志昂扬的历程，也形成了灿若星辰的众多文化典故。革命文化本身就是高校思政课教学的主体内容，运用于实践教学更是题中应有之义。从我们指导学生们开展的相关思政课实践教学来看，大家在革命文化融入实践教学的做法主要也有两大类：将实际发生过的革命文化典故融入思政课实践教学和将艺术创作型革命文化典故融入思政课实践教学。

所谓"将实际发生过的革命文化典故融入思政课实践教学"，指的就是同学们以自己家乡的革命领袖、英雄的事迹典故为切入点进行实践教学。选取革命领袖进行考察的同学们主要聚焦领袖在当地发生的一些小故事。来自江西瑞金的同学们走访了解了与毛主席相关的"水缸的秘密"故事。故事发生在20世纪

---

① 张健彪，田克勤. 革命文化的历史地位及当代价值［J］. 中国延安干部学院学报，2017，10（5）：54-59.

30 年代，当地有位杨大娘的大儿子参加了红军，小儿子尚未成年，因此大娘需要自己操持一切内外家务，劳动负担陡增。突然一段时间内，她家的水缸每到傍晚总是水满状态。她多方打听，身边没有人帮她挑过水。后来，她故意没有出门干活，守在家里面干点小活等待挑水人。结果，等来的人居然是毛主席。杨大娘和邻居得知后，无论如何不让毛主席再帮忙。但毛主席执意继续挑水，还亲切关心了家里的其他情况。① 通过故事考察，同学们对毛主席的伟人风度理解更具体，对革命道德中"全心全意为人民服务的宗旨"体验更深，对新民主主义革命时期根据地建设内容也有更细致体会。来自湖南张家界的同学们考察了贺龙元帅在故乡洪家关的纪念馆。从中，同学们看到了贺元帅从"两把菜刀闹革命"成长为共和国元帅的光辉一生，了解了故居呈现的革命时代的艰苦条件，特别是看到了刘家坪乡的红二军开始长征的纪念碑和牺牲烈士名录，同学们十分震撼。② 通过参观考察，同学们再次回望我们党走过的百年历程，回顾神州大地发生的历史性变化，从中汲取了更多前进的精神力量。来自湖北武汉的同学们考察了党在革命时期的重要领袖之一的项英同志在武汉时期的事迹。项英 1898 年出生于湖北武汉的江夏区，15 岁初中毕业便进入武昌模范大工厂当工人。他白天做工，晚上还坚持读书。在这样艰辛的条件下，他锻炼出自强不息、勇挑重担的优秀品格。俄国十月革命与五四运动爆发后，他追求共产主义的理想信念逐渐坚定起来。在 1920 年，他曾组织过武汉的纺织工人罢工；1921 年，又在武汉江岸筹建铁路工人俱乐部。1922 年入党后，革命干劲更足，领导过汉口扬子江机器厂罢工、参与领导了 1923 年京汉铁路"二七"大罢工和 1925 年沪西日商纱厂工人罢工，推动全国工人运动发展。1926 年秋，他在武汉组织工人纠察队，配合北伐军作战，维持社会秩序，参与收回汉口英租界和反夏斗寅叛变的斗争。③ 通过实践考察，同学们加深了对项英同志事迹的全面了解。很多同学之前只是知道项英与新四军皖南事变的关系，这次考察才让他们知道原来这位大名鼎鼎的革命烈士最早是从武汉领导工人运动参加革命的。同时，同学们也对我党领导的早期工人运动情形有了更多掌握。来自湖北红安的同学们考察了革命故址七里坪镇。镇上到处可见革命年代的遗迹，保存完好的长胜街就是其中之一。600 余米的古老街道上，排列着光浩门遗址、七里坪工会、红四方

---

① 课程教材研究所小学语文课程教材研究开发中心编著．千纸鹤语文四年级上同步阅读［M］．北京：人民教育出版社，2004：172-174.

② 军事科学院解放军党史军史研究中心编．中华先烈人物故事汇贺锦斋［M］．北京：学习出版社，2022：7-10.

③ 张硕主编．荆楚百位著名将领［M］．武汉：湖北教育出版社，2010：272-275.

面军指挥部、鄂豫皖特区革命军事委员会、鄂豫皖特区苏维埃政府、鄂豫皖特区苏维埃银行、黄安县苏维埃经济公社、红军中西药局、红军饭堂等18处重要革命遗迹遗址。① 通过考察，同学重温了当地历史乃至土地革命战争时期整个中国大地的火热场景，对新民主主义革命思想相关内容理解更深刻。来自湖北十堰的同学考察了家乡英雄施洋烈士的事迹。施洋生于1889年，自幼家境贫寒而读书勤奋。18岁考入当地的郧阳府立农业学堂，之后在郧阳农业中学读书，后回乡创办国民学校、农务会办学办会救国。施洋还创立武汉法政学会，被推为常务副会长。26岁时考入湖北私立法政专门学校，毕业后成为专为工农群众伸张正义的著名律师。其后，他参加和指导了五四运动在武汉的活动、参加马克思学说研究会，参与创办武汉的工人夜校和工人子弟学校，积极从事有计划的工人运动。1922年施洋加入中国共产党。1923年京汉铁路工人大罢工爆发后，施洋积极组织武汉的工人、学生进行游行示威。被捕后，施洋法庭上怒斥军阀的滔天罪行，坚贞不屈，最后英勇牺牲，年仅34岁。② 通过考察学习，同学们增加了对家乡革命文化的熟悉程度，将家乡历史与中国革命历史进程更紧密地联系起来，也更深刻体会了人民群众是历史创造者、杰出人物对历史进程的影响等马克思主义原理。来自贵州荔波的同学们考察了家乡的革命烈士邓恩铭。邓恩铭1901年出生于贵州荔波县一个水族劳动人民家庭。历经清朝压迫、北洋军阀黑暗统治，他从小就有了反抗压迫、救国救民的人生志向。16岁时离家赴济南求学，在这里开始接触了解马克思主义。他与同学兼同志王尽美结成牢固革命友谊，一齐组织领导了山东的共产主义运动，成为党的一大代表和创始人之一。他还曾远赴莫斯科参加会议，受到列宁亲自接见和鼓励。党成立后，邓恩铭主要在山东从事工人运动，领到过著名的胶济铁路工人大罢工，担任山东省委书记。因叛徒出卖，邓恩铭被捕。他在狱中坚持与敌斗争，成功组织过越狱行动，最终被杀害于济南，年仅30岁。③ 通过考察学习，同学们大大增进了自身革命历史知识。原先大家在历史书上只知道邓恩铭是出自山东的党代表，却未曾想原来是自己家乡贵州走出的英雄。由此，同学们增加了对家乡革命英雄的崇敬，同时，也通过英雄的一生伟大奋斗深化了对马克思主义科学性与革

---

① 中共湖北省委党史研究室编. 红色荆楚第6卷丰碑 [M]. 北京：中国和平出版社，2016：95-96.

② 中共湖北省委党史研究室编. 红色荆楚第6卷丰碑 [M]. 北京：中国和平出版社，2016：9-10.

③ 百集微纪录片《光耀齐鲁》创作组. 光耀齐鲁100个山东优秀共产党人的故事 [M]. 济南：山东人民出版社，2021：7-9.

命性相统一特点的理解，激励了自身的学习工作动力。

选取革命英雄进行考察的同学们主要聚焦家乡当地诞生的一些革命英雄人物事迹。这里面很多英雄人物都属于本地知名但革命史上较少提及的代表。来自湖北十堰的同学们发掘了家乡当地郧阳区产生的革命烈士何世昌的故事。何世昌1905年出身于书香门第，从小既接受了严格的优秀传统教育，也大量接触社会实际，体察人民疾苦。他的一生成长与近代中国革命历程密切联系。上中学时恰逢五四运动爆发带来了更多新思想，到武昌上大学时则是第一次国共合作的高潮时期，他在董必武等党的元老影响下入党，投入革命斗争之中。他曾在鄂城地区组织领导农民运动、参加北伐战争。大革命失败后，参加南昌起义。失败后曾被捕，获救后又参加百色起义、龙州起义，担任红八军军委书记兼军政治部主任，起义失败后何世昌被捕，在南宁英勇就义。在狱中，何世昌经受了敌人对他施尽种种酷刑而坚贞不屈。面对敌人的死亡威胁，何世昌从容地说："我为工农贫民而死，死也甘心"，写下《绝命词》："烈士，视死如归，浩气凌青天，奋身欲枪弹，为工农，争利权，头颅抛荒山；阶级斗争，历史唯物观，崇拜马克思，服膺列宁言！"① 通过考察，同学们加深了对家乡英雄的熟悉，受到精神洗礼。特别是，其中一位同学正与英雄何世昌毕业于同一所中学，更是激发了同学向这位革命前辈和老学长敬仰、学习的志向。来自湖北仙桃的同学考察了李之龙在家乡的事迹。李之龙是党在早期的军事领导人之一，是蒋介石发动"中山舰事件"的主要受害者。同学们在当地考察了少年李之龙不畏强权，与侵吞公款的当地土豪恶霸王声扬英勇斗争的故事。② 从中同学们增强了对家乡革命历史的了解，体会到了半殖民地半封建社会人民生活的惨状和反抗的不易，也更多体会到了少年立志的重要性。来自湖北老河口的同学们发掘考察家乡的革命英雄袁书堂。袁书堂出生于1884年，早年倾向于孙中山的革命思想，中年后在董必武影响下加入中国共产党。入党后，他在湖北黄陂和家乡从事地下工作。他腾出自家的3间房来开办学校，招收贫苦的农民子弟入学。为发展党组织，他将自家20余亩地和县城里的3间瓦房全部出售，作为党的经费。1930年在领导中共鄂北特委发动五县暴动时被捕，壮烈牺牲。③ 通过考察，同学们增强

① 中华人民共和国民政部编. 中华著名烈士第6卷 [M]. 北京：中央文献出版社，2001：273-278.
② 胡华主编；中共党史人物研究会编. 中共党史人物传第20卷 [M]. 西安：陕西人民出版社，1984：131-133.
③ 襄阳市史志研究中心，襄阳市总工会编著；郝敬东，汪艺琼主编. 建党百年襄阳英模人物1921—2021 [M]. 上海：文汇出版社，2021：98-100.

了对"人民群众创造历史"等原理的理解，增强了对共产党员全心全意为人民服务的宗旨、为共产主义奋斗终生牺牲一切理想的领会。特别是通过到当地走访、瞻仰袁书堂烈士陵园，同学们也更坚定了继承革命先烈遗志，为民族伟大复兴事业贡献力量的信念。来自湖北松滋的同学们考察了家乡松滋二中的"苦竹"革命文化。该中学由革命者雷鸣泽捐资创办。雷鸣泽作为一名当地乡绅，虽然没有入党，但在整个新民主主义革命时期却一直不遗余力为革命做贡献，后来也牺牲于松滋革命胜利前夜。① 徐向前元帅的夫人黄杰同志是松滋人，也曾在该校任教，并担任中共松滋县委书记，领导松滋县九岭岗农民起义。新中国成立后，黄杰同志也十分关心该校的建设。这种红色革命文化与当地古已有之的"苦竹甘泉"优秀传统文化相承接，创设起十分厚实的文化基因。通过实地考察，同学们既加深了对家乡历史文化的把握，也接受了丰富的灵魂激励。来自浙江嘉兴的同学在当地参观考察了党的一大召开地址——南湖红船。在考察中，同学们具体了解了党的一大在此处召开的一些事件细节，深入理解了"创新、奋斗和奉献"的红船精神内涵。通过导游介绍历史事件，观看历史遗留照片，同学们深刻感受到了党诞生的伟大和发展繁荣的壮阔。在缅怀先烈遗志的同时，同学们更与现实相联系，表达了在今后的学习和在学生会工作中应以更加积极乐观的心态去做榜样、做表率，纠正自己过去的一些消极心态、错误行为，可以说收获十分充实。

所谓"将艺术创作型革命文化典故融入思政课实践教学"，指的就是同学们以自己家乡流传、创作的革命故事典故为切入点进行实践教学。来自湖北洪湖的同学们考察了以家乡革命史为背景的经典红色作品《洪湖赤卫队》。同学们通过调研考察了解了作品的创作历程和主要内容。作品最早以歌剧形式问世于20世纪50年代，后被陆续改编成电影、电视剧和小说等多种艺术作品。其主要内容讲述土地革命战争时期洪湖地区的人民如何与地主阶级、国民党反动派英勇斗争。当时活跃于此地的红二方面军主力暂时离开此地转移到了别处，国民党保安团和当地地主代表"湖霸"彭霸天卷土重来。党组织领导穷苦百姓组建起地方革命武装洪湖赤卫队，在湖区发挥游击战优势，沉重打击敌人，保卫乡亲。作品具有极高的思想价值和艺术价值。作品塑造的主要角色赤卫队女队长韩英善良朴实、英勇果断、坚贞不屈，是极具代表性的革命女英雄形象。作品将歌唱和表演、音乐和戏剧有机结合，美感充足，感人肺腑，其主题曲《洪湖水浪

---

① 湖北省政协文化文史和学习委员会，湖北省荆楚文化研究会，《荆州文化简史》编撰委员会编．荆州文化简史［M］．武汉：湖北人民出版社，2019：505-507．

打浪》充分展现湖北本地歌曲艺术特色，成为家喻户晓乃至世界闻名的经典音乐。在领略作品之余，同学们还赴故事发生地瞿家湾进行了现场走访，增加了文化体验。通过考察学习，同学们增强了对"概论"课中新民主主义革命思想、"纲要"课中土地革命战争相关知识内容的掌握，也深受革命文化教育，对"德法"课中理想信念、革命道德等内容感受更真切。

三、社会主义先进文化典故融入高校思政课实践教学

文化作为社会意识的重要组成部分，产生于相应的社会物质生活条件即社会存在之上，并受到社会存在的决定性制约。从历史发展趋势角度来看，并非所有文化都属于同一种性质，而是具有明确的先进和落后之分。先进文化就是代表先进的生产力发展要求、符合社会发展的前进方向、体现最广大人民群众根本利益的文化。相应的落后文化就是阻碍生产力发展、违背社会发展的前进方向、背离最广大人民群众根本利益的文化。由于社会与社会意识之间存在着一种不完全同步性和不平衡性，所以，一个社会中总是存在着不同性质文化相互交织、竞争的情形。在一个本质上落后的社会中，先进文化处于弱势地位，需要人们通过自觉斗争来促使先进文化战胜落后文化。而在一个本质上先进的社会中，先进文化处于强势地位，却并不意味着形势一片大好，人们可以高枕无忧。因为此时仍然有落后文化在四处蔓延、伺机而动，同样需要人们采取积极措施，有所作为地创造、传播先进文化，抵制、淘汰落后文化。我们在新时代高校思政课上要着力将社会主义先进文化典故融入高校思政课实践教学，既是在积极地为社会主义先进文化传播做出贡献，也是提升高校思政课教学魅力的必要路径。

从我们指导同学们实际开展的相关思政课实践教学来看，大家在社会主义先进文化融入实践教学的做法大体可以分为两类：即将社会主义先进文化的物质文化典故融入思政课实践教学和将社会主义先进文化的非物质文化典故融入思政课实践教学。

所谓"将社会主义先进文化的物质文化典故融入思政课实践教学"，就是同学们对家乡较知名的以可感的物质外形著称的物质文化典故进行实践考察。来自湖北武汉的同学们实践考察家乡著名的武汉长江大桥。同学们充分了解了这座大桥的修建历史。早在清末民初时，这座大桥的修建计划就进入了中国人的视野中，却碍于旧中国落后的社会条件而难以成功。1949 年之后，在苏联援助下，中央调集全国力量，仅用两年时间，于 1957 年 10 月完成了这座"万里长江第一桥"，既完成了几代中国人的夙愿，也完成了沟通南北的铁路大动脉的战

略目标。同学们还实地考察了大桥，更进一步掌握了它的详细数据，惊叹于大桥历经 70 年大风大浪依旧岿然不动的工程质量。大桥的建筑过程既反映了马克思主义认识论所重视的"实践—认识—实践"的认识发展规律，也体现出典型的系统思维方法论。大桥工程从规划决策、工程实施到运营维护，都是在人们反复的实践思考验证中实际进行的，大桥的建设既可以说"完成了"，也可以说"没有完成"，处在不断发展之中。从中，同学们还更直接地感受到了社会主义改造和建设时期老一辈建设者展现给我们的火热激情和精神力量，也更深刻地理解了社会主义建设时期为中华民族伟大复兴所奠定的重要物质基础。来自湖北宜昌的同学们学习考察了位于家乡的三峡大坝。这也是一项影响深远的"世纪工程"。通过历史梳理，同学们得知，早在 20 世纪 20 年代，孙中山就已经有此设想，其后数代中国人都对此有所着手，但均因各种原因未能真正实施。一直到改革开放后的 1992 年才进入真正的方案规划阶段。历经 14 年艰辛建设，到 2006 年三峡大坝才完全竣工，成为当今世界最大的水利枢纽工程。通过对建设过程的学习，同学们从中更深入地理解了马克思主义唯物辩证法原理。在当初项目论证阶段，曾有 9 位专家拒绝在论证书上签字，因为他们发现大坝的修建不仅仅是工程建设的人力物力耗费技术问题，更深远地涉及周边广大地区近百万人的生产生活、生态环境、人与自然关系等问题，体现出世界是普遍联系的统一整体。当然，大坝修建后的收益也是巨大的。大坝的最主要功能是防洪，保护中下游上亿人的生命财产安全，利在千秋。大坝的其余功能包括带来每年 1000 亿千瓦时的发电量、疏通航道等。工程的论证是将优缺点充分考虑后来进行综合判断，这就是充分把握主要矛盾与次要矛盾、"两点论"和"重点论"相统一方法论的表现。同学们还到大坝现场进行了参观考察，近身领略这一"国之重器"，震撼于其中体现的中国特色社会主义建设的磅礴伟力。来自湖北仙桃的同学们学习考察了家乡著名产品"无纺布"。同学们首先了解仙桃市的发展历史，既认识了该地区自古以来崇尚读书、文脉荟萃的风气，也了解到当地人民长期注重实业、崇尚干事创业的精神，特别是纺织工业是当地改革开放以来的主要特色产业，备受关注。其次，同学们着重考察了无纺布作为新兴产品产业在当地的发展影响。无纺布又称不织布、针刺棉等，是采用聚酯纤维、涤纶纤维材质生产的一种"化工+针刺"产品，应用面极广，包括隔音隔热、口罩、服装、医用和填充材料等。世界范围内无纺布兴起于 20 世纪 80 年代，国内则兴起于 90 年代，仙桃市则在 21 世纪初开始引进并大力发展这一产业。近 20 年来，虽然有过起伏，但这项产业在当地总体取得了良好发展效果。同学们调研了解到，大量民众都在依托此行业实现稳定就业，当地人均收入也大幅上升。时至今日，仙桃无纺布质量全球公认，畅销海内外。特别是在新冠疫情蔓延的三年之中，不仅销量猛增，成为全球医疗设备制造的重要原材料，也为我们取得抗疫成果做出了巨大支持。通过一系列学习走访考察，同学们对家乡文化及发展现状掌握得更清楚，对新时代中国特色社会主义事业发展取得的历史性成就体验得更具体，也更加坚定了建设家乡、建设国家的信心信念。来自湖北咸宁的同学们考察了家乡特产桂花。同学们通过走访和查阅资料，了解了家乡栽种桂花的悠久历史。据史料记载，当地桂花栽种已有千年之久，至今一些村落还留有树龄近千年的古桂花，迟至500年前民间就有了酿制桂花美酒的传统。恰逢仲秋季节，同学们实地参与了当地的"打桂花"传统习俗。大家一起拉着布棚，手执长竿，攀上桂树，或在枝头摇晃，或在树下用竿拍打，桂花浓香笼盖四野，人们的欢声笑语飘荡山间，一派热闹喜庆气象。漫步于咸宁城市之中，大街小巷弥漫着沁人的桂香，路旁树上也点缀着星星点点花朵，空中还时不时飘落着桂花香雨，让人十分清爽惬意。同学们还实地考察了桂花特产的制作和销售，包括桂花酒、桂花糖、桂花茶、桂花蜜、桂花糕和桂花香料等。整个学习考察，让同学们深入了解了当地将桂花这一产业文化做大做强的历程，大家更深刻把握了当地成功将传统习俗、本地特产、生态保护、旅游规划和百姓劳动就业等要素有机结合起来的有效举措，对新时代中国特色社会主义建设新征程的理解更清晰，信心更强。

　　所谓将社会主义先进文化的非物质文化典故融入思政课实践教学，就是同学们对家乡著名的、主要以非物质形态著称的文化典故进行实践考察。来自河南安阳的同学们考察了家乡林州市的红旗渠工程和红旗渠精神。通过走访及查阅资料，同学们较为细致地了解了红旗渠的修筑历史。工程兴建于20世纪60年代，正是严重的三年自然灾害肆虐之时，林县人民在当地县委书记杨贵等人的带领下毅然开始艰辛的水渠建设。整个工期持续十年，不仅粮食物资缺乏，技术装备也极其落后，但全体参战干部群众自带干粮、苦干巧干、前赴后继、不怕牺牲，靠着炸药和锄头一点点敲，完成了一个又一个不能完成的任务，成功将山西省浊漳河的清水跨越崇山峻岭引到了河南林县。红旗渠的建成，彻底改善了林县人民恶劣缺水的生存环境，解决了数十万人吃水问题和数十万亩耕地灌溉，是当地人心中的"生命渠""幸福渠"。红旗渠的建设凝结成宝贵的"红旗渠精神"，其内涵是"自力更生、艰苦创业、团结协作、无私奉献"。同学们到当地参观了红旗渠精神展览，看到一幅幅珍贵的历史照片，一个个沙盘模型，以及部分当年修渠的工人们用过的提灯、垫肩、穿过的棉袄，更具体回顾和领会了红旗渠精神的孕育、形成、发展过程。从中，大家进一步理解人民群众在历史发展中的作用、人民群众是历史的创造者的重要原理。特别是，林县人民在红旗渠建设中既创造出巨大的物质成果造福一方，又创造出宝贵的精神财富光耀历史，更让大家倍加敬仰。来自湖北武汉的同学们考察了当地退休老人的爱心故事。这就是武汉市黄陂区马旭老人夫妇俩无偿向教育局爱心捐款的感人事迹。马旭出生于 1933 年，是 1949 年前参加革命事业的女英雄，曾是全军第一名女伞兵，也是抗美援朝战场上救死扶伤、屡立战功的女军医。马旭老人与同为解放军离休干部的丈夫二人一生勤俭节约，生活简朴，住在部队旁一个低矮小院中，用的是几十年前的旧家具，从不买新衣服，也不逛商场，却把收入都积攒起来捐给了社会。2018 年、2019 年，二人分两次向老家黑龙江省木兰县教育局捐款 1000 万元，引起巨大的社会反响。通过学习考察，同学们被两位老人的善举深深打动，更真切地领会到了社会主义核心价值观在新时代中国特色社会主义实践中的伟大践行，认识到了青年学生在物质消费日益膨胀的社会中如何坚守内心宁静的学习榜样，坚定了自己应投身社会主义建设、为社会贡献更多价值的信念。来自湖北荆州的同学们学习考察了家乡特产汉绣。汉绣是发源并流行于湖北江汉平原一带的国家级非物质文化遗产。同学们具体考察了汉绣的产品，领略了汉绣构思大胆、色彩浓艳、画面丰满和装饰性强等楚风遗韵特点。从精神层面而言，汉绣反映出自古以来楚地人浪漫旷达的性格色彩，追求明媚锦绣、金碧辉煌的美学追求。同学们也审视现实，发现了汉绣在当代发展存在着不容乐观的问题。这里面既有过于复杂的文化内涵尚不能被当代人相对简易地把握的内在问题，也包括部分汉绣厂家和商家急功近利、粗制滥造所导致的外在问题。同学们从哲学层面进一步理解到了对立统一规律的内涵。这一规律揭示，无论任何事物，事物内部以及事物之间都包含着矛盾。矛盾双方的统一与斗争，推动着事物的运动、变化和发展。汉绣的历史与现状正反映了这一问题。同学们还从政治经济学角度深入理解了价值规律及其作用的认识。汉绣作为文化产品固然有其自身不容忽视的文化意义，但当其作为产品投入市场时，则需要充分考虑到其使用价值与价值间的矛盾问题。汉绣以往的品牌效应是建立在较高的使用价值质量和供不应求的市场状况之上的。但如果总是简单以过去的情形为参考来进行今天的汉绣开发与发展，则难免会陷入困境。

第四节 优秀文化典故资源融入高校思政课教师培训的探索

教师是高校思政课建设的重要主体，是高校思政课教学的主导。从提升高校思政课教学魅力的角度来看，对教师本身的相关培训是需要持续抓好的关键环节。因之，我们应探索建立优秀文化典故融入高校思政课教师的培训和激励机制，通过让教师队伍不断增强自身对优秀文化典故资源的吸收与运用，从而提升高校思政课教学的"可持续魅力"。就这方面的工作来看，主要应从地方教育主管部门和高校本身两个层面入手，将文化典故培训纳入思政课教师培训体系中，在培训方案编制、教材编写、行程规划等方面增加全国知名、本地特色的风土、人物、语言和精神等方面的优秀文化典故相关内容。

一、教育厅组织的思政课教师培训中优秀文化典故资源的运用

由各省定期组织思政课教师培训是思政课建设系统工程的应有之义，将优秀文化典故资源运用于其中亦是值得探索的选项之一。中共中央办公厅国务院办公厅 2019 年印发《关于深化新时代学校思想政治理论课改革创新的若干意见》（以下简称《思政课改革创新意见》）中专门提出"切实提高思政课教师综合素质"这一指标，明确要求"在中央党校（国家行政学院）及地方党校（行政学院）面向思政课教师举办学习习近平新时代中国特色社会主义思想专题研修班"[1]，"完善国家、省（自治区、直辖市）、学校三级培训体系"。[2] 正是在这样的文件精神指导下，H 省在 2022 年精心举办了"2022 年学校思政课教师学习习近平新时代中国特色社会主义思想专题研修班"，在培训过程中通过多种方式，在众多环节都强化了优秀文化典故资源的运用，起到了很好的培训效果。

首先，H 省教育厅思政课教师培训中设置专门的"金课示范"展示环节，充分融入优秀文化典故资源发挥引领示范效应。H 省教育厅在全省范围内进行了一次"金课示范"建设活动，让各高校结合自身专业特色，选取最典型案例和数据，以 TED（Technology，Entertainment，Design，即技术、娱乐、设计）演

---

① 中共中央国务院文件. 关于深化新时代学校思想政治理论课改革创新的若干意见［N/OL］. 新华网，2019-08-14.

② 中共中央国务院文件. 关于深化新时代学校思想政治理论课改革创新的若干意见［N/OL］. 新华网，2019-08-14.

讲方式制作课件并进行讲课展示。W学院是一所以铁路交通为特色的职业技术学院，他们结合本校特色，制作了"速度中国"示范课。该示范课主轴是近代以来中国铁路建设的发展历程，回顾中国铁路交通事业巨大变化。融入其中的文化典故既有晚清洋务运动时期铁路建设的艰难起步，也有国民党统治时期铁路建设的步履蹒跚，更多聚焦于1949年后的铁路建设的重大成就。包括新中国第一条铁路成渝铁路、贯通南北大动脉的武汉长江大桥、第一条穿越沙漠的铁路包兰铁路等，展现出社会主义建设时期的中国速度；包括京九铁路、第一条跨海铁路粤海铁路、第一条高铁京津城际高铁以及和谐号、复兴号的飞速建设等，展现改革开放以来中国特色社会主义建设的日新月异。同时，由铁路建设扩展开去，该课程还展现了当代中国在经济总量、工业制造、粮食产量乃至疫情防控等方面的全方位的高速发展，反映出中华民族伟大复兴的"中国速度"。H大学是一所以农学研究为专长的全国"双一流"学科高校，他们结合学校特色，制作了"耕读中国"示范课。该示范课主轴是以世界性的粮食问题为视角，回顾中国农业生产方面的发展历程及成就。融入其中的文化典故既有历史性、政治领域内的土地革命与改革回望，也有各种现代农业产业科技成果展示，更有一代代可敬农民和农业科学家们的辛勤探索。土地革命、联产承包改革、农业税费改革、农村脱贫攻坚和乡村振兴，构造起中国农业产业的主要发展脉络。黑龙江呼玛县的高纬度水稻、甘肃酒泉的沙地农产品、新疆棉花、"绿色超级稻"和盐碱地油菜等，绘制出"藏粮于地、藏粮于技"的现代农业战略举措与成就。以"共和国功勋"袁隆平院士为代表的杂交水稻研究及万千人员的贡献付出则更展现出全体人民共创美好生活的时代强音。Z大学是一所以地质学研究为专长的全国"双一流"学科高校，他们结合本校特色，制作了"地理中国"示范课。该示范课主轴是以近代中国地理探索和石油地质勘探为起始，回顾中国大地上石油等矿产能源勘探开采的历程与成就。融入其中的文化典故既有旧中国不堪回首的山河破碎中地质勘探各种屈辱，也有新中国成立以来重整山河屡创地质勘探记录的艰辛，更有改革开放以来中国地质勘探、能源开采方面的骄人成绩。这里面最引人入胜的典故正是方志敏烈士《可爱的中国》的文章朗诵及解读。课程在最开头就将《可爱的中国》中最华彩、最壮丽的文字配图配乐作为导入，确实让观众体会到强烈感官冲击和刻骨的情绪感染。中间则有20世纪初美国、日本得出中国为"贫油国"结论和李四光等科学家发现大庆油田等高产油田的强烈对比，反映出中华民族儿女热爱祖国、不甘人后的斗志。其后课程展现了当今中国对高山峡谷、广袤海洋和星辰大海的壮丽探索征程。最后的结尾，课程以当代中国已取得的成就呼应烈士当年遗愿，首尾呼应，进一步激励起学生们继承革命先烈遗志勠力前行的志向。W 大学是一所以纺织及相关研究为专长的省属"双一流"学科高校，他们结合本校特色，制作了"尚美中国"示范课。该示范课主轴是以古代以来中国纺织发展历史为线索，回顾总结中国人追求创造美好生活的历程与成就。融入其中的文化典故围绕纺织从物质文化、精神文化两大方面分别展开。就纺织方面的物质文化来看，该课程既讲到了古代纺织技术技艺之高超，也讲到近代以来纺织工业的现代转化，更多方面展示了当代中国在纺织高科技方面的突出成就。这里面特别强调了古代"丝绸之路"带来的东西方交往交流贡献，旧中国错过纺织业技术改造及整个工业革命的遗憾，更聚焦了新中国成立后大力发展纺织工业带来的"后发制人"，更让人骄傲的就是该高校参与"嫦娥五号""天问一号"航天工程中研发的纺织材料最新成果，领先世界。就纺织方面的精神文化来看，该课程既有原始传说中的纺织记忆、古代《诗经》中的纺织描述，有极乐图轴、印金绸袄、素纱禅衣等古代中国人在纺织方面展示的艺术创造，更有当代中国在服装设计制造方面五彩斑斓、百花齐放的精彩成就。这里面充分反映出新时代中国人在物质和精神两方面对美好生活的全新向往与追求。

其次，省教育厅思政课教师培训设置每日上、下午的开场小组表演环节，鼓励老师们创新方式方法运用优秀文化典故资源。此次两期思政课教学培训的一个主要方式就是将全体参训老师分为小组开展活动。考虑到学员之间充分交流的需要，主办方将来自全省不同地域、不同层次类型学校和不同职称级别的老师们重新编组，确保每个小组的成员能充分涵盖各个地域、各个层次类型和各个职称级别。以小组为单位展开的活动主要分为培训进行中和培训结束时两个时间段来实施。其中，培训进行中的小组活动，就是让每个小组集中进行一次全体参与的表演展示。表演形式不做限定，大家可以在集体朗诵、集体合唱、舞蹈表演包括"三句半"等形式中自由选择组合。表演内容则限定在优秀文化典故的范围之中，从优秀传统文化、革命文化和社会主义先进文化中进行选择并改编设计。从实际表演状况来看，老师们踊跃积极，将 3 至 5 分钟时间尽情利用，纷纷将各种形式熔为一炉进行表演，采用最多的组合为"朗诵+歌唱+舞蹈表演"的形式。老师们选取的朗诵内容主要聚焦于毛泽东同志经典诗词《沁园春·雪》《沁园春·长沙》《七律·长征》《念奴娇·昆仑》《人民英雄纪念碑题词》等诗词，李大钊烈士的红色经典散文"青春"、方志敏烈士经典散文"可爱的中国"等文章，还有习近平同志的诗词《念奴娇·追思焦裕禄》也备受青睐。老师们选取的歌唱表演音乐主要包括红色革命歌曲《歌唱祖国》《英雄赞歌》《洪湖水浪打浪》，新时代红色歌曲《我们都是追梦人》《大中国》《中国人》《中国梦》和《万疆》等歌曲。以最终的效果检验来看，此表演环节的设计十分成功，老师们的文化素养、表演能力和创新创造能力都得到充分激发与提升，同时也极大活跃了整个培训的气氛，增进了老师们之间的情感情谊。

最后，省教育厅思政课教师培训中培训设置结业时的小组汇报环节，检验老师们对"金课师范"的掌握状况及优秀文化典故资源的运用效果。"金课"制作是贯穿整个培训过程的小组任务，老师们在培训开始时就集体观摩了上文四所大学制作的"金课师范"展示，之后就利用课余时间开始集体设计制作本小组的课程展示。这个过程也是一个难得而艰辛的锻炼机会。老师们不仅集思广益确定主题，还分工协作进行框架创作、素材搜集、课件制作、技术调整，而且还要反复进行试讲打磨，直到达到最佳效果。从最终的实际展示来看，近30个小组的金课展示主要分为四种类型。第一种类型是直接从高校思政课中的某一门课教材中选取一个讲课片段，结合优秀文化典故资源进行再创作。"强军中国"课程选取的文化典故有历史上"抗美援朝"战争的上甘岭战役，有现实中发生的"佩洛西窜访台湾事件"，有中印边界冲突中英雄团长祁发宝捍卫领土的情形，有牺牲战士陈祥榕名言"清澈的爱，只为中国"，有历史与现实的对照图片《两个"辛丑年"的对比》，有现实中对比图片"中国也门撤侨中的女孩与叙利亚内战的外国女孩"等内容。一系列发人深省的资料凸显出我国国防建设的经历与傲人成就。"提高国家文化软实力"课程选取的文化典故有向国外输出丝绸、瓷器和文化观念及制度的古代"丝绸之路"，有被翻译成多国语言走向世界的典籍《文心雕龙》；也有现实中引人关注的故宫"看门人"、带领故宫开发文化创意品的馆长单霁翔、凭借热爱和坚持登上诗词大会冠军宝座的外卖小哥雷海为等人物事迹。第二种类型是以本地区优秀文化典故为主题进行设计制作与讲解。"党需要我去哪里，我就去哪里"是以共和国勋章获得者张富清老人为主题设计的金课。在课程中，老师们通过影音和文物照片重现了张富清从战场英雄隐姓埋名到偏远山区从事建设、无私奉献带领当地老百姓不懈奋斗的历程。习近平亲切接见老英雄并给予高度评价，老人的表明心志的原声也在课程中直接呈现，配以悠扬的音乐，讲课现场十分感人。第三种类型是结合本校特色专长选取优秀文化典故进行设计制作与讲解。"康养中国"是 H 高校作为医药型高校创作的展现本校特色的课程展示。课程扼要梳理了中医药的历史发展过程。从上古传说的"神农尝百草""药食同源"典故到春秋战国时期扁鹊奠定中医临床诊断和治疗的理论基础，再到张仲景、葛洪、孙思邈、李时珍等名医辈出的鼎盛时期，中医中药成为古代中国人抗疫防病的独门秘籍。进入现代，中医药蓬勃发展。诺贝尔奖获得者屠呦呦正是从中医古籍中得到启示，才成功提炼出青蒿素，拯救亿万人生命。在抗击非典型肺炎和新冠肺炎疫情战役中，中医药广泛参与其中，取得了良好疗效，成为抗疫"中国办法"的重要组成部分。第四种类型是结合本校思政课创新成果选取优秀文化典故进行设计制作与讲解。"生命长江之长江战略"是 C 大学打造的获得过国家级"金课"课程"生命长江"的节选部分。在课程中，老师们以长江流域为聚焦点，全面审视中华民族文化、历史发展历程。课程总结了古代以来长江流域形成的巴蜀文化圈、荆楚文化圈和江南文化圈这三大文化圈，反思了近代晚清与英国在长江畔签订《南京条约》的屈辱，回顾了中国共产党在位于长江流域的上海和浙江嘉兴南湖的诞生，展开中国共产党与长江的百年情缘。新中国成立后，以毛泽东为代表的中国共产党人保护和利用长江为民造福，开创了"一桥飞架南北，天堑变通途""截断巫山云雨，高峡出平湖"的世界壮举。进入中国特色社会主义新时代，以习近平为代表的中国共产党人，谋划长江大保护，坚持"共抓大保护，不搞大开发"，实施高质量发展大战略，带领长江流域与全民族一起踏上新的征程。

二、高校组织的思政课教师培训中优秀文化典故资源的运用

高校定期组织思政课教师培训同样是国家大力提倡鼓励的思政课建设的必要措施，将优秀文化典故资源运用于其中以提升教学魅力更是必备内容之一。前文提到的《思政课改革创新意见》中明确强调，"本科院校按在校生总数每生每年不低于 40 元，专科院校按每生每年不低于 30 元的标准提取专项经费，用于思政课教师的学术交流、实践研修等，并逐步加大支持力度。"[①] 教育部颁布的《普通高等学校马克思主义学院建设标准（2019 年本）》中明确规定，"学校在保障学院正常办公经费的基础上，按在校生总数每生每年不低于 20 元的标准提取专项经费，用于思想政治理论课教师的学术交流、实践研修等，并随着学校经费的增长逐年增加。专项经费安排使用明确，专款专用"[②] "建立一批

---

① 中共中央国务院文件．关于深化新时代学校思想政治理论课改革创新的若干意见［N/OL]．新华网，2019-08-14.

② 教育部．普通高等学校马克思主义学院建设标准（2019 年本）［Z］. 2019.

'新时代高校思想政治理论课教师研学基地'，组织思政课教师在国内考察调研，在深入了解党和人民伟大实践中汲取养分、丰富思想。"① 这一系列文件的内容大同小异，为高校组织思政课教师培训在经费保障、方式方法乃至内容选择方面都已然有了相对细致的规定。高校利用国家政策提供的经费、政策与机遇，正可以加强优秀文化典故资源在其中的运用，实现全体思政课教师素质改善提高，从而不断提升高校思政课教学魅力的目标。笔者所在高校从 2016 年开始，连续 6 年组织马克思主义学院全体教师分别赴湖北红安、陕西延安、湖南湘潭、贵州遵义、江西瑞金、福建长汀、古田、广西桂林和河北石家庄开展暑期专题研修，其中大量融入了优秀文化典故资源以强化培训效果，收效良好。

　　教师们持续开展实践考察，有利于增强真实体验。通过到现场实地重温丰富的优秀文化典故，教师们不断增强了对悠久历史、革命历史、改革开放伟大成就的真实体验。在福建长汀，老师们亲身造访了红军长征出发地，真实体验了那场艰难远征的当时状况。通过导游声情并茂地介绍及一手资料现场勘查，老师们才知道，红军长征并非是一个规划得清清楚楚、界限分明的远征，更多的是面对敌人大兵压境，殊死血战的过程。在福建长汀县中复村有"万里长征零公里"处的石碑，其背后就是中央红军开始长征的序幕——松毛岭血战。横亘于长汀与连城交界处的松毛岭，海拔 955 米，该岭以东是连城、上杭、龙岩，以西是长汀、瑞金。1934 年秋，中央苏区第五次反"围剿"进入最艰难的阶段，国民党 50 万军队向中央苏区推进，松毛岭成了中央苏区东线最后的屏障。红一军团奉命派四师增援兴国战场，红军撤离温坊，红九军团和红二十四师共6000 余兵力守卫松毛岭一线。松毛岭之战，成为红军长征前在闽的最后一战，在这座山岭，一万多名红军将士用自己的生命为中央红军实施战略大转移赢得了宝贵的集结和转移时间，以福建子弟为主要人员的红九军团第二十四师几乎全员牺牲。牺牲的战士绝大多数除了自己的尸体，什么都没有留下，就这样献出了最宝贵的青春生命。他们甚至也不清楚自己的牺牲正是在为一次伟大的长征作掩护，只是单纯地为自己入党、加入红军时的那份初心使命而战斗。在广西桂林、全州的实地考察中，老师们到访了红军长征中最惨烈的湘江战役旧址。老师们才更细致地了解了这场血战的真实情形。当时中央红军在国民党中央军、湘军和桂军的围追堵截下，从大坪、屏山、界首和凤凰嘴四个渡口渡江。几个

---

① 中共中央国务院文件. 关于深化新时代学校思想政治理论课改革创新的若干意见［N/OL］. 新华网，2019-08-14.

主要渡口本身离主战场远，一般又采取了昼伏夜出的渡江方法，总体还是比较安全的。真正惨烈的是外围阻挡敌军进攻的新圩阻击战、脚山铺阻击战和光华铺阻击战三大阻击战阵地。特别是在湘江对岸负责断后的红三十四师尤其壮烈。在红军主力渡江成功后，三十四师陷入敌人重重包围，全师6000多人大部分牺牲。师长陈树湘中弹后被敌人抓住，不愿屈服的他硬生生地扯出自己的肠子绞断后牺牲，年仅29岁！突围而出的韩伟、胡文轩和李金闪在弹尽援绝的情形下跳崖牺牲！在贵州学习考察过程中，老师们沿着遵义、娄山关、苟坝和茅台等红军长征遗址一路追随，体验着沿途地形地貌的险峻，看着红军当年的衣着装备遗物，老师们不住地发出慨叹。面对敌人穷追猛打，连续十多天强行军，食不果腹、衣衫褴褛，甚至连下一步往哪里走都不是很清楚的红军战士，咬住青山不放松，用超出生理极限的意志完成不可想象的旷世壮举。在江西瑞金考察时，老师们了解到了毛主席为老乡大妈雷厉风行办实事的小故事。仅仅只因为一名普普通通大妈随口的一句话，日理万机、身体状况不佳的毛主席记在了心里，特意安排同志们为大妈改造房间开天窗解决采光问题。老师们由此想到，作为每年肩负几百名学生学业成长的自己，如何将学生的需求放在心里，走近学生身边，走进学生心里，做到因地制宜、因人而异的因材施教。在福建长汀中复村红军桥，老师们现场听到罗云然老人为了革命的胜利毅然决然将自己的六个儿子送上战场的故事、钟根基老人替牺牲战友尽孝的故事同样深受触动。钟根基是参加二万五千里长征的老红军，也是在抗日战争、解放战争和抗美援朝战争中屡立战功的老英雄。战争结束时已是团职干部的他，想起了参军时和同村战友们一起许下的"谁活着回来谁就负责为没有回来的兄弟父母养老送终"的承诺，他主动放弃了政府给予的各种优厚待遇，毅然辞官解甲回乡，把后半生都用来为村里烈士父母尽孝送终，为群众做实事。老师们纷纷反躬自省，警醒自己在生活工作中也不能忘记初心，尽心尽职做好思政课教师的光荣工作。在河北保定，老师们参观了直隶总督府和保定军官学校，这两处历史遗址正是近代中国众多历史事件的发生之地，是悲壮历史的见证之地。这也正是中国共产党诞生的时代背景，从中可见共产党人立下初心使命时的艰难背景和心路历程。在河北易县，老师们历经坎坷，爬上了险峻无比狼牙山，既体验了盛夏登高山的严酷、打磨了身体意志，更沿路瞻仰了五勇士当年与日寇殊死搏斗、壮烈跳崖的处处遗迹，回顾了当年那场惊心动魄的抗日战斗。河北正定县城是习近平在基层任职的重要一站，老师们去考察之前通过一些资料学习了习近平在这里做过的一些重要事业，而到了当地之后，大家既通过实地考察加深了崇敬，又了解到了更多新信息，增加了新的敬仰钦佩。以前老师们以为正定只是一座无名县城，来了才知道原来这里是一座千年古城，拥有"九楼四塔八大寺，二十四座金牌坊"，小小县城中保存着数不清的文物古迹。整个县城保持着十分鲜明的古朴特色，将历史真迹与现代生活设施完美结合，整座城市充满着浓郁的古典人文气息，堪与国内一些名气极大的古都媲美。这一切都是在几十年前习近平任职时确定的规划，打下的关键基础，并一直坚持至今。由习近平力主引进的荣国府项目，以远超当时人们的战略眼光，为小县城打造起了享誉中外的国际形象标志。特别是荣国府项目建设时间较长，在他离开正定后才完工并开门营业。他虽然没有亲眼看见工程的竣工，但却给后来人们留下了宝贵财富。从中，老师们更深体会到"功成不必在我""功成必定有我"精神的内涵与价值。

教师们持续开展实践考察，有利于提高思想水平。通过实践考察品味体验优秀文化典故，教师们在过程中接受精神洗礼，持续提高了思想水平。在福建长汀考察时，老师们被一些数据所震撼。资料显示，闽西地区先后有10万工农子弟参加红军和赤卫队，参加长征的中央红军主力8.6万人中有2.6万闽西儿女，而到达陕北时仅存2000多人。这个让人触目惊心的数字背后，既反映出当年老区人民一往无前、不怕牺牲的革命英雄气概，也从根本上道出了共产党领导红军取得长征胜利乃至革命的重要源泉。依靠人民，造福人民，是中国共产党发展壮大的根本所系。在贵州息烽集中营遗址考察时，老师们看到集中营的残忍刑具设置、非人般的生活条件也不禁悲从中来。大家都想到，那里面当年所关押的一批批革命志士，很多都是在社会上有一定经济社会地位的政界、学界知名人士，他们又为何甘愿放弃自己已经获得的种种舒适生活，在堪称人间地狱的集中营中忍受各种惨无人道地折磨？面对那些连幼儿弱女也不放过的人间魔鬼，他们为何能做到严丝合缝地遵循入党誓词，竟无一人改变信仰，无一人叛变革命？老师们从中体会到革命志士们的坚定信仰，有一个根深蒂固的实践与思想基础，那就是从内心深处认清了旧中国黑暗的本质，从价值判断的层面对所生存的社会持一种坚决否定的态度。在这种否定性价值取向指引下，他们对当时的社会现实充满着绝不妥协的批判、抗争意志。他们愿意付出最高代价来毁灭这个罪恶的旧社会，建立一个崭新的、充满光明、符合人性的新社会。这种思想认识应该是他们所有超出常人言行的最根本的力量源泉。他们这种认识，在思想层面，正与指导中国革命胜利的马克思主义指导思想高度吻合。如众所知，马克思恩格斯生活的19世纪，正是资本主义高速发展的时期，同时也是资本主义罪恶肆意蔓延的时代。马克思恩格斯在发现这一罪恶社会的本质之后，也以充分的正义感和绝不妥协的态度对黑暗的社会现实猛烈开火。同时，他们以唯物史观为基础，推理出科学社会主义的光明前景，全副身心投入到对未来美好社会的建设中去。另一方面，他们的抗争态度也与他们切身所处的遭遇高度吻合。不管是长征途中敌人疯狂的围剿还是集中营中特务们灭绝人性的兽行，事实上正印证了他们对社会现实黑暗的判断。换句话说，敌人表现得越猖狂和残忍，就越证明他们价值判断的正确性，同时也就加强了他们抗争言行的正义性。这样一来，虽然在生理上、肉体上他们都受到非人折磨，但是越受折磨，就越让他们坚定自己的判断，从而就越坚定他们的信仰。从这个角度讲，他们为什么可以做到"革命理想高于天"？因为在他们眼中，这个"天"已然是一片黑暗之天，没有必要接受和服从，而是要改天换地，"为有牺牲多壮志，敢教日月换新天！"革命志士们以切身经验体会证实了他们对旧中国社会黑暗现实的价值判断，因而更加深了要反抗的意志！在河北易县和唐县考察时，老师们整体上重温"抗战精神"，同时还有狼牙山精神、白求恩精神，对其中所包含的爱国情怀，民族气节，血战到底的英雄气概，坚忍不拔的必胜信念，毫不利己、专门利人无私奉献的精神，英勇顽强的战斗作风，宁死不屈的崇高精神品质等都加深体会。在西柏坡，老师们深刻领会西柏坡精神所包含的敢于斗争、敢于胜利的开拓进取精神；依靠群众和团结统一的民主精神；戒骄戒躁的谦虚精神、艰苦奋斗的创业精神。在雄安新区，老师们认真学习爱国爱家、顾全大局、重诺轻死、豪侠仗义、敢于担当、善解难题、勇于创新、能成大事的雄安精神。这些丰富的精神养料，成为老师们日常生活与工作中极其有力的精神支柱。在江西瑞金，老师们通过博物馆的文物和讲解员介绍，被"共和国第一军嫂"陈发姑的事迹所深深触动。1894年10月，陈发姑出生在当时的瑞金县武阳区石水乡下山坝一个贫苦农民的家庭，出生不到7个月，母亲就撒手人寰离她而去。两岁时，不堪重负的父亲把她送给穷苦人家朱家的独子朱吉熏做童养媳。两个小孩青梅竹马，在陈发姑19岁时，他们结成了恩爱夫妻。1931年，陈发姑夫妻和其他瑞金老百姓一样，迎来了当家做主的好日子。那一年，陈发姑动员丈夫参加了红军。1934年，由于红军第5次反"围剿"失利，党中央紧急动员各级筹集部队行军物资，为战略转移做准备。几个月后，朱吉熏所在部队奉命北上，开始举世闻名的二万五千里长征。红军北上后，国民党军队重新占领瑞金，对革命群众展开疯狂迫害，陈发姑不幸被捕。敌人严刑拷打她，但她始终坚守承诺，挺过敌人折磨，顽强地活了下来，开始了十几年的逃亡生涯。新中国成立后，政府通过调查，认为朱吉熏可能在长征途中失踪或牺牲。但陈发姑却始终不放弃，坚持每年为丈夫打一双草鞋，即便双目失明也未间断，直到第 75 双草鞋。等候了丈夫整整 75 年后，陈发姑老人在 2008 年 9 月在睡梦中安然逝去。这段故事深深印在所有老师们脑海之中。大家不仅感动于革命先烈的牺牲，更是被他们这种看似朴素却无比珍贵的人间真情触及内心灵魂深处。

教师们持续开展实践考察，有利于获取生动教学素材。通过实践考察接触大量优秀文化典故资源，教师们收集到多种多样的生动教学素材，直接运用于思政课教学之中，改善教学效果。在陕北延安市的延川县，老师们到访梁家河村，实际感受了习近平的初心成长历程。习近平出生于革命家庭，从小接受长辈教导就是不能在温室中长大，要在社会实践的大风大浪中接受锻炼。当年，来到梁家河插队时年仅 15 岁，从一位在大城市长大的少年直接变成边远穷困山区的农民，这中间的挑战是十分巨大的。用他自己的话结合当地老乡们的回忆可知，习近平以不怕吃苦、扎根农村的态度连续过了跳蚤关、饮食关、思想关、劳动关、生活关等难关，历经 7 年时间，从一个身体瘦弱、思想懵懂的少年，成长为身强体壮、社会经历丰富深刻、共产主义理想信念无比坚定的优秀青年！老师们还专门参观了习近平与知青们当年的简陋住所、带领全村人修筑的水利工程、自费学习并修建的全省第一个沼气池、用个人奖品换回的集体农机器具等旧址及文物，加深了对习近平当年经历的直接体验。大家从中深受启发，为"德法""原理"等课程中讲授共产主义理想信念、青年人立志立向等内容积累了大量典范性素材。优秀传统文化及其现代转化是老师们每次考察的必经项目，收获也非常大。在湖南考察时老师们专门造访了岳麓书院、橘子洲、天心阁；在广西考察时，老师们参观了千古第一运河"灵渠"、闻名中外的象鼻山、甲天下的漓江等；在贵州考察时，老师们参观了青岩古镇、贵阳孔学堂；在福建考察时，老师们参观了长汀古镇、贡院等；在河北考察时，老师们参观了保定直隶总督府、正定古县城、"荣国府"等古迹遗产。这些宝贵经历和资料收获，为老师们理解及讲授"吸收借鉴优秀道德成果""马克思主义基本原理同中华优秀传统文化相结合""促进中华优秀传统文化创造性转化和创新性发展""坚定文化自信，繁荣发展社会主义文化"等内容提供源源不断的生动素材。特别是老师们在了解到一些著名革命旧址的历史渊源及后来发展经历时，更加深了对相关问题的理解与表达。在贵州遵义考察时，大家注意到了遵义会议旧址原先是黔军师长柏辉章所建的府宅。古田会议会址最初也是当地大户人家廖姓家族所建的"廖氏宗祠",又名"万源祠"。从本质来看,宗祠正是一种带有封建社会大地主家族强烈印记的意识形态产物,既带有旧的宗法社会的色彩,又是一种对同族百姓具有思想统治作用的上层建筑。如果按照某些形而上学思维的"革命者"思维,对这样的建筑那肯定是要除之而后快的。但是以毛泽东为核心的共产党人具有充分的唯物辩证法思维,不仅没有鲁莽地摧毁这些旧建筑,反而是对其大加利用。资料显示,这一祠堂先是改为和声小学校址。在 1929 年五月,红军第一次挺进闽西古田,将其改名为"曙光小学"。同年 12 月,毛泽东同志主持的红四军第九次代表大会在此召开,通过了具有历史意义的古田会议决议案。由以上变化历程我们可以看到,"廖氏宗祠"如果没有经历古田会议这样的历史事件,最终就将作为一栋普通的民间建筑而淹没在历史的尘埃之中,是不可能达到名垂青史的地位的。这一建筑的命运历程,向我们清晰展示了旧事物是怎样经历实践,蜕变为熠熠生辉的新事物的。"廖氏宗祠"这一旧建筑的命运之所以发生巨大逆转,主要原因当然在于共产党人遵循历史规律,把握初心使命的主体能动性,发现并发挥了这一旧建筑的价值,但也离不开"廖氏宗祠"作为旧建筑本身所具有的优点。廖姓地主将其作为宗祠来修建,自然是耗尽心力达到精益求精,使得这一建筑无论是地理位置、建筑质量、宽敞度、采光度及精美度都达到当时当地的最高水准,也正是这样的优秀质量也才保证了它能最终被红军选中,成为重大历史事件的承担者。显然,"廖氏宗祠"所具备的这些优点,正如同我们所说的旧事物具备优点,也如同我们今天所谈论的传统文化中那些优点,汇集的是旧时代中某些难能可贵的精华,不仅不能一笔抹杀,反而对我们后来人的发展大有裨益。在福建长汀,老师们参观了当时著名的"红军医院",其前身正是带有教会性质的"福音医院";长汀县苏维埃政府原址也是当地明清两朝的考秀才的"试院"。在江西瑞金叶坪村,老师们参观了中华苏维埃临时中央政府旧址,同样也是曾经的"谢氏宗祠"。这一系列的情形使得老师们更明确,共产党人的初心使命具有强大生命力,在其指导之下,我们的革命、改革、建设不但善于创造原先没有的新事物,也善于挖掘、重塑原先已有的旧事物的精华与优点,代表了整个世界向前运动、发展的方向与趋势。从另一个侧面,这也让老师们对于理解习近平所说的推动优秀传统文化的创造性转化和创新性发展这一道理有更形象鲜活的认识。老师们考察中的另一个素材收获就是直接接触到了以往在教科书纸面接触过的众多经典旧址。在湖南湘潭考察时,大家亲临了毛主席在韶山冲的故居,参观了毛主席写《到韶山》的"滴水洞"原址,到湘潭、长沙城内参观了他求学的东山学校、湖南一师;在江西考察时，大家亲临了毛主席撰写《星星之火可以燎原》等重要文章的"八角楼"，《才溪调查》《寻乌调查》诞生之地，提出"没有调查就没有发言权"的原地点；在贵州考察时，大家追寻红军脚步，重温遵义会议及苟坝会议场景、见识四渡赤水的原地原貌；在陕北考察时，大家登上宝塔山、俯视延水河，游历枣园、追忆党的七大旧址；在河北考察时，大家参观七届二中全会召开的复原旧址，瞻仰《团结就是力量》最早唱响的北庄村等。这些直接经历让老师们很快代入了"概论""纲要"等思政课重点讲述的知识点内容，很多东西再讲授时就不再是简单的字面理解和大脑想象，而可以添加更多有血有肉的细节和自身的全新感悟。

余　论

　　本研究所聚焦的核心主题是优秀文化典故资源融入高校思政课建设问题，其内在包含的一种"双向奔赴"的逻辑结构。从高校思政课建设特别是提升教学魅力的要求来看，迫切需要引入并借鉴以优秀文化典故为代表的众多文化资源；而从优秀文化典故为代表的文化资源来看，同样需要高校思政课教学这样的合理路径、合理方式来予以充分挖掘并发挥其固有价值。

　　高校思政课是实现立德树人根本任务的关键课程，而立德树人也正是文化本身的重要属性之一。依据唯物史观原理，人与文化之间存在着一种双向建构的关系。人是创造文化的主体，文化则是塑造人的主要途径。

　　作为文化唯一的创造者，人这个主体对文化的建构表现为两个方面。第一，人创造文化是一种"主体客体化"的实践过程。根据马克思主义辩证唯物认识论，人作为实践主体对客体进行改造，形成"主体客体化"的结果。"主体客体化"的内涵就是指，人通过实践使自己的本质力量作用于客体，使其按照主体的需要发生结构和功能上的变化，形成了世界上本来不存在的对象物。从这个意义上说，文化作为人所创造的"第二自然"是人的对象性的存在，"是一本打开了的关于人的本质力量的书，是感性地摆在我们面前的人的心理学"[①]。当客体按照人的需要发生变化的时候，文化产物已然形成。以此而论，我们所观察到的一切文化成果、文化现象，其内核都是人的本质力量的外化。一块天然的石头不是文化，但当人对其进行改造，不管是简单地打制成粗糙石器，还是精心雕刻成塑像，它就成了文化。而我们之所以欣赏石器和雕像，并非是在欣赏石头的物理化学样态，而是在欣赏它被改造后所展示的人的本质力量。马克思

---

① 中共中央马克思恩格斯列宁斯大林著作编译局．马克思恩格斯全集：第 42 卷上 ［M］．北京：人民出版社，1979：127.

曾把早期人类文化比作"早熟的儿童""正常的儿童"和"粗野的儿童"①。很明显，马克思这一系列对文化的比喻并非简单的修辞手法，而正是看到了文化中展示了人的本质力量，即使这种力量在当时显得较弱小而只能冠之以"儿童"的身份。恩格斯也指出："最初的、从动物界分离出来的人，在一切本质方面是和动物本身一样不自由的，但是文化上的每一个进步，都是迈向自由的一步"②。恩格斯的论述更清晰地说明文化反映了人对自由的追求，是一种将人与动物鲜明区别开来的本质力量。第二，人创造文化的形式取决于人所从事的实践活动的具体目的。人类所从事的实践活动主要可以分为物质生产实践、社会政治实践和科学文化实践三种方式。每种实践方式都创造了相对应的文化形式，而这些文化形式的差异就取决于人们在从事实践时所指向的目的差异。物质生产实践是人类最基本的实践活动，它解决人与自然的矛盾，满足人们物质生活资料和生产劳动资料的需要，这一实践创造了人类的物质文化形式。既包括大量物质成果，也包括各种各样得以传承的劳作方式以及相应的习俗。同时，作为人类社会经济基础的生产关系，也在这种实践中产生出来。社会政治实践是形成各种社会关系的实践活动，表现为人们之间的社会交往和政治活动。这类实践也构成了数量庞大的文化成果。当今各国人们生活于其中的政治制度体制、道德宗教、哲学思维等政治上层建筑和观念上层建筑莫不来自这一类实践。此外，世界各国所保存的众多非物质文化遗产，也基本起源于这类实践。科学文化实践是创造精神文化产品的实践活动，其重要形式有科学、艺术、教育等。人类文化的延续性、传承性就更多来源于这一类实践活动。人类源远流长的文化历史，都鲜明地打上了科学文化实践的烙印。

从文化对人的建构来看，也包括两个方面。第一，文化对人的建构是一种"客体主体化"的实践过程。"客体主体化"是与前文所说的"主体客体化"相对应的实践过程。这一过程表现为客体从客观对象的存在形式转化为主体生命结构的因素或主体本质力量的因素，客体失去客体性的形式，变成主体的一部分。显然，当客体成为主体一部分的时候，人就得到了重新建构。这种建构大体概括为两种情况。一种情况是以可感物质外壳状态存在的物质工具延长至人

① 中共中央马克思恩格斯列宁斯大林著作编译局．马克思恩格斯全集：第46卷上［M］．北京：人民出版社，1979：49.
② 中共中央马克思恩格斯列宁斯大林著作编译局．马克思恩格斯全集：第42卷上［M］．北京：人民出版社，1979：127.

的活动之中，塑造了人的身份形象。如田园农夫，流水线工人等。另一种情况是精神产品、思想文化被人接纳为自己思想意识的成分，塑造了人的思想境界、科学文化素质和道德素质等。马克思指出："光是思想力求成为现实是不够的，现实本身应当力求趋向思想"①，正是对文化、对人进行思想意识层面建构的阐述。这种塑造也体现了文化对人进行建构的主要内容。第二，文化对人的建构是一种"社会意识能动反作用"的过程。作为社会意识的组成部分，任何文化都不是凭空出现，都是适应一定社会物质生活发展的要求而产生的。由此来看，任何文化从诞生到发展的历程中，都自然具有满足人们现实生活需求的功能和价值。从历史发展的角度来看，文化对人的这种作用会呈现出两种向度。顺应了历史发展规律的文化就是先进的社会意识，能够塑造出对社会有进步意义的人类个体与群体，对社会发展起着积极的促进作用。古今中外历史上出现的伟大思想家、科学家、军事家、政治家，以及包含奴隶阶级、农民阶级和工人阶级在内的劳动人民群众，他们的诞生都离不开不同时期先进文化的引导。相反，违背了历史发展规律的文化就属于落后的社会意识，会形成具有消极意义的人类个体和群体，对社会发展起着消极的阻碍作用。人类历史上也出现过不少横征暴敛、肆意屠杀的残暴统治者、法西斯主义者，以及地痞流氓、变态罪犯等，追溯他们出现的原因，同样能发现很多落后文化的影子。需要注意的是，先进文化与落后文化在现实中的面貌往往不是泾渭分明的，而是呈现为复杂交织的局面。尤其当这些文化在对人发生影响时，表现得更为复杂。很多时候我们会发现，某一位整体上对历史起到推动作用的杰出人物，他的个人言行乃至人格要素中也夹杂着某些消极因素。反之，某一个整体上对历史起到阻碍作用的反动人物，但他的身上又存在着一些人性的闪光点。这些现象无时无刻不在提醒我们，认识评价历史人物或现实人物，都要时刻秉承唯物辩证法的科学观点，也正是我们在高校思政课教学中需要掌握并予以充分发挥的重要方法论原则。

以优秀文化典故为代表的丰富文化资源，要实现其作为文化的重要功能，一个必要的途径正是融入高校思政课教学之中。

中华优秀传统文化中包含的大量典故本身就是当时人们教学中的领悟，正与当前高校思政课提升魅力的需求相符合。以孔子为代表的传统儒学文化正是

---

① 中共中央马克思恩格斯列宁斯大林著作编译局. 马克思恩格斯选集：第一卷 [M]. 北京：人民出版社，1995：75.

其中典范代表。

　　　　子曰："不愤不启，不悱不发。举一隅不以三隅反，则不复也。"①

　　启发学生，要等到学生确实想弄懂又弄不懂的时候；引导学生，要等到学生十分想表达却说不清的时候。这种想弄懂又弄不懂、想表达却说不清的时候，对于学生来说，正是教学内容表现出巨大魅力吸引的时候，甚至可以说，教学内容在学生面前表现出了一种特殊的神秘感。自然，教师在这种情况下来展开教学，目标就是帮助学生搞清问题，从而"展示魅力"。在教学中，让学生把曾经没弄懂的搞明白，把表达不清的说明白，内心也就不再有一种迷惑之"魅"。但是，孔子后面又提到，如果对学生讲清楚了一个典型范例，学生却没有能由此实现对相关内容的理解，无法"举一反三"地贯通，那么就不再重复教育了。从这个表述来看，孔子则并不主张把全部内容一次性都教完。客观上，这是所有教学活动必然遵循的规律，因为知识本身内容庞杂，即便是最简单的条理、原理，其所可以表现的形式通常也是多种多样的；而一旦知识运用于社会生活的实际之中，其变化就更难以穷尽。而从主观上看，也包含着教学让学生走向更高层次的"魅力"问题。如果老师将某一知识的全部内容、细节、场景一次性都向学生说明白了，那么这个知识在学生思想中就再也没有发挥的余地了。他今后对于此知识所做的就只有一个选择，不假思索地照着老师所讲的去仔细做，亦步亦趋。此时的学生基本类似于一台精密运转的机器，不再有主体能动性，反推过来，学生对教学魅力的感受便也丧失了。反过来，像孔子所说的这样，按照"举一反三"的要求去教学，既符合知识构成的客观规律，也保存了教学魅力因素。教师虽然在教学中讲清了一个教学范例，但并没有将此方面知识穷尽。对于学生来说，这就是一个可以继续探索的领域。与教学前不同的是，学生思想中多了可以引领、帮助他去探索的东西。这样就和教师的教学构成了良性互动。学生在"反三"的探索中，既是对老师"举一"的运用，也是进一步的验证。运用得越好，验证得越合理，学生掌握的新东西也多，而对于教学魅力的体验也越深刻，同时也对下一次教学的兴趣更浓厚，相当于一种可持续性的魅力延伸。后儒朱熹对此诠释道，"举一而三反，闻一而知十，乃学者用功

────────────

　　① 朱熹. 四书章句集注［M］. 北京：中华书局，2011：92.

之深，穷理之熟，然后能融会贯通，以至于此"。① 他所讲的学生"举一反三""闻一知十"是其用功、穷理、融会贯通的结果，同样也是学生对教学魅力体会的结果。没有魅力的感召，学生是很难在教学之后再去用功、穷理，加深学习的。孔子"举一反三"的教学方式运用得普遍而熟稔。

> 子贡曰："贫而无谄，富而无骄，何如?"子曰："可也；未若贫而乐，富而好礼者也。"子贡曰："诗云：'如切如磋，如琢如磨'，其斯之谓与?"子曰："赐也，始可与言诗已矣! 告诸往而知来者。"②

此处，孔子对子贡的教学是典型的"举一反三"。子贡原本的学习目标只是想了解穷人、富人各自的生活态度评价问题，但孔子的讲解，却启发了子贡更深层次探索《诗经》内涵的思考。孔子所评价的"告诸往而知来者"也正是"举一反三"的另一种表述，而子贡在此次教学中所体会的教学魅力，乃至后人看到他们师徒教学后所感受的教学魅力都是极其深刻的。

> 子曰："参乎! 吾道一以贯之。"曾子曰："唯"。子出。门人问曰："何谓也?"曾子曰："夫子之道，忠恕而已矣。"③

此处，孔子对曾参的教学同样带有"举一反三"效应。他看似无头无尾地对曾参说了一句感叹语，曾参却能迅速反应老师感叹的真实含义。原因正在于曾参内心对此事已然大体掌握，但缺那最后的点拨。朱熹注释说，"圣人之心，浑然一理，而泛应曲当，用各不同。曾子于其用处，盖已随事精察而力行之，但未知其体之一尔。夫子知其真积力久，将有所得，是以呼而告之。曾子果能默契其指，即应之速而无疑也"。④ 曾参在日常学习运用中已经将孔子之道隐约掌握，但仍有些许存疑，正是前文所谓"愤""悱"的状态。孔子将此情形看得明白，找准时机用"一以贯之"启发，让曾参恍然大悟。我们注意到，孔子没有明确将"忠恕"这一内容直接告诉曾参，而是侧面从"一以贯之"来进行

---

① 赵振钧. 新编成语十二用词典 ［M］. 北京：中国人民公安大学出版社，1997：258.
② 朱熹. 四书章句集注 ［M］. 北京：中华书局，2011：54.
③ 朱熹. 四书章句集注 ［M］. 北京：中华书局，2011：71.
④ 朱熹. 四书章句集注 ［M］. 北京：中华书局，2011：71.

启示。曾参在孔子的启示下，一下子明白"忠恕"的道理，这种领悟就比直接听孔子讲出来要更有印象，也更能体会到其中的魅力。

中国革命文化中同样蕴含有大量典故内容适合于高校思政课教学魅力的提升需求。毛泽东等共产党人带领人民创造的新民主主义文化，其重要任务就是要开展充分的立德树人实践，服务于新民主主义革命的实际需要。这些做法在当今社会仍然具有重要价值。

首先，新民主主义文化既为革命斗争培育革命战士，又成为革命斗争的思想武器，为革命斗争胜利奠定基础。毛泽东指出有文武两个战线："在我们为中国人民解放的斗争中，有各种的战线，就中也可以说有文武两个战线，这就是文化战线和军事战线。我们要战胜敌人，首先要依靠手里拿枪的军队。但是仅仅有这种军队是不够的，我们还要有文化的军队，这是团结自己、战胜敌人必不可少的一支军队"①。这里就开宗明义地阐明文化战线是革命斗争胜利的必要促成部分。其中，毛泽东提出了"文化的军队"范畴，蕴含了文化立德树人为革命斗争胜利提供坚强革命战士的指向。从这个角度看，毛泽东高度评价了革命军队的战士们提高文化素养的价值。他指出，"我们的工作首先是战争，其次是生产，其次是文化。没有文化的军队是愚蠢的军队，而愚蠢的军队是不能战胜敌人的"②。毛泽东将战争与生产、文化的实践进行整体的统一理解，得出真正能取得胜利的军队是文化素质高的军队，这就远远超越了旧军队乃至当时一部分革命者的单纯从军事角度看待军队、战争的片面性观点。更进一步，毛泽东还探讨了革命军队的源泉——革命群众的文化素养对于革命斗争的意义，"解放区的文化已经有了它的进步的方面，但是还有它落后的方面。解放区已有人民的新文化，但是还有广大的封建遗迹。在一百五十万人口的陕甘宁边区内，还有一百多万文盲，两千个巫神，迷信思想还在影响广大的群众。这些都是群众脑子里的敌人。我们反对群众脑子里的敌人，常常比反对日本帝国主义还要困难些。我们必须告诉群众，自己起来同自己的文盲、迷信和不卫生的习惯作斗争"③。只有充分解决广大劳动群众文化素养过低的问题，才能为革命军队的战斗力提供持续稳固的源泉。而解决劳动群众的文化素养问题，就要有效解决群众头脑里面那些思想"敌人"——落后、愚昧的封建文化观念。这就是说，

① 毛泽东. 毛泽东选集：第三卷 [M]. 北京：人民出版社，1991：847.
② 毛泽东. 毛泽东选集：第三卷 [M]. 北京：人民出版社，1991：1011.
③ 毛泽东. 毛泽东选集：第三卷 [M]. 北京：人民出版社，1991：1011.

文化立德树人不仅是为现实的武装斗争培育人才，而且直接成为群众头脑中思想"战场"上的主要作战途径。

其次，文化立德树人是在革命斗争中巩固统一战线的重要途径。中国的革命斗争必须要建立最广泛的统一战线，这一要求也鲜明体现在文化方面。毛泽东指出，"所谓新民主主义的文化，就是人民大众反帝反封建的文化；在今日，就是抗日统一战线的文化"①。这说明，统一战线的因素已经蕴含在了文化立德树人的底色之中，更客观地存在于现实需要上面，"为了进行这个斗争，不能不有广泛的统一战线。而在陕甘宁边区这样人口稀少、交通不便、原有文化水平很低的地方，加上在战争期间，这种统一战线就尤其要广泛"②。可见，必须要有文化统一战线的广泛建设，才能缓解革命根据地文化极其缺乏的困难状况。"因此，在教育工作方面，不但要有集中的正规的小学、中学，而且要有分散的不正规的村学、读报组和识字组。不但要有新式学校，而且要利用旧的村塾加以改造。在艺术工作方面，不但要有话剧，而且要有秦腔和秧歌。不但要有新秦腔、新秧歌，而且要利用旧戏班，利用在秧歌队总数中占百分之九十的旧秧歌队，逐步地加以改造"③。这种统一战线的建设的突出需求正是文字知识教育、初步艺术熏陶等典型的文化立德树人内容。从这个目标出发，知识分子就显得极为重要。毛泽东在《大量吸收知识分子》中写道，"在长期的和残酷的民族解放战争中，在建立新中国的伟大斗争中，共产党必须善于吸收知识分子，才能组织伟大的抗战力量，组织千百万农民群众，发展革命的文化运动和发展革命的统一战线。没有知识分子的参加，革命的胜利是不可能的"④。革命事业对知识分子的大量吸收，一方面是促使统一战线更完整、更具战斗力的必要途径，另一方面更是加强文化立德树人，取得头脑"战场"中思想斗争胜利的关键方式。以鲁迅为代表的左翼知识分子正是最需要的力量，毛泽东说："鲁迅是在文化战线上，代表全民族的大多数，向着敌人冲锋陷阵的最正确、最勇敢、最坚决、最忠实、最热忱的空前的民族英雄"⑤。对鲁迅的高度赞誉也正是对这一群体的重视，对文化立德树人巩固统一战线做法的重视。

最后，文化立德树人是在革命斗争中满足群众文化需求的关键方式。新民

① 毛泽东. 毛泽东选集：第二卷 [M]. 北京：人民出版社，1991：698.
② 毛泽东. 毛泽东选集：第三卷 [M]. 北京：人民出版社，1991：1011.
③ 毛泽东. 毛泽东选集：第三卷 [M]. 北京：人民出版社，1991：1011–1012.
④ 毛泽东. 毛泽东选集：第二卷 [M]. 北京：人民出版社，1991：618.
⑤ 毛泽东. 毛泽东选集：第二卷 [M]. 北京：人民出版社，1991：698.

主主义革命的最终目标是为人民大众谋幸福，最重要的当然是在物质生活层面的"打土豪、分田地"，但是在这个过程中也不能忽视人民大众在精神生活方面的需要。毛泽东指出，"我们的文化是人民的文化，文化工作者必须有为人民服务的高度的热忱，必须联系群众，而不要脱离群众。要联系群众，就要按照群众的需要和自愿"①。联系群众、服务群众，这是群众路线在文化建设方面的践行，更是文化立德树人的指导方向。"一切为群众的工作都要从群众的需要出发，而不是从任何良好的个人愿望出发。有许多时候，群众在客观上虽然有了某种改革的需要，但在他们的主观上还没有这种觉悟，群众还没有决心，还不愿实行改革，我们就要耐心地等待；直到经过我们的工作，群众的多数有了觉悟，有了决心，自愿实行改革，才去实行这种改革，否则就会脱离群众。……这里是两条原则：一条是群众的实际上的需要，而不是我们脑子里头幻想出来的需要；一条是群众的自愿，由群众自己下决心，而不是由我们代替群众下决心"②。文化立德树人为群众服务，首先蕴含了一切从实际出发的唯物主义立场，要求我们在文化立德树人时必须坚决杜绝从主观出发的错误做法，防止主观主义的干扰；其次蕴含了通过先进文化引导群众的要求，因为当时的群众普遍文化素养不高，对革命事业前途的认识不够清晰，亟须我们以文化立德树人的方式帮助群众廓清迷雾，坚定信心。

我们党在开创、坚持和发展中国特色社会主义事业的历程中，一贯重视文化建设实践，并注意充分发挥文化的立德树人意义，服务于我们的社会主义建设大局。

马克思主义唯物史观充分揭示了文化与人的辩证关系原理，这一原理得到了我们党在各个时期的坚决践行。邓小平指出，"最根本的是要使广大人民有共产主义的理想，有道德，有文化，守纪律。国际主义、爱国主义都属于精神文明的范畴"③。他将精神文明建设与人民的素养紧密联系，逐渐形成"有理想、有道德、有文化、有纪律"的"四有新人"主张："我们在建设具有中国特色的社会主义社会时，一定要坚持发展物质文明和精神文明，坚持五讲四美三热爱，教育全国人民做到有理想、有道德、有文化、有纪律。这四条里面，理想

---

① 毛泽东. 毛泽东选集：第三卷 [M]. 北京：人民出版社，1991：1012.
② 毛泽东. 毛泽东选集：第三卷 [M]. 北京：人民出版社，1991：1012-1013.
③ 邓小平. 邓小平文选：第三卷 [M]. 北京：人民出版社，1993：28.

和纪律特别重要"①。这一概括系统而全面，并点出了其中"理想""纪律"的重点地位，对党的整个文化立德树人思想产生了深远影响。江泽民指出，"发展社会主义文化的根本任务，是培养一代又一代有理想、有道德、有文化、有纪律的公民。要坚持以科学的理论武装人，以正确的舆论引导人，以高尚的精神塑造人，以优秀的作品鼓舞人"。② 胡锦涛指出，"坚持以人为本，促进未成年人的全面发展，努力培育面向现代化、面向世界、面向未来，有理想、有道德、有文化、有纪律，德、智、体、美全面发展的中国特色社会主义事业建设者和接班人"。③ 习近平提出，"青年兴则国家兴，青年强则国家强。青年一代有理想、有本领、有担当，国家就有前途，民族就有希望"。④ 我们党在以培育"新人"的任务目标上面一以贯之，特别是把"理想信念"始终当作首要内容，也反映了对通过文化来培育人才这一有效做法的重视。

通过文化培育"新人"的主要目标就是青少年。邓小平指出，"我们一定要经常教育我们的人民，尤其是我们的青年，要有理想。为什么我们过去能在非常困难的情况下奋斗出来，战胜千难万险使革命胜利呢？就是因为我们有理想，有马克思主义信念，有共产主义信念"。⑤ 青少年的主要代表是高等院校的学生，但他们的文化根基却与中小学密不可分，"高等院校学生来源于中学，中学学生来源于小学，因此要重视中小学教育。要树立好的风气"。⑥ 学校风气抓好了，我们才有把握为国家培育出大量高素质人才，"我们国家，国力的强弱，经济发展后劲的大小，越来越取决于劳动者的素质，取决于知识分子的数量和质量。一个十亿人口的大国，教育搞上去了，人才资源的巨大优势是任何国家比不了的。有了人才优势，再加上先进的社会主义制度，我们的目标就有把握达到。现在小学一年级的娃娃，经过十几年的学校教育，将成为开创二十一世纪大业的生力军。中央提出要以极大的努力抓教育，并且从中小学抓起，这是有战略眼光的一着"。⑦ 将人口大国优势转化为人才强国优势，这正是"四有新

① 邓小平. 邓小平文选：第三卷 [M]. 北京：人民出版社，1993：110.
② 江泽民. 江泽民文选（第三卷）[M]. 北京：人民出版社，2006：277.
③ 胡锦涛. 全党全社会共同做好未成年人思想道德建设工作 大力培育中国特色社会主义事业建设者和接班人 [N]. 人民日报，2004-5-12（01）.
④ 习近平. 习近平著作选读：第二卷 [M]. 北京：人民出版社，2023：57.
⑤ 邓小平. 邓小平文选：第三卷 [M]. 北京：人民出版社，1993：110.
⑥ 邓小平. 邓小平文选：第二卷 [M]. 北京：人民出版社，1993：54.
⑦ 邓小平. 邓小平文选：第三卷 [M]. 北京：人民出版社，1993：120.

人"文化立德树人思想的战略目标。

除开学校这一主要途径之外，青少年成长还需要良好的社会环境。江泽民指出，"要加强社会综合治理和文化建设，坚决抵制各种封建迷信、腐朽思想文化对青少年的毒害；必须加强社区建设，积极创造有利于青少年健康成长的家庭、邻里和学校的环境。文化艺术部门和大众传播媒介必须以内容健康向上、具有艺术魅力的精神产品教育青少年"①。抵制错误思想的社会传播、营造健康的社区成长环境、创制优秀的精神产品，这些都是文化立德树人服务于社会主义建设的重要内容。习近平指出，"要以培养担当民族复兴大任的时代新人为着眼点，强化教育引导、实践养成、制度保障，发挥社会主义核心价值观对国民教育、精神文明创建、精神文化产品创作生产传播的引领作用，把社会主义核心价值观融入社会发展各方面，转化为人们的情感认同和行为习惯"②。重视社会主义核心价值观对于培育时代新人的引领作用，是创造性地发挥社会主义文化内核的育人价值。"广泛开展理想信念教育，深化中国特色社会主义和中国梦宣传教育，弘扬民族精神和时代精神，加强爱国主义、集体主义、社会主义教育，引导人们树立正确的历史观、民族观、国家观、文化观。"③ 理想信念教育是一直以来的文化立德树人的首要任务，在中国特色社会主义新时代更要结合时代特色予以加强。"深入实施公民道德建设工程，推进社会公德、职业道德、家庭美德、个人品德建设，激励人们向上向善、孝老爱亲，忠于祖国、忠于人民。加强和改进思想政治工作，深化群众性精神文明创建活动。弘扬科学精神，普及科学知识，开展移风易俗、弘扬时代新风行动，抵制腐朽落后文化侵蚀。推进诚信建设和志愿服务制度化，强化社会责任意识、规则意识、奉献意识"④。加强道德育人、政治思想育人、科学育人以及风俗习惯方面的社会心理育人，这些内容全面反映了马克思主义唯物史观文化立德树人的多种形式，将为新时代中国特色社会主义建设贡献更大的文化力量。

优秀文化典故资源融入高校思政课教学提升教学魅力的问题并不仅仅只是思政课建设领域内的问题，甚至也不仅仅是教育教学领域内问题，其广义上还关涉着许多更宏大的视野。这些视野包括但不限于马克思主义基本原理同中国

① 江泽民.江泽民文选：第三卷［M］.北京：人民出版社，2006：338.
② 习近平.习近平著作选读：第二卷［M］.北京：人民出版社，2023：35.
③ 习近平.习近平著作选读：第二卷［M］.北京：人民出版社，2023：35.
④ 习近平.习近平著作选读：第二卷［M］.北京：人民出版社，2023：35.

具体实际相结合、同中华优秀传统文化相结合、中华优秀传统文化的创造性转化和创新性发展、当代中国的文化自信及繁荣社会主义文化建设以及当代中国的话语体系建设等。从这样意义上讲，本研究是在一个相对具体的领域中来探讨如何将以上众多宏大研究视野落细落小的问题，是一个结合时代发展、实践需求而不断探索持续深入研究的重要问题。